A condição urbana

Olivier Mongin

A condição urbana
A cidade na era da globalização

Tradução
Letícia Martins de Andrade

2ª edição

Estação Liberdade

Título original: *La Condition urbaine: La ville à l'heure de la mondialisation*
© Éditions du Seuil, 2005
© Editora Estação Liberdade, 2009, para esta tradução

Revisão Huendel Viana
Composição Johannes C. Bergmann/Estação Liberdade
Imagem de capa China. Xangai, 2001. Linha do horizonte em Pudong ao amanhecer, vista da estrada Zhongshan. © Thomas Hoepker/Magnum/LatinStock
Editores Angel Bojadsen e Edilberto Fernando Verza

CIP-BRASIL. CATALOGAÇÃO-NA-FONTE
Sindicato Nacional dos Editores de Livros, RJ

M753c
Mongin, Olivier, 1951-
　　A condição urbana : a cidade na era da globalização / Olivier Mongin ; tradução Letícia Martins de Andrade. - São Paulo : Estação Liberdade, 2009.
　　344p.

　　Tradução de: La condition urbaine : la ville à l'heure de la mondialisation
　　ISBN 978-85-7448-174-6

　　1. Sociologia urbana - Países da União Européia. 2. Cidades e vilas - Países da União Européia - Crescimento. 3. Política urbana - Países da União Européia I. Título.

09-5372. 　　　　　　　　　　　　　　　　　　　　　　　　　　CDD: 307.76
　　　　　　　　　　　　　　　　　　　　　　　　　　　　　　CDU: 316.334.56

Esta obra, publicada no âmbito do Ano da França no Brasil e do programa de participação à publicação Carlos Drummond de Andrade, contou com o apoio do Ministério francês das Relações Exteriores.

"França.Br 2009" Ano da França no Brasil/2009 é organizada no Brasil pelo Comissariado geral brasileiro, pelo Ministério da Cultura e pelo Ministério das Relações Exteriores; na França, pelo Comissariado geral francês, pelo Ministério das Relações exteriores e europeias, pelo Ministério da Cultura e da Comunicação e por Culturesfrance.

Todos os direitos reservados à Editora Estação Liberdade. Nenhuma parte da obra pode ser reproduzida, adaptada, multiplicada ou divulgada de nenhuma forma (em particular por meios de reprografia ou processos digitais) sem autorização expressa da editora, e em virtude da legislação em vigor.

Esta publicação segue as normas do Acordo Ortográfico da Língua Portuguesa, Decreto nº 6.583, de 29 de setembro de 2008.

Editora Estação Liberdade Ltda.
Rua Dona Elisa, 116 | 01155-030 | São Paulo-SP
Tel.: (11) 3661 2881 | Fax: (11) 3825 4239
www.estacaoliberdade.com.br

Sumário

INTRODUÇÃO
Entre dois mundos, entre duas condições urbanas   15

PRIMEIRA PARTE
A CONDIÇÃO URBANA I
A CIDADE, UM "AMBIENTE SOB TENSÃO"

Prelúdio

I. UM TIPO-IDEAL DA CIDADE OU
AS CONDIÇÕES DA EXPERIÊNCIA URBANA   31

As cidades do escritor e do engenheiro urbanista   32
A cidade, teatro da *vita activa*   36

II. A EXPERIÊNCIA CORPORAL OU A
"CONFIGURAÇÃO" DA CIDADE   41

Corpos múltiplos *(Claudel)*   41
Antagonismos de Paris e Londres   41
Nova York, ou a arte do intervalo   43
A cidade, ambiente sob tensão (a Nantes de Julien Gracq)   47
O paradoxo urbano: um espaço finito que
  torna possíveis trajetórias infinitas   48
Espaço mental, *cosa mentale*   51
A cidade como libertação   53

Tecidos narrativos 56
Um espaço que contém tempo 56
A cidade palimpsesto (as Tóquios de Claude Lévi-Strauss) 58

III. A EXPERIÊNCIA PÚBLICA OU A
CIDADE "COLOCADA EM CENA" 61

Mostrar-se em público 62
O transeunte, a mulher e o estranho 62
O *spleen* do *flâneur*: entre solidão e multidão
(Baudelaire e Edgar Allan Poe) 66
Qual exteriorização? 69
As passagens, o Império, Haussmann:
uma magia transitória 70
A cidade potencialmente solidária (Jules Romains) 75
O homem em suspenso em Chicago: uma
exterioridade carente de interioridade
(Theodore Dreiser e Saul Bellow) 78
A circulação como valor 81

IV. A EXPERIÊNCIA POLÍTICA OU A *RES PUBLICA* 85

A *polis*, teatro do verbo e da ação gloriosa 86
A emergência da cidade europeia e a
emancipação comunal 90
A república cívica do Renascimento:
a reivindicação de igualdade e a cultura do conflito 93
A dupla polarização do Estado e da rede 98
Colocar em relação um fora e um dentro ou
a cidade-refúgio 100

V. URBANISMO, CIRCULAÇÃO E
PREVALÊNCIA DOS FLUXOS 107

Uma dinâmica de privatização e de separação 107
Genealogias do urbanismo (Françoise Choay) 109
Alberti, Haussmann, Cerdà 110

Urbanismo e arquitetura: de Thomas More aos CIAM	112
O arquiteto e as máquinas celibatárias, ou a ilusão artística	116
Circulação e zoneamento	119
Roturas do tecido urbano e inversões da relação privado-público	123
Da passagem à "rua em anel"	127
Os lugares e os fluxos: a inversão da relação	131

SEGUNDA PARTE

A CONDIÇÃO URBANA II
A PÓS-CIDADE
OU AS METAMORFOSES DO URBANO

Prelúdio	137
I. A RECONFIGURAÇÃO DOS TERRITÓRIOS	139
Ambiguidades do urbano	139
A terceira globalização	144
Um futuro multifacetado	146
Os baldios da sociedade industrial	156
Uma dupla ilimitação	158
II. UM URBANO GENERALIZADO E SEM LIMITES. VARIAÇÕES SOBRE O CAOS	161
O paradoxo do urbano generalizado	161
Um espaço ilimitado que possibilita práticas limitadas e segmentadas	161
A cidade genérica e a apologia do caos (Rem Koolhaas)	163
A era das cidades gigantes	170
A multiplicação das megacidades	170

A Europa à margem	172
Cidades informes e caóticas	174
A indiferença generalizada (Karachi e Calcutá)	174
Autodestruição e dejeção (Los Angeles e a favela)	178
Urbicidas: pressões de fora e de dentro	180
III. O ARQUIPÉLAGO MEGALOPOLITANO MUNDIAL E A EXPLOSÃO DAS METRÓPOLES	185
O global e suas cidades	185
Uma economia de arquipélago	187
A cidade global	190
O *urban sprawl* e os avatares da metrópole	194
Devires metropolitanos nos Estados Unidos e alhures	197
IV. CONVERGÊNCIAS E DIVERGÊNCIAS URBANAS. MUDANÇAS DE ESCALA E DE VELOCIDADE	205
Desigualdades territoriais	205
Demanda de segurança, demanda de Estado?	205
Do enredo da exclusão à cidade de três velocidades	207
Buenos Aires e Cairo, quais convergências urbanas?	217
O Cairo, uma metrópole sem classe média?	218
Buenos Aires, da classe média ao abandono	222

TERCEIRA PARTE
A condição urbana III
O imperativo democrático

Prelúdio	227
I. O RETORNO DOS LUGARES	229
Do global ao local	229
Lugares, não lugares e cidade virtual	233

SUMÁRIO

II. POR UMA CULTURA URBANA DOS LIMITES … 239
   Em busca da experiência urbana … 240
   "Ter lugar para ser" ou a capacidade de
     resistência dos corpos … 241
   Patrimônio e nova cultura urbana … 246
   Derivas arquiteturais e urbanismo de projeto … 251
   Rítmicas urbanas ou como abrir a matéria
     (Christian de Portzamparc e Henri Gaudin) … 256
   O urbanista, o arquiteto e a vida pública … 260
   Exigências políticas … 265
   Reinstituir a cidade, recriar limites … 265
   Estados Unidos: entre incorporação e *metropolitics* … 275
   Os imperativos da conurbação … 279
   A refundação megapolitana (da megacidade) … 281
   Permanência das cidades europeias … 283

III. RECRIAR COMUNIDADES POLÍTICAS.
   DA LUTA DE CLASSES À LUTA DOS LUGARES … 287
   Lições de uma comparação França-América … 288
   A dupla exigência do acesso e da mobilidade … 294
   A utopia urbana como enredo coletivo
     (Alberto Magnaghi) … 298
   Recolocações em movimento "periféricas".
     A *renovatio urbanis* de Bernardo Secchi … 303

CONCLUSÃO
   No meio da cidade e entre dois mundos … 309

Referências bibliográficas … 317
Agradecimentos … 325
Índice de pessoas citadas … 327
Índice de cidades e de alguns bairros citados … 335

Aos habitantes de Argis e de Saint-Rambert-en-Bugey, duas "cidades em anel", situadas no vale do Albarine, no Departamento do Ain.

INTRODUÇÃO

Entre dois mundos, entre duas condições urbanas

A cidade de Bilbao, no País Basco espanhol, metamorfoseada graças ao museu construído ao longo da Bidasoa, na zona portuária, por Frank Gehry; Praga e São Petersburgo visitadas por enxames de turistas a partir da queda do regime comunista; Berlim prestes a substituir Manhattan; as paisagens urbanas redesenhadas por Michel Courajoud no parque Sausset em Paris; os planejamentos urbanos de Bruno Fortier e Alexandre Chemetoff em Nantes; o parque André-Citroën, concebido por Gilles Clément ao longo do Sena; áreas urbanas em vias de metamorfose no 13º *arrondissement* parisiense e em muitas cidades francesas ou europeias. Todos esses exemplos, entre tantos outros, mostram que a cultura urbana está na ordem do dia após ter sido longamente ignorada e que o respeito ao patrimônio progressivamente se impôs. Mais ainda, Bernard Lassus dá forma às imediações das estradas, e engenheiros elaboram façanhas ao mesmo tempo industriais e estéticas, como o viaduto gigante de Millau. As polêmicas que tratam dos danos do urbanismo progressista parecem um tanto arcaicas e não duram muito. Na França, e de modo geral na Europa, a preocupação com o urbano e com a paisagem se recompôs: eis no que se crê! Ou melhor, eis no que se quer crer!

Tanto do ponto de vista francês quanto europeu, a lucidez não é muito corrente. E com toda razão: na França, a defesa da escala local, a que corresponde ao planejamento das zonas rurais, continua a ser uma exigência prioritária, enquanto o desenvolvimento das redes e a dinâmica dos fluxos são privilegiados em escala territorial. Engraçado um país como a França: nele redescobrem-se as cidades, canta-se o amor a elas, a começar por Paris, a cidade-capital do século XIX industrial juntamente com Londres, ao evocar Baudelaire ou ler Walter Benjamin;

nele também se celebram as virtudes de uma "rurbanização"[1] à francesa, essa alquimia na qual o rural e o urbano encontram um "bom" equilíbrio. Mas isso sob o risco de esquecer que a cidade cedeu espaço, tanto na França como em outros lugares, a uma dinâmica metropolitana e que a fragmentação dos territórios cria uma hierarquia entre os espaços urbanos, o que destrói o espírito igualitário da lei republicana. Entramos no mundo da "pós-cidade", aquele no qual as entidades ontem circunscritas a lugares autônomos doravante dependem de fatores exógenos, a começar pelos fluxos tecnológicos, pelas telecomunicações e pelos transportes... O bom equilíbrio entre os lugares e os fluxos tornou-se muito ilusório.

É este o paradoxo francês: eis um país de duas faces que conserva comportamentos rurais mesmo que o Estado e seus engenheiros estejam na vanguarda das transformações que afetam os fluxos, as redes de transporte (TGV), as telecomunicações e, consequentemente, os territórios dentro do contexto pós-industrial, que é o nosso. O desenvolvimento territorial francês, que antes de tudo é uma obra de engenheiros a serviço do Estado, apoia-se em grandes corporações que valorizam o poder da técnica e das cifras. Assim, a corporação [dos engenheiros] de Ponts et Chaussées[2] decide soberanamente a propósito do território, das pontes, das pavimentações, das estradas, dos viadutos, bem como a propósito do controle dos fluxos e dos grandes eixos de circulação. Mas, ao mesmo tempo, o número de comunas[3] continua inflacionário, uma vez que

---

1. Processo de modificação das atividades desenvolvidas nas áreas rurais, que absorvem e integram atividades antes tipicamente urbanas relativas ao lazer, ao turismo e mesmo à indústria. [N.T.]

2. Os termos podem ser traduzidos, aproximadamente, por serviços de "pontes e pavimentações", "pontes e vias", "pontes e estradas", etc. Na França, a corporação dos Ingénieurs des Ponts et Chaussées (IPC) constitui um corpo técnico de nível superior no serviço público atuante em todo o domínio do urbanismo. A história dessa corporação remonta a 1716, com a reunião de engenheiros civis para a criação de uma rede viária no país. Anos mais tarde, em 1747, foi criada a École Nationale des Ponts et Chaussées (ENPC), que garantiu a formação e o recrutamento desses engenheiros. [N.T.]

3. No original: *comune*; optamos pela tradução "comuna", uma vez que a palavra guarda um sentido muito específico dentro da cultura francesa, não correspondendo perfeitamente ao nosso "município". A "comuna" é a mais baixa divisão administrativa do território da França, conduzida pelo *maire* juntamente com um Conselho municipal

12 milhões de habitantes vivem em 31 mil comunas de menos de 5 mil habitantes. "Em plena Europa, a França ainda oferece a imagem de um país predominantemente rural, fragmentado em 36.565 comunas cuja metade tem menos de 380 habitantes."[4] No entanto, essa realidade não corresponde à escolha de uma "civilização campestre", como a que é reivindicada pela maioria dos americanos, por exemplo. Daí esse movimento pendular entre a paixão por uma vida urbana no campo, o que se chama "rurbanização", por um lado, e, por outro, um desenvolvimento territorial que implica um controle dos fluxos pelos técnicos. Esse desequilíbrio permite a serviços públicos ainda muito centralizados, como a EDF [Électricité de France], a Gaz de France, a SNCF [Société Nationale des Chémins de Fer Français], os PTT [Postes, Télégraphes et Téléphones], "poluir os espaços menos importantes, urbanos e rurais, com equipamentos concebidos apenas sob o ponto de vista da sua eficácia, sem que jamais se tome a medida de sua inserção no espaço".[5] Assim se explicam, no rastro do haussmannismo, a preponderância da figura do engenheiro urbanista, o caos estético e humano dos anos da primeira reconstrução, a do pós-guerra (1945--1950), e a da segunda reconstrução (1950-1980), que impôs o reino dos "blocos" destinados a acolher em "células" a habitação social. Daí o sentimento de um desastre arquitetural em relação ao qual as realizações artísticas contemporâneas são um magro prêmio de consolação.[6]

(*municipalité*) e pertencente a um Departamento (dirigido pelo *préfet de Région*) que, por sua vez, se subordina ao primeiro-ministro. [N.T.]

4. *Atlas des Franciliens*, t. I: *Territoire et population*, Paris, INSEE/AURIF, 2000, p. 42.
5. Françoise Choay, "Six Thèses en guise de contribution à une réflexion sur les échelles d'aménagement et le destin des villes", in *La Maîtrise de la ville*, Paris: École des Hautes Etudes en Sciences Sociales, 1994, p. 226.
6. Sobre o desejo de fazer tábula rasa que reina no pós-guerra imediato, são significativas as palavras de Eugène Claudius-Petit, ministro da Reconstrução e do Urbanismo de 1948 a 1953: "Será que a França simplesmente por falta de ousadia deve se transformar numa espécie de grande museu para turistas estrangeiros? Será que se continuará de acordo com as ideias que Vichy estabeleceu, e manteremos nossas aldeias da Champagne como aldeias de bonecas para turistas carentes de domingo...?" Entre a musealização das aldeias e o progressismo arquitetural privilegiado pelo ministro, não havia, na época, um caminho alternativo? Palavras transcritas de *Urbanisme, le XXe Siecle: De la Ville à l'Urbain, De 1900 a 1999: Chronique Urbanistique et Architecturale*, n. 309, nov./dez. 1999.

No entanto, pode-se por outro lado refutar, a cultura urbana não é uma palavra vã, os franceses mudaram seus hábitos em termos de urbanismo e de arquitetura, as cidades europeias permanecem uma referência importante e muitos países europeus, a começar pela Alemanha, pelos Países Baixos e pela Itália, gozam de uma tradição urbana e patrimonial antiga. Mas os países europeus se iludem, também eles, quando se drapejam em valores que seriam inscritos na história para toda a eternidade, prestes a tornar-se um modelo para o mundo inteiro. Que o fato de esses valores possuírem um significado profundo e uma dimensão universal não impeça de constatar que o futuro do urbano se enuncia hoje ao modo do "pós-urbano". Ceder à tentação da cidade-museu equivale a colocar de lado as mutações do urbano em escala mundial, as evoluções de longo curso, qualquer que seja sua denominação: a do "urbano generalizado" ou a da "cidade genérica". Maus espíritos, não necessariamente catastrofistas, se recusam a deixar-se seduzir pela ideia de um renascimento das cidades europeias e tocam as sirenes de alarme. Mais que celebrar um patrimônio urbano de exceção, eles convidam a registrar as metamorfoses do urbano na escala do território francês, da Europa e do planeta. Exemplo bem conhecido, espírito provocador, o arquiteto Rem Koolhaas zomba das cidades-museus, das cidades europeias de vocação turística. E ele não está completamente errado.

Os fatos estão aí, as cifras também, ambos temíveis, impiedosos. Enquanto se enumeram 175 cidades com mais de um milhão de habitantes, treze das maiores aglomerações do planeta se encontram hoje na Ásia, África ou América Latina. Das 33 megalópoles anunciadas para 2015, 27 pertencerão aos países menos desenvolvidos, e Tóquio será a única cidade rica a figurar na lista das dez maiores. Num contexto como esse, o modelo da cidade europeia, concebida como uma aglomeração que reúne e integra, está se fragilizando e marginalizando. O espaço citadino de ontem, seja qual for o trabalho de costura dos arquitetos e dos urbanistas, perde terreno em benefício de uma metropolização que é um fator de dispersão, de fragmentação e de multipolarização. No decorrer do século XX, passou-se progressivamente da cidade ao urbano[7], de entidades

---

7. *De la Ville à l'urbain*: assim se intitula o número já citado da revista *Urbanisme*, que apresenta de maneira significativa as figuras de Cerdà, Sitte, Howard Sellier, Prost, Le Corbusier, Wright, Mumford, Delouvrier, Koolhaas, e começa com uma longa

circunscritas a metrópoles. No instante em que a cidade controlava os fluxos, ei-la apanhada em sua rede (*network*), condenada a se adaptar, a se desmembrar, a se estender em maior ou menor medida; no instante em que correspondia a uma cultura dos limites, ei-la condenada a se ramificar sobre um espaço ilimitado, aquele dos fluxos e das redes, que não controlava. "É evidente que as redes têm o futuro diante de si e que abrem campos tão ricos quanto imprevisíveis à criatividade humana. Seu funcionamento já transformou a expressão arquitetônica e a organização espacial do conjunto das nossas instituições."[8] Por outro lado, o futuro do urbano não está somente, ou melhor, não está mais, na Europa, e sim nos países não europeus onde megacidades de todo tipo, sob a pressão do número, se estendem de uma maneira frequentemente disforme. A cidade "informe" sucede frequentemente à cidade, cara a Julien Gracq, que possui uma "forma". Ei-nos finalmente bem defasados, pois um urbano generalizado e sem limites sucedeu a uma cultura urbana dos limites. Ei-nos, portanto, entre dois mundos.

"Entre dois mundos": aí está uma expressão para ser entendida em vários sentidos. Primeiramente: entre duas condições urbanas, entre o mundo da cidade (aquela que significa "mundo") e aquela do urbano generalizado (que não significa mais "mundo" ao passo que pretende estar na escala do mundo). Depois: entre um mundo europeu ainda dinamizado por valores urbanos e mundos não europeus onde a *urbs* e a *civitas* não têm mais muito a ver juntas.[9] Nesse contexto, um dos objetivos desta obra é descrever um estado dos lugares e operar ajustes semânticos. Ildefons Cerdà, o primeiro teórico do urbanismo, escrevia em 1867: "Vou iniciar o leitor no estudo de uma maneira completamente nova, intacta e virgem. Como tudo ali era novo, foi preciso que eu buscasse e inventasse palavras novas para exprimir ideias novas cuja

---

entrevista com Françoise Choay, cujos trabalhos são um dos fios condutores desta obra (*Le XXe siècle: De la Ville à l'urbain, op. cit.* Cf. também *Urbanisme: Tendances 2030*, jan./fev. 2004).

8. Françoise Choay, "Patrimoine urbain et cyberespace", in *La Pierre d'Angle*, n. 21-22, 1997.

9. A distinção entre *urbs* (a forma urbana e arquitetural) e *civitas* (as relações humanas e as ligações políticas) remonta a *La Cité antique* (1864), de Fustel de Coulanges.

explicação não se encontrava em nenhum léxico."[10] Sem nos tomarmos de modo algum por Cerdà (os tempos mudaram muito), é preciso reencontrar um sentido para as palavras. De que falamos realmente? A qual condição urbana fazemos referência? À condição urbana entendida como experiência específica e multidimensional, a condição urbana entendida em sentido primário, a experiência urbana da qual os escritores falam tão bem; ou então à condição urbana que corresponde à época contemporânea, à condição urbana entendida em sentido secundário, aquela que nem sempre se lembra da civilização urbana e dá lugar a uma vertigem semântica na qual os termos "metrópole[11], megacidade[12], megalópole[13], cidade-mundo, cidade global, metápolis[14]", se confundem... De fato, "a palavra 'cidade' serve hoje para designar indistintamente entidades históricas e físicas tão díspares quanto a cidade pré-industrial, as metrópoles da era industrial, as conurbações, as aglomerações de pelo menos 10 milhões de habitantes, as 'cidades novas' e as pequenas comunas de mais de 2 mil habitantes. Da mesma maneira, Le Corbusier não emprega o termo 'Cidade Radiosa' senão por abuso de linguagem."[15] Para ler a literatura que emana dos meios

---

10. São essas as palavras introdutórias à sua *Teoria general de la urbanización* (1867), reed. Madri, 1969; trad.: *La Théorie générale de l'urbanisation*, org. A. Lopez de Aberasturi, Paris: Seuil, 1979. Em *La Ville franchisée* (Paris: Villete, 2004, p. 25-27), David Mangin aproveita a oportunidade para se deter sobre problemas de vocabulário.
11. Metrópole é uma cidade central (em termos econômicos, políticos e culturais) dentro de uma área urbana formada por várias cidades unidas entre si, conurbadas ou ligadas por fluxos de pessoas e serviços. Em termos conceituais, "metrópole" tem maior articulação com a dinâmica econômica, o que a diferenciaria de "megacidade". [N.T.]
12. No original: *mégapole*. Megacidade é uma cidade com mais de 10 milhões de habitantes (segundo definição da ONU), de destaque no contexto mundial em razão de suas grandes dimensões e de seu acelerado ritmo de crescimento demográfico. Em termos conceituais, essa denominação seria mais adequada ao contexto de países em desenvolvimento, sugerindo, inclusive, tensões sociais e caos urbano. No Brasil, apenas São Paulo e Rio de Janeiro são consideradas megacidades. [N.T.]
13. Megalópole é uma grande área urbana formada por múltiplas aglomerações, portanto polinuclear, cujos subúrbios, muito distendidos, acabam por se unir. [N.T.]
14. Metápolis são grandes conurbações, em extensas áreas, descontínuas, heterogêneas e multipolarizadas. [N.T.]
15. Françoise Choay, "Post-urbain", in Françoise Choay e Pierre Merlin (Orgs.), *Dictionnaire de l'urbanisme et de l'aménagement*, Paris: PUF, 1996.

da arquitetura, do urbanismo, da geografia, da administração e de outros ainda, as palavras, a começar por "cidade", "lugar" e "urbano", recobrem realidades as mais contrastadas, até mesmo contraditórias. Mas essa imprecisão semântica não é privilégio de pensadores, atores e produtores do urbano. Eis porque, para além da batalha das palavras, cujos efeitos não são secundários, uma vez que ela condiciona a própria possibilidade de discussões e de decisões lúcidas e fecundas, este livro igualmente ambiciona entender o que pode advir da condição urbana em um contexto em que a cidade não é mais a referência primordial.

Em suma, da constatação implacável de que os fluxos se sobrepõem aos lugares, por que concluir espontaneamente que é necessário curvar-se às duras leis da globalização urbana ou sonhar com o ciberespaço, com territórios que não têm mais limites? Não seria mais útil refletir sobre a natureza da experiência urbana como tal, mesmo se em parte nós já a perdemos, para decompô-la, para perceber todas as suas dimensões, para entender como ela pode devolver "formas" e "limites" a um mundo pós-urbano carente de formas e de limites? Se não se trata de criar a "boa cidade", a boa metrópole, a boa cidade global, se desenhar à mesa a utopia urbana de amanhã é algo destituído de interesse, uma experiência urbana digna desse nome não perdeu todo o sentido, e "o amor às cidades" não está obsoleto.[16] Daí o interesse em confrontar essas duas "condições urbanas", no primeiro e no segundo sentido: "a experiência urbana" e o estado atual do urbano. Não se tornou a primeira um luxo, uma nostalgia, um vestígio? Hoje a cidade desposa formas extremas: ou ela se estende sem limites, se desdobra como a megacidade, ou ela se contrai, recolhe-se sobre si mesma para melhor se conectar às redes mundiais do sucesso, como a cidade global, que é um dos motores disso, o nó principal. Ora, se o urbano oscila entre "desdobramento" e "retraimento", a experiência urbana se caracteriza por sua capacidade de produzir "dobras", dobras entre dentro e fora, entre privado e público, entre interior e exterior. Ou seja, "ambientes sob tensão", "zonas de

---

16. Bruno Fortier, *L'Amour des villes*, Bruxelas: Institut Français d'Architecture/Mardaga, 1994.

fricção", segundo as palavras de Julien Gracq — nós voltaremos a isso.[17] Assim, essa experiência específica valoriza os limites e os espaços que colocam em relação um interior e um exterior, e assim ela se defende ao mesmo tempo contra um desdobramento ilimitado que corresponde a um Fora sem dentro e contra um retraimento autossuficiente que corresponde a um Dentro sem fora.

Entre a cidade de ontem e o urbano contemporâneo, o contraste é impressionante. Em *Desde que Otar partiu* (2003), um filme de Julie Bertuccelli que enquadra sucessivamente Paris e Tbilissi, vê-se a capital da Geórgia de fora, e também do alto, a partir do piso de um imóvel inacabado: ela é circunscrita, delimitada. Em contrapartida, vê-se Paris como uma cidade que perdeu seus limites, que não termina de se estender, de se espalhar ou de se enterrar nos subterrâneos. Enquanto Paris é apanhada na continuidade do "urbano generalizado", Tbilissi ainda vive no ritmo da descontinuidade e desenha limites. Com essas duas representações da cidade, passou-se de um mundo marcado pela descontinuidade a um mundo marcado pela continuidade. Ora, quando reina o contínuo, passa-se de um lugar a outro pura e simplesmente sem se dar conta disso; e quando ainda reina o descontínuo, passa-se de um lugar a outro experimentando-o.

Não sem ligação com as revoluções tecnológicas importantes — aquelas que estão na origem da prevalência dos fluxos sobre os lugares —, assistimos, portanto, a uma rápida modificação dos territórios. Longamente convencidos dos milagres do virtual e da revolução digital, sacralizamos a ideia de um "fim dos territórios". Ora, é bem o contrário que se passa sob nossos olhos, a saber, uma "reterritorialização", uma reconfiguração dos territórios, que se enuncia no plural. Passa-se então de um primeiro paradoxo do urbano (um espaço limitado que permite práticas ilimitadas) a um segundo (um espaço ilimitado que torna possíveis práticas limitadas e segmentadas).

Mas, para além da consideração dos fluxos e das redes, é essencial perguntar-se sobre quais lugares estão emergindo e sobre qual hierarquia se forma entre esses diversos lugares. Indissociável de

---

17. Sobre Julien Gracq, cf. p. 47-56.

uma reterritorialização que separa e fragmenta, a pergunta então se liga à reterritorialização que se pode ter no próprio futuro da democracia. A fragmentação espacial, nunca a vemos tão bem quanto ao observar de perto um mapa e os emaranhados territoriais que ela ali desenha. E observa-se que a "cidade de várias velocidades" se impõe como uma evidência dentro de contextos geográficos muito diferentes, em Paris, na escala da França, mas também no Cairo ou em Buenos Aires.

Essa evolução da experiência urbana enfraquece consideravelmente a dimensão política da cidade. Símbolo da libertação, da emancipação, a cidade não se resume a uma experiência territorial, material, física; ela está na cabeça, ela é mental. "O ar da cidade liberta", dizia Hegel. A cidade é uma mistura de mental e de construído, de imaginário e físico. Ela remete ao mesmo tempo à matéria, ao construído, e a relações entre os indivíduos que, coincidindo mais ou menos bem, fazem dela, ou não, um sujeito coletivo.[18] É nesse sentido que a experiência urbana urde os vínculos com a democracia. E talvez mais que nunca no mundo da "pós--cidade", o mundo da globalização, que divide, fragmenta, separa em vez de unir e de colocar em relação. À cidade promissora de integração e de solidariedade, tanto quanto de segurança, substituiu-se uma cidade "de muitas velocidades", para retomar a expressão de Jacques Donzelot, que separa os grupos e as comunidades, mantendo-os à distância uns dos outros.[19] É esta a condição política prévia do urbano contemporâneo: se o espaço comum não é mais a regra, entidades políticas e espaços unificadores devem ser criados ou recriados. Como dizem alguns, "a luta de classes foi substituída pela luta dos lugares". Uma nova cultura urbana não pode ser somente patrimonial, artística, arquitetural, ela exige que um espaço tome forma política e que ele encontre uma coerência a fim de se precaver contra a fragmentação do urbano.

Diante dessa dupla constatação: a do caráter inédito e brutal de uma época que transforma a sociedade industrial em escala europeia

---

18. Augustin Berque, *Du geste à la cité: Formes urbaines e lien social au Japon*, Paris: Gallimard, 1993.
19. Sobre esse tema, cf. p. 207-215.

e a desloca geograficamente (Índia, China...), mas também a constatação da memória densa de valores urbanos que são um dos cadinhos da história europeia[20], eu proponho atravessar as cidades e o urbano em três tempos.[21] *Uma primeira travessia*, a das cidades idealizadas, que ainda inspiram nossos corpos e espíritos, tem por finalidade desenhar uma espécie de tipo ideal da condição urbana, um tipo-ideal inatingível enquanto tal, mas que oferece o que ver, sobre o que agir e pensar. É a condição urbana em seu sentido primeiro. *Uma segunda travessia* acompanha o futuro urbano na era da globalização contemporânea sublinhando o fenômeno de fragmentação, mas também a emergência de uma "economia de arquipélago" na qual "as cidades em rede" não correspondem mais absolutamente à "rede das cidades" comerciais, cara a Fernand Braudel. É a condição urbana em seu segundo sentido, que é um convite a não alimentar ilusões sobre a cidade idealizada. A cidade não renascerá de si mesma, o lugar da cidade é doravante inseparável dos fluxos com os quais ela se encontra em tensão. Sob esse ponto de vista, é preciso repensar o papel da experiência urbana e a constituição de lugares que dão ensejo à *vita activa*, mas certamente não exibir a cidade como uma fortaleza sitiada por fluxos exacerbados pela terceira globalização histórica.[22] Aí está uma atitude condenada de antemão, exatamente como aquela que acredita que a França e a Europa podem triunfar sobre uma globalização urbana da qual já participam.

Terceiro tempo desta travessia: será necessário, enfim, se perguntar se os lugares formatados pela "reterritorialização" em curso podem permitir um habitar e favorecer a instituição de práticas democráticas dentro dos espaços urbanizados. Em suma, qual tipo de comunidade torna possível doravante o reino do urbano? E o que resta da condição urbana entendida como experiência específica? Se a experiência urbana

---

20. Krzysztof Pomian, "Une Civilisation de la transgression" e "Democratie", in Yves Hersant e Fabienne Durand-Bogaert (Orgs.), *Europes — De l'antiquité au XIXe siècle: Anthologie critique et commentée*, Paris: Robert Laffont, 2000, p 370-394 e 792-800.
21. Mesmo se o propósito de conjunto convida a colocá-los em contato, as três partes deste livro que enumeram três interpretações distintas da condição urbana, podem ser lidas separadamente se o leitor assim desejar.
22. Cf. p. 143-155.

conserva um sentido, ela condiciona a criação de lugares que não são somente símbolos de resistência à cidade virtual e à desterritorialização; ela apresenta a oportunidade de recuperar corpo, de reaglomerar espaços em vias de fragmentação por causa de uma metropolização mal controlada. Em suma, recuperar sociedade exige recuperar lugares que não sejam entidades recolhidas sobre si mesmas.

Falar da experiência urbana, isso equivale a evocar a figura do arquiteto e, portanto, a preocupar-se, como este último, em criar um conjunto com pedaços, em construir uma unidade com fragmentos. Mas é igualmente evocar a figura do urbanista, que, também ele, deve se esforçar por fazer permanecerem juntos elementos heterogêneos. Ora, hoje esse esforço é ainda mais louvável à medida que se assiste a desmembramentos territoriais e a segregações espaciais. Por outro lado, o fato de não ser um especialista autorizado não deve ser um defeito quando se fala do urbano, desse domínio no qual a participação democrática faz muita falta em benefício de ações que se escondem quase sempre atrás da tecnicidade dos saberes e da complexidade das decisões. Mais que nunca, é preciso reatar com um espírito urbano e cidadão, aquele que acredita que o uno e o múltiplo ainda podem seguir em acordo e que a fronteira entre um fora e um dentro elabora *a priori* a humanização dos espaços e dos lugares. É possível desmentir os que se queixam de que os não especialistas (os que não ensinam nem praticam a geografia, a arquitetura ou o urbanismo) não se interessam pelo urbano?[23]

---

23. Em "Les Intellectuels et le visible" (in *Esprit: Le Réveil de l'Architecture*, dez. 1985), Jean-Pierre Le Dantec se queixa do desinteresse dos intelectuais pela arquitetura e pelo urbanismo ao passo que sempre se interessou pela pintura.

PRIMEIRA PARTE

A CONDIÇÃO URBANA I

A cidade, um "ambiente sob tensão"

Prelúdio

Em um primeiro sentido, a expressão "condição urbana" designa aqui a cidade, ou seja, um espaço citadino que aglomera, um desses lugares invariavelmente qualificados de urbanos. Os exemplos aos quais nos remetemos são diversificados: a polis *grega, que simboliza a* agora, *a cidade medieval, que caracteriza a recusa à sujeição, a cidade da Renascença, ao mesmo tempo conflituosa e fascinada pelo espetáculo do poder, a cidade industrial, dinamizada pela circulação e pelo aumento potencial dos fluxos. Longe de se reduzir a um "afastamento" em relação ao mundo rural, essas cidades inventam espaços que permitem trocas e práticas específicas. São "comutadoras" de comunicação (Paul Claval). O urbano participa desde então da* vita activa *e não da* vita contemplativa. *A condição urbana, assim entendida, designa tanto um território específico quanto um tipo de experiência da qual a cidade é, com mais ou menos intensidade, de acordo com as hipóteses, a condição de possibilidade. Multiplicadora de relações, aceleradora de trocas, a cidade acompanha a gênese de valores qualificados como urbanos. É por isso que, para além do aspecto físico da aglomeração espacial circunscrita por um território e seus limites, por um dentro e por um fora, a experiência urbana remete aqui a três tipos de experiências corporais que enlaçam o privado e o público, o interior e o exterior, o pessoal e o impessoal.*

A cidade entendida como experiência urbana é polifônica. Ela é primeiramente uma experiência física, a marcha do corpo dentro de um espaço onde prevalece a relação circular entre um centro e uma periferia. A experiência urbana é, depois, um espaço público onde corpos se expõem e onde se pode inventar uma vida política pelo viés da deliberação, das liberdades e da reivindicação igualitária. Mas a cidade é também um objeto que se observa, a maquete que o arquiteto, o engenheiro e o urbanista têm diante dos olhos, uma construção, até mesmo um maquinário, submetida de imediato aos fluxos da técnica e ao desejo de controle do Estado. A cidade representa, portanto, no sentido de Max Weber, um "tipo-ideal" que se afirmou e consolidou no correr dos tempos, acompanhando inteiramente a história da Europa e a da democracia. Sob esse ponto de vista "ideal-típico", a experiência urbana conserva sua significação, e isso ainda mais porque ela é um misto de mental e de físico, de imaginário e de espacial. Se a cidade é sempre um espaço singular, ela torna possível uma experiência urbana que se desenvolve segundo vários registros e níveis de sentido. Ora, essa experiência multidimensional não separa o público e o privado, mas os associa. É essa experiência, entendida conforme esses diversos registros, que evocamos aqui como primeira apreensão da condição urbana. Falar da "pós-cidade" ou da "morte da cidade" não põe um fim à "condição urbana" compreendida nesse sentido, uma vez que ela permanece um "ideal regulador", remetendo aos diversos estratos da experiência urbana. E, acima de tudo no momento em que os tiranos destroem as cidades, àquela do urbicida e da proliferação das megacidades.

1
Um tipo-ideal da cidade ou as condições da experiência urbana

Mesmo se não nos resignamos espontaneamente à ideia de uma era ou de um mundo da "pós-cidade", a fragilidade dos valores urbanos é da ordem da constatação para aquele que não se deixa iludir pela paixão patrimonial que caracteriza a época. Essa fragilização é visível, ela quase não oferece dúvida, e é admitida por urbanistas e arquitetos que não consideram mais a cidade como um espaço a ser rompido e trespassado, como foi o caso nos anos 1960. Christian de Portzamparc lamenta não ter sido iniciado, durante seus anos de estudo, em uma concepção da arquitetura que levasse mais em conta a dimensão da cidade; Bernard Huet reclama de uma dramática falta de "cultura de cidade", e isso tanto entre os arquitetos e os urbanistas quanto entre os cidadãos.[1] Mas então de que cidade se fala? Se retomarmos a linguagem do criador da Cidade da Música (em Paris), ali se evoca a "cidade 1", a "cidade 2" ou a "cidade 3"? Ou seja, a cidade clássica (a que privilegia a rua e a praça), a cidade dos engenheiros modernistas (a que privilegia os objetos — torres e blocos — e se impôs na França durante uma trintena de anos, de 1950 a 1980), ou a cidade contemporânea (essa cidade híbrida onde coexistem as duas primeiras)? Ou então falamos de uma cidade desfeita, uma cidade a ser refeita, até mesmo de uma cidade europeia sempre universalizável? E seria já necessário imaginar a "cidade 4"?[2] Os escritos de um Georg Simmel, de um Camillo Sitte ou de um Max Weber tratando da substância e da forma das cidades ainda possuem um sentido ou eles cedem a uma

---

1. Bernard Huet, in Frédéric Edelmann (Org.), *Créer la ville: Paroles d'architectes*, La Tour d'Aigues: Aube, 2003, p. 105.
2. Como sugere Albert Lévy em "Les trois âges de l'urbanisme: Contribution au débat sur la troisième ville", in *Esprit*, jan. 1999.

idealização do espaço urbano que não se usa mais? E que ensinamento tirar dos recentes trabalhos das ciências sociais?[3]

Mais que não dar razão a nenhum dos construtores progressistas de hoje, os incorrigíveis adeptos do concreto, os designers da moda e os saudosistas de uma cultura urbana europeia, mais que sair em busca da "boa cidade utópica" de hoje, não seria melhor levar em consideração a experiência urbana enquanto tal? Seria possível desenhar um tipo-ideal da cidade e dele inferir traços distintivos? Mas, se for este o caso, como chegar a isso? Não existe "uma" acepção de cidade, mas vários níveis de abordagem que se confirmam, se superpõem e formam a arquitetura da experiência urbana. E se a experiência urbana chega a se configurar, então se pode perguntar se o urbanismo ainda é suscetível, ou não, de respeitá-la dentro de um contexto que não é mais o da cidade europeia clássica. Se a cidade é essencialmente o quadro, físico e mental, de um tipo de experiência inédita, é indispensável proceder a essa viagem física e mental dentro dela.

As cidades do escritor e do engenheiro urbanista

> Não é, portanto, de modo metafórico que se tem o direito de comparar [...] uma cidade a uma sinfonia ou a um poema; são objetos de uma mesma natureza. Talvez ainda mais preciosa, a cidade se situa na confluência de natureza e artifício [...]. Ela é ao mesmo tempo objeto de natureza e sujeito de cultura; indivíduo e grupo; vivida e sonhada; a coisa humana por excelência.
>
> Claude Lévi-Strauss, *Tristes trópicos*

---

3. Cf. Bernard Lepetit, "La Ville: cadre, objet, sujet. Vingt Ans de recherche française en histoire urbaine", in *Enquête: Anthropologie, histoire, sociologie*, n. 4, Marselha: Parenthèses, 1996. De Bernard Lepetit, cf. ainda "La Ville moderne en France: Essai d'histoire immédiate", in J.-L. Biget, J.-C. Hervé e Y. Thébert (Orgs.), *Panoramas urbains: Situation de l'histoire des ville*, Fontenay-Saint-Cloud/Paris: ENS, 1995, p. 173-207; e Bernard Lepetit e Christian Topalov (Orgs.), *La Ville des sciences sociales*, Paris: Belin, 2001.

A propósito da cidade, recorreu-se espontaneamente a duas linguagens antagonistas. Pelo menos para começar: a linguagem do escritor e do poeta por um lado, o discurso do urbanista por outro. Não há melhor caminho de entrada que aquele dos escritores que perscrutam a cidade com seus corpos e suas penas. Os nomes são muitos. Mas não totalmente ao acaso: Borges e Sábato para Buenos Aires, Mendoza para Barcelona, Jacques Yonnet e Raymond Queneau para Paris, Pessoa para Lisboa, Joyce para Dublim, Naguib Mahfouz para o Cairo, Elias Khoury para Beirute, Orhan Pamuk para Istambul, Ítalo Calvino para suas *Cidades Imaginárias* e Alessandro Barrico o inventor da *City...* Como se a cidade, toda cidade, fosse simbolizada por um escritor[4], por um livro, como se a escrita e o ritmo urbano tivessem urdido afinidades eletivas. O mundo da cidade, essa mistura de físico e de mental, o escritor o apreende com todos os sentidos, o olfato, a audição, o tato, a vista, mas também com os pensamentos e os sonhos. Não é a "Cidade Monumento" aclamada por Victor Hugo em *Notre-Dame de Paris*, aquela que desaparece com o nascimento da imprensa, é a cidade escrita, a cidade que sujeitos percorrem assim como a pena deixa marcas sobre a página branca. Uma cidade que não se resume aos monumentos urbanos, à beleza das construções ou do lugar.

Há cheiros na cidade e não somente em Mumbai, em Marselha ou no Cairo; há barulho nas cidades, barulhos dissonantes, bizarros, insuportáveis, fascinantes, e fricção de corpos que nem sempre são atos de sedução disfarçados. Seguir o corpo na cidade equivale a colocar em cena as relações que a estrutura urbana institui entre corpos e espíritos. A experiência urbana se inscreve em um lugar que torna possíveis práticas, movimentos, ações, pensamentos, danças, cantos, sonhos. A exemplo de Henri Michaux, que concebe um lago perto da avenida da Opéra.

---

4. Cf. as exposições do Centre de Cultura Contemporània de Barcelona (CCCB) consagradas sucessivamente a Joyce, Kafka, Fernando Pessoa e Borges. Essas exposições deram lugar a obras excepcionais na Europa (todas publicadas pelas edições do CCCB): *El Dublin de James Joyce* (1995), *Les Lisboes de Pessoa* (1997), *The City of K. Franz Kafka & Prague* (2002), *Cosmopolis, Borges y Buenos Aires* (2002). Voltada para o Mediterrâneo, a revista *La Pensée de Midi* (Actes Sud) publica conjuntos consagrados a cidades mediterrâneas: Atenas, Marselha, Cairo, Istambul, etc.

Mas a cidade não se presta a uma narrativa única[5], a linguagem do escritor contrasta com o outro discurso importante que recai sobre a cidade, o do urbanismo — do qual Le Corbusier, o engenheiro que cria os famosos Congrès Internationaux d'Architecture Moderne (CIAM) em 1928, tornou-se, com ou sem razão, o símbolo. Enquanto o escritor escreve a cidade do dentro, o engenheiro e o urbanista a desenham de fora, dela ganhando altura e tomando distância. O olho de escritor vê de perto; o olho do engenheiro ou do urbanista, de longe. Para um, o dentro; para os outros, o fora. Eis uma cisão muito estranha, se a experiência urbana consiste em colocar em relação um dentro e um fora. Mas haveria outra escolha a não ser valorizar, por um lado, uma abordagem macroscópica, que associa o urbano a um projeto e a uma maquete, que valoriza o desenho do engenheiro, o sentido da visão, a abordagem que dá lugar a planos diretores e a políticas urbanas? Ou então privilegiar, por outro lado, um imaginário da cidade, aquele dos transeuntes, dos vagabundos, das passagens, aquele que exprimem os criadores, o poeta, o artista, mas também o homem comum, o homem que adora a falsa banalidade do cotidiano? Entre ciência e fenomenologia, entre saber objetivo e narração, a cidade oscila entre uma "cidade-objeto" e uma "cidade-sujeito".[6] A poética seria o avesso dos saberes do urbanista, do projetista e do engenheiro, para os quais a experiência urbana deve ser cartografada, disciplinada e controlada. Essas duas abordagens, uma marcada pelo desenvolvimento tecnológico e econômico, e percebida como progressista, a

---

5. Sobre a cidade como narrativa, cf. Bernardo Secchi, *Il racconto urbanistico*, Turim: Einaudi, 1984. Em uma conferência recente, Secchi evoca as três narrativas da cidade: a narrativa da cidade-catástrofe, aquela que dá medo; a narrativa da cidade modernista, considerada como um acelerador da igualdade; e finalmente uma narrativa que valoriza as dimensões física e concreta do bem-estar. Cf. "De l'Urbanisme et de la société?", in *Urbanisme*, n. 339, nov./dez. 2004.

6. Como diz Hubert Damisch: "Como dar lugar, na análise que o toma por objeto, ao elemento humano, senão sob a forma quantificável, ou, ao contrário, sob a forma de 'histórias de vida' das quais a Escola de Chicago gostava? E como integrar a circunstância, bem como as iniciativas locais ou as decisões de atores sociais, dentro de um modelo determinista do modelo urbano?" ("Fenêtre sur cour", in Jean Dethier e Alain Guiheux [Orgs.], *La Ville: Art et architecture en Europe, 1870-1993*, Paris: Centre Pompidou, 1994, p. 20-25.)

outra remetendo a uma poética de acentos românticos e nostálgicos, são geralmente consideradas como antagonistas. Mas nem todos os arquitetos e urbanistas são inimigos da arte: em 1994, a exposição do Beaubourg sobre o tema da cidade, com o título Art e Architecture en Europe, 1870-1993, privilegiava artistas, escritores, fotógrafos, cineastas, mas também arquitetos consagrados como artistas. A ponto de esquecer que, desde Alberti, os tratados de arquitetura se conciliam muito bem com o saber do urbanista uma vez que um e outro são objetos de regras.[7]

Mas, dessas duas representações da cidade, dessas duas linguagens, a dos artistas e a dos engenheiros-urbanistas, seria preciso nos pronunciar por uma oposição intransponível entre aquele que sente a cidade por meio de seu corpo e aquele que por razões profissionais a reduz a uma maquete que desenha objetivamente? *De facto*, essa oposição remete a duas concepções do lugar: para o urbanismo, o lugar deve corresponder a "uma ordem que distribui os elementos dentro de relações de coexistência". O olho do engenheiro exclui, realmente, que duas coisas possam "estar no mesmo lugar ao mesmo tempo": aquilo com o que sonha, em contrapartida, a imaginação do artista e do transeunte. Para o primeiro, a cidade é um lugar onde a lei do "próprio deve reinar"; para o segundo, o espaço urbano é um não lugar, ou seja, "um cruzamento de móveis, em suma, um lugar praticado".[8] Desse contraste entre um lugar "próprio", porque teórico, e a realidade da prática urbana resulta, contudo, menos uma oposição estrita entre o discurso do engenheiro-urbanista e a linguagem do homem da cidade do que uma interrogação: será que o urbanismo, encarregado da organização dos lugares, pode favorecer uma experiência prática da cidade, torná-la possível, desenvolvê-la, intensificá-la? O lugar desenhado pelo urbanista poderia dar corpo a uma experiência urbana que se enuncia em diversos níveis, aqueles de uma poética, de um cenário e de uma

---

7. É exatamente este o sentido da reflexão de Françoise Choay em *La Règle et le modèle: Sur la Théorie de l'architecture e de l'urbanisme* (Paris: Seuil, 1980), reflexão sobre a qual voltaremos mais detidamente na última sequência desta primeira parte.

8. "Em suma, o espaço é um lugar praticado", escreve Michel de Certeau em *L'Invention du quotidien* (t. I: *Arts de faire*, 10/18, Paris, 1980, p. 208).

política? Sair em busca de um tipo-ideal é uma exigência, uma prioridade, não para reinventar a boa cidade, a cidade-modelo, mas para respeitar as características da experiência urbana. A começar por seu aspecto cênico, que passa pela instauração de uma vida pública.

A cidade, teatro da vita activa

"Lugar praticado": a expressão não é irrelevante, uma vez que ela remete a condição urbana à ação, à *vita activa*. A cidade acompanha, de fato, uma valorização da *vita activa*, da *praxis*, à custa da *vita contemplativa*. Enquanto o homem da vida contemplativa é um homem de interioridade, um indivíduo fora do mundo, que se exila, que parte em "recolhimento" em um mosteiro ou no deserto, o urbano é um ativo cuja atividade não se reduz somente à troca econômica do comerciante ou somente ao consumo de símbolos. Praticar um lugar qualificado como urbano é levar em consideração um "tipo de homem", e lembrar que, para os gregos, o espírito da cidade não passa necessariamente por uma inscrição territorial. Mais que uma estrutura espacial, a cidade é uma "forma", no sentido em que a compreende Julien Gracq, uma forma que torna possível que uma experiência singular se desenvolva em outros níveis além do da poética, da troca comercial ou do saber do urbanista. Se a forma da cidade orquestra práticas diversas e passa por outras linguagens além daquela do urbanista e do escritor, quais seriam essas linguagens? A de um espaço público que remete à experiência da pluralidade, mas também a da política que remete à experiência da participação, da igualdade e do conflito.

Espaço público, espaço político: duas encenações, dois cenários. Para além da oposição entre a marcha corporal, condição da "colocação em forma", e da intervenção do urbanista, para o qual a cidade permanece um objeto colocado a distância, a experiência urbana passa efetivamente por uma encenação que permite aos urbanos "se expor", se exteriorizar. Como lembraram Jacques Le Goff ou Mikhail Bakhtin, o teatro e toda uma cênica acompanham a emergência da cultura urbana medieval. Graças à praça pública, o espaço urbano permite o encontro, até mesmo o confronto, entre a cultura popular e a cultura erudita. Como testemunha a peça de Adam de la Halle encenada em Arras em 1276, "a cidade assenta o teatro na praça, transforma-se ela mesma em teatro e a faz falar em idioma vulgar".[9] A cidade não cede lugar, portanto, a uma oposição entre o sujeito individual, desfrutador de uma experiência corporal sempre reinventada, e uma ação pública organizada; ela gera, pelo contrário, uma experiência que entrelaça o individual e o coletivo, ela se coloca, ela própria, em cena, deitando palcos nas praças. A cênica urbana tece o vínculo entre um privado e um público que nunca estão radicalmente separados. É esse o sentido, a orientação da experiência urbana, um emaranhado do privado e do público que se fez por muito tempo em benefício do público, antes de um movimento de privatização — aquele que marca o resvalamento do urbano ao pós-urbano — transformar em profundidade os papéis tradicionais concedidos ao privado e ao público. Ao mesmo tempo que a experiência urbana concilia linguagens heterogêneas remetendo a diversas camadas da experiência, ela coloca em relação, em uma espécie de dialética "interminável", elementos opostos: o interior e o exterior, o dentro e o fora, o centro e a periferia, o privado e o público. Valorizando a cidade como imagem mental, considerando seu aspecto espacial e monumental como secundário, Julien Gracq associa essa experiência do interior e do exterior àquela da liberdade e da libertação das servidões, aquela das origens, mas também do espaço quando imobiliza os corpos.

Essa capacidade de orquestrar uma relação entre termos aparentemente antagonistas dá toda intensidade a uma experiência urbana que curto-circuita a linguagem. Isso é próprio da arquitetura: "A arquitetura", escreve Christian de Portzamparc, "provém da linguagem, uma vez que ela responde a um programa, a um pedido formulado, seja oral ou escrito, e que pode às vezes representar milhares de páginas e numerosos cálculos. Ela provém, portanto, da linguagem, como organização do mundo, a partir de técnicas, de dinheiro, de calendários, de

---

9. Jacques Le Goff, in *Histoire de la France urbaine*, Georges Duby (Org.), t. 2: *La Ville médiévale*, Paris: Seuil, 1980, p. 382.

cálculos, etc. Mas ela coloca em jogo, além do mais, esse território das paixões no qual a linguagem é como que curto-circuitada. Ela coloca em jogo o que eu chamaria de pensamento dos sentidos."[10] Cenário singular, a cidade não é o quadro de uma mediação entre trajetórias corporais e o saber de um engenheiro projetista, mas um lugar que provoca "curtos-circuitos" em todos os níveis: o curto-circuito do corpo que inventa seu percurso, o do homem do interior que se expõe ao exterior dentro de um espaço público, e aquele da confrontação política. Entrelaçamentos de linguagens, a cidade não acaba de possibilitar experiências que, entre o individual e o coletivo, se intensificam mais ou menos.

A consideração da pluralidade das linguagens corrobora a hipótese de um tipo-ideal: a cidade como exteriorização "pública", ou como Política, como espaço da ação coletiva. A cidade é mesmo uma questão de corpo, desse corpo individual que sai de si próprio para se aventurar dentro de um corpo coletivo e mental onde se expõe a outros: a história de corpos que criam um espaço comum sem por isso buscar a fusão, a história de um mundo político que acompanha as genealogias da democracia. Pensar em termos de um tipo-ideal não equivale, portanto, a privilegiar uma ou outra das linguagens evocadas, mas a pensar a cidade como esse espaço que torna possível uma experiência urbana que "dá lugar" a relações específicas que não se encontram em todos os lugares. A cidade: condição de possibilidade de relações diversas (corporal, cênica, política), lugar que dá "forma" a práticas infinitas e a uma duração; este é o sentido inicial da condição urbana. Um quase-transcendental: a cidade, um espaço que torna possíveis experiências urbanas que nunca são consumadas, acabadas ou totalizáveis. O sociólogo Isaac Joseph, grande conhecedor da Escola de Chicago, evoca em *La Ville sans qualités*[11] as dimensões citadina e cívica que ele valoriza em detrimento da inscrição comunitária. Se não existe uma idade de ouro da cidade, existe um tipo-ideal da cidade que faz

---

10. Christian de Portzamparc, in *Le Plaisir des formes*, Paris: Centre Roland-Barthes/Seuil, 2003, p. 74.
11. Isaac Joseph, *La Ville sans qualités*, La Tour d'Aigues: Aube, 1998.

sentido no quadro da história das cidades e conserva um significado no mundo da pós-cidade.

A experiência urbana é multidimensional, ela desenvolve um processo poético, um espaço cênico e um espaço político; ela orquestra, portanto, relações originais entre o privado e o público. Todos esses níveis estratificados se entrelaçam, mas há uma progressão do íntimo ao público, um movimento do privado ao político. Diferentemente dos gregos, que acentuavam uma cisão entre o privado e o público, uma vez que para eles o privado era "privativo", privado que era do público, a experiência urbana coloca em cena uma capacidade de "abertura" que toma forma à medida que as dimensões sucessivas se desdobram. Se o político é sua dimensão principal, o privado nem por isso é sua dimensão secundária; uma implica a outra. A experiência urbana não é a alquimia de uma vontade geral que permite se elevar milagrosamente do individual ao coletivo. A experiência urbana coloca em cena a dialética interminável do privado e do público. Ela marca a relação sempre reiterada do dentro e do fora, uma capacidade de abertura que corresponde a uma libertação.

Mas essa experiência em espiral, circular e sempre retroativa não apresenta nem começo nem fim, nem origem nem ponto final. O privado mais privado já é puxado para outra coisa, para um outro lugar, e a família e o habitar não têm sentido senão na abertura que oferecem, graças aos limiares e às linhas fronteiriças que os delimitam e tornam possível que haja relações fora. Do mesmo modo que não existe um privado fechado sobre si mesmo, que seria o ponto de partida, não há mais uma instituição política suscetível de acabar, de finalizar a experiência urbana, como o Estado hegeliano pretende. Sem fim nem começo, a experiência urbana se desdobra, contudo, progredindo do privado ao público sem que este seja o resultado final. A experiência urbana é um movimento sempre reiterado porque impede de se fechar numa origem ou de se esconder por trás de uma cerca.

II

A experiência corporal ou a "configuração" da cidade

Corpos múltiplos (Claudel)

A primeira linguagem que permite qualificar a experiência urbana é, portanto, a do poeta e do escritor, a das palavras e de sua rítmica. Ora, escritores e poetas evocam diretamente a dimensão corporal e respondem a uma pergunta: o que fazer de meu corpo? Mas sobretudo: o que fazer de meu corpo dentro de um Corpo coletivo? Se a cidade é uma forma que se pode especificar, ela desposa imediatamente uma dupla dimensão corporal: a da cidade vista como um corpo e a da cidade vista como um tecido de trajetórias corporais infinitas. Nesse duplo sentido, a cidade se confunde com uma escrita corporal à qual, entre outros, Paul Claudel e Julien Gracq fizeram eco.

Antagonismos de Paris e Londres

Antes de remeter à experiência de um corpo singular, a cidade é celebrada por poetas e escritores como um corpo mais ou menos harmonioso, mais ou menos equilibrado e unificado.[12] Um corpo cujos membros constituem mais ou menos corpo.[13] Assim, Paul Claudel, em um texto conciso publicado em *Connaissance de l'Est*, compara o corpo de Paris aos corpos de Londres, Nova York, Boston e Pequim.

---

12. Uma escola de arquitetura, a escola metabolista, avançava, de maneira significativa, essa metáfora corporal.
13. A constituição de novos municípios remete, nos Estados Unidos, a um processo qualificado de "incorporação" que nós evocamos na terceira parte (cf. p. 269-273).

Existe um saber da cidade?, ele pergunta. E que tipo de saber? "Da mesma forma que há livros a propósito de colmeias, sobre as cidades de ninhos, sobre a constituição das colônias de corais, por que não se estudam as cidades humanas?" A propósito de cada uma das cidades evocadas, uma mesma questão reaparece: como incorporar, ou seja, como um corpo pode fazer com que se mantenham juntos membros esparsos, fragmentos diversos? Em outras palavras: como pode um corpo urbano tomar forma? O poeta responde recorrendo a várias imagens da cidade que evocam ritmos urbanos diferentes. Outras tantas modulações do movimento no interior de um conjunto. "Não haveria aí pontos especiais a se estudar? A geometria das ruas, a medida das esquinas, o cálculo dos cruzamentos? A disposição dos eixos? Tudo o que é movimento não lhes é paralelo? Tudo o que é repouso ou prazer, perpendicular?"[14]

Paris, cidade nascida de uma ilha, é percebida em função de uma dinâmica espacial singular, a de uma expansão progressiva, de uma aptidão para se ampliar ao seguir as sinuosidades de um rio emboscado entre suas duas margens. Eis uma ilha, a ilha chamada de Cité, a primeira Lutèce, que se torna progressivamente uma cidade ao se distender a partir de seu centro: "Paris, capital do reino, em seu desenvolvimento igual e concêntrico, multiplica, ao ampliar, a imagem da ilha onde primeiro foi encerrada."[15] Paris se desenvolve a partir de um começo, de um foco insular que se aventura em direção a um fora que será historicamente marcado por circunferências sucessivas. Eric Hazan insistiu nisso em sua *L'Invention de Paris*[16], onde ele implementa uma psicogeografia dos limites. Mas "essa estrutura concêntrica oferece bem poucas possibilidades [...] para a descoberta de um *outro*, para o livre desembocar numa exterioridade do mundo".[17] O centro não pode remeter senão a si mesmo, a força da aspiração é tal que nenhuma exterioridade é concebível. O mesmo não acontece com Londres,

---

14. Paul Claudel, *Connaissance de l'Est*, Paris: Gallimard, 1974, p. 47-18.
15. *Ibid.*, p. 48.
16. Eric Hazan, *L'Invention de Paris*, Paris: Seuil, 2002.
17. Jean-Pierre Richard, "Le Corps des villes", in *Essais de critique buissonnière*, Paris: Gallimard, 1999, p. 94.

que é a antítese de Paris: a cidade de Londres não tem "nem meio, nem eixo", ela não se baseia num centro. "Londres, justaposição de órgãos, acumula e fabrica." A falta de um centro a partir do qual o corpo da Cidade pode se espalhar faz de Londres "um conglomerado, uma montagem aleatória de elementos ativos, de *órgãos* dos quais nenhum tem prioridade sobre os outros".[18] O movimento não é aqui o de um corpo em extensão, ele corresponde à justaposição de órgãos associados com a finalidade de acumular e de fabricar. Em Londres não há duas margens como em Paris, mas um norte e um sul dos quais o Tâmisa desenha a fronteira. De orgânico em Paris, o corpo urbano se torna quase mecânico em Londres e se confunde com percepções fragmentárias: "Londres é um movimento browniano: trajetórias que se cruzam, que às vezes se chocam, e das quais não se percebem senão segmentos."[19] Nesse corpo "industrial", a proximidade dos elementos uns ao lado dos outros se traduz pela vontade de produzir, por uma paixão pela produção que caracteriza a fábrica, o que já tinha impressionado Heinrich Heine quando de sua primeira visita a Londres. "Porque Londres não se contenta em atrair nem em reunir em si o *mesmo*; ela o interioriza, o assimila em suas vastas lojas, dele se alimenta para com ele produzir o outro."[20] Enquanto o corpo de Paris, corpo real e central que se espalha, corpo do absolutismo e da capital, não termina de se reproduzir, o corpo de Londres é o corpo da produção que simboliza o advento da sociedade industrial.

Nova York, ou a arte do intervalo

> Mas Nova York — de lá vinha o seu charme e a esperança de fascinação que ela exercia — era então uma cidade onde tudo parecia possível. À imagem do tecido urbano, o tecido social e cultural oferecia uma textura crivada de buracos.

---

18. *Ibid.*
19. Pierre-Yves Pétillon, "Oh! Chicago: Images de la ville em chantier", in *Citoyenneté et Urbanité*, Paris: Esprit, 1991, p. 143-144.
20. Jean-Pierre Richard, *op. cit.*, p. 95.

> Bastava escolhê-los e deslizar por eles como Alice do outro lado do espelho, mundos tão encantadores que pareciam irreais.
>
> Claude Lévi-Strauss, "New York post- et préfiguratif"[21]

Após ter comparado as figuras do centro em Paris e as da justaposição em Londres, Claudel examina o corpo de Nova York e concede um lugar à parte a uma cidade que define a capacidade de "colocar em relação". Nova York é um quase-modelo para o poeta: "Nova York é uma estação terminal, construíram-se casas entre os *tracks*, um *pier* de desembarque, um quebra-mar ladeado de *wharfs* e de armazéns; como a língua que apanha e divide os alimentos, como a úvula no fundo da garganta colocada entre os dois caminhos, Nova York entre seus dois rios, o do norte e o do leste, dispôs, de um lado, em Long Island, suas docas e seus paióis; do outro, por Jersey City e pelas doze linhas de estrada de ferro que alinham seus depósitos sobre o *embankment* do Hudson, ela recebe e envia as mercadorias do continente inteiro e do Ocidente; a ponta ativa da cidade, inteiramente composta por bancos, bolsas e escritórios, é como a extremidade dessa língua, que, apenas para continuar a imagem, vai incessantemente de um ponto a outro." Ir incessantemente de um ponto a outro, essa prática urbana passa pela valorização da figura do "entremeio": Nova York impressiona em virtude do lugar tomado pelos espaços intermediários, os que remetem a um "vazio separando dois lados, se escavando entre duas extensões". "Paris tinha como principal preposição *no meio de*, Londres *ao lado de*; para Nova York será *entre*."[22] Essa capacidade de colocar em relação, de fazer o vínculo entre a água e a terra, entre duas margens, entre dois rios, entre dois continentes, faz de Nova York a cidade que sintetiza a capacidade de reunir e de produzir de Londres e a força da extensão de Paris. As fotografias de Alfred Stieglitz, Edward Steichen e Alvin Langdon Coburn são a melhor expressão disso.

---

21. In *Le Regard éloigné*, Paris: Plon, 1983, p. 348. Mas essa Nova York do início dos anos 1940 é um vestígio que a cultura de massa, nos diz o etnólogo, devia logo esmagar e sepultar.

22. Jean-Pierre Richard, *op. cit.*, p. 96.

Enquanto Paris se descentra, se estende, sem jamais sacrificar o caráter privilegiado do centro, e que Londres justapõe, cinde, separa, Nova York "favorece a passagem, a troca, a distribuição". Como sua arquitetura se distingue duplamente da "expansão excêntrica" de Paris e da "justaposição sôfrega e exposta" de Londres, ela cultiva a arte do entremeio, "ela faz passar a substância do mundo de um de seus lados para o outro, dos barcos para os trens, por exemplo, e dos trens para os barcos".[23] Como se tudo constituísse intervalo para favorecer uma troca infinita ao ritmo dos dias e das noites entre dois continentes. Nova York é uma "cidade-boca", uma "cidade onde tudo desemboca"[24] graças aos "intervalos" e aos "entremeios".

Entremeio[25]: entre dois continentes, mas também entre duas épocas, como sugere Claude Lévi-Strauss, que passa uma temporada em Nova York durante a Segunda Guerra Mundial: "Deste modo, Nova York oferecia simultaneamente a imagem de um mundo já ultrapassado na Europa e a de um outro mundo do qual nós então não desconfiávamos o quão próximo estava do futuro. Sem que nos déssemos conta disso, uma máquina capaz de voltar e avançar no tempo de uma só vez, impondo-nos uma série ininterrupta de desencontros entre períodos anteriores à Primeira Guerra Mundial, e aqueles que, em nossa terra, logo se seguiriam à Segunda."[26]

O centro, a justaposição, o intervalo: outras tantas figuras caracterizando o corpo de cada uma dessas cidades, outros tantos ritmos e aptidões para se colocar em movimento, ou para se desenvolver. Porém, mais que qualquer outra, a cidade de Nova York privilegia a dimensão da troca e a colocação em relação em seu próprio seio. Longe de se reduzir à função comercial, a troca ali se torna a mola-mestra essencial do ritmo urbano, que exige limiares e passagens. Após ter evocado o pesadelo de Boston, uma cidade dupla — dupla porque composta por um espaço pedantesco e avaro por um lado e, por outro, pelo montículo

---

23. *Ibid.*, p. 97.
24. *Ibid.*
25. No original: *entre-deux*, literalmente "entre-dois". [N.T.]
26. Claude Lévi-Strauss, *op. cit.*, p. 349-350.

da cidade antiga que o desregramento e a hipocrisia caracterizam —, uma cidade que é, para ele, a antítese do sonho de Nova York, Claudel se demora sobre as cidades chinesas, cujas ruas alinhadas são feitas para um povo habituado a andar em fila, mas onde os interstícios de miséria são, contudo, cuidados. "Entre as casas, semelhantes a caixas sem fundo de um lado e na qual os moradores dormem amontoados em meio às mercadorias, instalaram-se esses interstícios."[27]

Se a imagem do corpo privilegiada por Claudel enfatiza a identidade da cidade, sua forma enquanto cidade singular, a experiência propriamente corporal do transeunte, do andarilho, do *flâneur* é marcada pela chancela da descontinuidade, da ruptura do ritmo. O corpo dá uma forma à cidade, mas a forma de uma cidade está, antes de tudo, ligada ao percurso dos corpos individuais que se aventuram no corpo da cidade. Se o corpo é a imagem que surge espontaneamente quando o poeta ou o fenomenólogo evocam a cidade[28], se o coração da cidade bate a um ritmo mais ou menos constante, se ele pode conhecer a arritmia ou um batimento excessivo, então há tantas poéticas da cidade quanto corpos que a percorrem e nela se aventuram. E, em todos os casos, a escrita corporal percorre cidades que se apresentam, elas próprias, como livros. O livro e a cidade se parecem. Jean-Pierre Richard evoca avenidas semelhantes a linhas e observa que "tudo pode ser lido, exibido, compreendido como um texto oferecido ao olhar de nosso espírito". "Mas, inversamente, continua, cada livro também não seria um pouco cidade? Instalamo-nos nele, o percorremos de diversas maneiras, lhe atribuímos uma parte de nossa vida. Em suma, a cidade escrita, em seu corpo tão vasto e tão diverso, oferecia-se, ela própria, à leitura, já à primeira vista."[29]

---

27. Paul Claudel, *op. cit.*
28. Cf. Pierre Sansot, *Poétique de la ville*, Paris: Klincksieck, 1973 (reeditado em edição de bolso em 2004 pela Payot); Jean-Christophe Bailly, *La Ville à l'œuvre*, Paris: Jacques Bertoin, 1992; Jean Roudaut, *Les Villes imaginaires dans la littérature française*, Paris: Hatier, 1990; Denis Caniaux (Org.), *Villes de papier: Une Anthologie de la poétique urbaine*, pref. Pierre Sansot, Bordéus: Confluences, 2004.
29. Jean-Pierre Richard, *op. cit.*, p. 106-107.

A cidade, ambiente sob tensão
(a Nantes de Julien Gracq)

Escritores oriundos ou próximos do movimento surrealista, Julien Gracq, Aragon ou André Pieyre de Mandiargues são guias maravilhosos para compreender os vínculos entre o Grande Corpo, o Corpo unificado da cidade, e os pequenos corpos, a miríade de corpos individuais que a atravessam em todos os sentidos. Michel Butor o mostra igualmente em *Le Génie du lieu*, a propósito de Istambul ou de Minieh, no Alto Egito[30]: uma cidade toma forma ao longo de um percurso. Mas o principal livro de Julien Gracq, *La Forme d'une ville*, é exemplar. A experiência corporal ainda não é ali a do *flâneur*, a do corpo solitário que se aventura no espaço público; ela remete essencialmente a uma experiência mental que remonta à infância, e a "forma" da cidade é ali associada diretamente à da "formação" para a liberdade. O ar da cidade liberta...

Mas Julien Gracq não descreve a forma própria a essa ou àquela cidade, aqui a de Nantes, "sua" cidade; ele liga a maneira de percorrer corporalmente uma cidade à sua "forma", o pequeno corpo urbano ao Grande Corpo da cidade. Ele "configura" um percurso urbano, relatando assim a maneira pela qual uma cidade se forma em função de percursos corporais. Merleau-Ponty faz o mesmo quando chega pela primeira vez a Paris e descobre "a essência" dessa cidade, uma essência que possui odores.[31] Os quadros que o escritor compõe se distinguem consideravelmente da imaginária do cartão postal: "um jogo de cartões postais, mesmo personalizado, somente reduzindo a nada a massa, o volume impressionante e indivisível que é, antes de tudo, pelo sentimento que lhe temos, uma cidade, mais a desumaniza

---

30. Michel Butor, *Le Génie du lieu*, Paris: Grasset, 1994.
31. "E quando eu cheguei lá [em Paris] pela primeira vez, as primeiras ruas que vi na saída da estação foram, assim como as primeiras palavras de um desconhecido, apenas manifestações de uma essência ainda ambígua, mas incomparável [...]. Somente emergem como atos explícitos as percepções ambíguas, ou seja, aquelas às quais nós mesmos damos um sentido, pela atitude que tomamos, ou que respondem a questões que nós nos colocamos." (Maurice Merleau-Ponty, *Phénoménologie de la perception* (1945), Paris: Gallimard, 1987, p. 325.)

e desvitaliza do que a faz ressurgir."[32] Eis porque as etapas e os lugares que pontuam esses percursos têm uma ligação com um ritmo singular, o ritmo urbano. Preocupado em compreender por que Nantes é para ele "uma" cidade, "a" cidade, "sua" cidade, Gracq sublinha seus fatores constitutivos.

O paradoxo urbano: um espaço finito que torna possíveis trajetórias infinitas

Um primeiro critério relativo à forma de uma cidade remete à capacidade de um corpo individual mover-se ao infinito. Uma cidade deve possibilitar trajetórias corporais em todos os sentidos (os quatro pontos cardeais) e em todos os níveis (o horizontal, o alto, o baixo, o subterrâneo).[33] A condição dessa experiência infinita é o próprio quadro urbano: a infinitude dos percursos anda junto com um espaço singular. No campo ou no deserto, a caminhada pode ser infinita, e a perda da orientação é seu risco. Eis por que é preciso escolher um percurso e manter-se nele. A infinitude da viagem exige nesses espaços uma bússola. Oferecendo um enquadramento para a caminhada, o espaço urbano permite, pelo contrário, aventurar-se sem se perder. Mas a caminhada urbana é uma resposta, em todo caso para o secundarista que a descobre, ao caráter desmedido da cidade: "Os ritmos naturais, protetores, acalentadores, e quase naturalmente portadores de repente cedem de todos os lados à irrupção inesperada do desmedido, ao pressentimento da selva humana."[34] Diante dessa ambivalência, diante do medo da multidão e da massa, diante da ressurgência da selva num mundo extranatural, que afetam Baudelaire e Poe, a cidade deve se "apresentar" como uma

---

32. Julien Gracq, *La Forme d'une ville*, Paris: José Corti, 1985, p. 208.
33. Sobre esse ponto, cf. Henri Reymond, Colette Cauvin e Richard Keinschuger (Orgs.), *L'Espace géographique des villes: Pour une synergie des multistrates*, Paris: Anthropos, 1998. Inspirador de Le Corbusier e continuador de Haussmann, Eugène Hénard tinha imaginado um urbanismo subterrâneo desde o início do século XX em seu *Rapport sur les grandes villes* (1910).
34. Julien Gracq, *op. cit.*, p. 24.

forma onde se mover. O quadro espacial não é arbitrário, ele oscila entre um centro e uma periferia, favorecendo assim um movimento permanente entre dois limites, um ir e vir incessante entre uma aspiração centrífuga por fora e uma sedução centrípeta por dentro.

A cidade é circunscrita, a delimitação espacial é a condição de possibilidade de percursos infinitos e insólitos. A cidade é uma entidade discreta, limitada e aberta sobre um ambiente, mas essa característica centrífuga (a cidade é voltada para fora, a periferia próxima ou distante) é sempre reequilibrada por uma ligação (centrípeta) com o centro. Esse dispositivo está na origem do paradoxo urbano por excelência: os percursos são infinitos porque têm lugar dentro de um espaço circunscrito. A cidade não se abre para o infinito, ela não desemboca numa linha de horizonte, numa paisagem desdobrando-se ao infinito, ela é um espaço finito que torna possível uma experiência infinita, a começar por aquela da caminhada que gera a imaginação e a invenção. A escrita da cidade vale-se de um movimento corporal correspondente a uma imagem mental que dispensa toda cartografia: "Não existe nenhuma coincidência entre o mapa de uma cidade que nós consultamos desdobrando-o e a imagem mental que surge em nós, à chamada do seu nome, do sedimento depositado na memória por nossas errâncias cotidianas."[35] Enquanto Baudelaire teme se perder na anomia urbana, ser vítima do anonimato e ceder à inautenticidade, Julien Gracq imagina a cidade como uma infinidade luxuriante de redes: percursos efetivos, antigos ou contemporâneos, bifurcações, defasagens, assimetrias, outros tantos espaços, vazios ou cheios, harmoniosos ou não, que permitem construir a experiência pessoal da cidade. O espaço urbano é uma tensão: "Todo o problema de habitá-lo é criar um espaço de presença, um espaço-tempo, uma vez que a tensão, o *spatium* (sempre a mesma raiz, aquela de *spes*: espera, esperança) vale tanto para o espaço quanto para o tempo. Essa tensão hoje está cada vez mais crispada."[36] Indissociável dessas trajetórias, a

---

35. *Ibid.*, p. 23.
36. Henri Maldiney, "Art, architecture, urbain: Rencontre avec Henri Maldiney", in Chris Younès (Org.), *Art e philosophie, ville et architecture*, Paris: La Découverte, 2003, p. 13.

cidade de Julien Gracq é uma zona "de fricção", um "ambiente sob tensão": "O que faz da cidade um ambiente sob tensão não é tanto a concentração do habitat, o estado de fricção latente e contínuo que eletriza as relações, a multiplicidade dos possíveis abertos à existência individual, mas é, para mim, muito mais o antagonismo reinante entre um sistema de vertentes naturalmente centrífugas, que todas levam o núcleo urbano à sua fragmentação periférica, e, comparativamente, a poderosa imposição central que o contrabalança e que mantém a coesão da cidade."[37] Corpo cujo crescimento evoca aquele da infância, a cidade deve se tornar autônoma e se libertar de suas raízes. A cidade pouco provinciana como Lyon e Estrasburgo, Nantes, diferentemente de cidades do interior como Bordéus e Ruão, está "privada de toda osmose verdadeira com as zonas rurais vizinhas, liberta das estreitas sujeições econômicas de um mercado local [...]. É uma cidade mais desprendida que qualquer outra de seus suportes naturais, encaixada como estrangeira em seu terreno, sem se preocupar minimamente em conviver com ele".[38]

A cidade da qual Nantes é o modelo exemplar se desprende do fora sem por isso se deixar aspirar pelo centro ou pelos diversos monumentos que a pontuam. A cidade é aqui comparada com outras cidades francesas: ou cidades abertas demais ao exterior; cidades qualificadas como provincianas, como Angers; ou cidades apanhadas pelo centro, pelo poder da administração, do exército ou da Igreja, como Angoulême. Essa oscilação, esse jogo permanente entre centro e periferia, essa recusa em pensar a cidade "unitariamente" e "hierarquicamente" é igualmente valorizada por arquitetos como Henri Gaudin e Bernard Huet.[39] Essa representação do urbano traduz menos uma oposição entre o campo e a cidade do que uma paixão pelos rebordos, pelas orlas. E ela antecipa um urbanismo contemporâneo caracterizado pela multipolaridade e não mais pela relação com o centro.[40] A imagem

---

37. Julien Gracq, *op. cit.*, p. 199.
38. *Ibid.*, p. 194.
39. Bernard Huet, *op. cit.*, p. 194. Cf. também Henri Gaudin, *Considération sur l'espace*, Mônaco: Rocher, 2004.
40. Cf. a segunda parte desta obra.

mental da cidade privilegiada por Gracq volta a ver a cidade por meio de uma mudança de energia permanente, de defasagens e de diferenciais que dinamizam o olhar.[41]

Espaço mental, cosa mentale

Se o percurso de uma cidade não é incerto, irracional, surrealista, devotado somente ao sonho e à infinidade de trajetórias, se lugares urbanos favorecem esses percursos (a escola, o museu...), a forma da cidade não é, contudo, dependente de monumentos em particular ou de uma arquitetura específica. Certamente, os monumentos lembram que a cidade é ritmada por uma história, composta de camadas geológicas sucessivas, mas os lugares que pontuam os percursos são a matriz de uma "imagem mental" que se forma progressivamente e se confunde com a própria ideia da cidade. A arquitetura não tem aqui, portanto, um papel principal, não mais que os cânones clássicos da estética do Belo.[42] A cultura do *Guide Bleu*[43] não é a de Julien Gracq: "É singular que se concentre assim [...] o caráter e quase a essência de uma cidade em algumas construções, tidas geralmente como emblemáticas, sem pensar que a cidade assim representada por procuração tende a perder para nós sua densidade própria [...]. Em último caso, uma sensibilização desse tipo, exacerbada e tornada sistemática pela cultura do *Guide Bleu*, que hoje ganha terreno por toda parte, acaba por tornar uma 'cidade' classificada mais ou menos exangue para o visitante."[44]

---

41. Brigitte Donnadieu, *L'Apprentissage du regard: Leçons d'architecture de Dominique Spinetta*, Paris: Villette, 2002.

42. Mas, como bem diz Louis Kahn, arquitetura não é sinônimo de Beleza: "A ordem não implica em Beleza/ A mesma ordem criou o anão e Adônis/ O design não cria a Beleza/ A Beleza emerge da seleção/ das afinidades/ da integração/ do amor/ A arte é uma vida, criadora de forma, dentro da ordem psíquica." (*Urbanisme, le XXe Siècle: De la Ville à l'Urbain, De 1900 a 1999: Chronique Urbanistique et Architecturale*, n. 309, nov./dez. 1999.)

43. O *Guide Bleu* (*Blue Guides*) é um guia de viagem publicado em francês e em inglês desde 1918, pela Hachette, caracterizado pela ênfase sobre os aspectos artísticos e arquitetônicos locais amparados em informações históricas sucintas. [N.T.]

44. Julien Gracq, *op. cit.*, p. 106-107.

A forma da cidade, sua imagem mental, é a junção de elementos heterogêneos — lugares, percursos, uma ideia da cidade — aos quais faz eco uma toponímia que remete ao "nome", ao nome próprio da cidade, mas também a todos os nomes que contam a história da cidade (nomes de rua, de escola, de museu...). Como mostram os estudos sobre cidades em vias de explosão, Cidade do México ou Cairo, por exemplo, "a imagem mental da cidade", ou seja, a referência simbólica a um espaço urbano determinado, o sentimento de pertencimento a um *tópos*, se mantém e persiste mesmo no caso em que a cidade se desfaz, explode: o habitante do Cairo ou da Cidade do México que sofre uma segregação violenta não se diz menos de "sua" cidade.[45] Mesmo se a cidade é exangue, as condições de vida deploráveis, um habitante do Cairo é antes de mais nada um cairota, e um habitante de um bairro marginalizado da cidade não deixa de se identificar com a Cidade do México. O sentimento de pertencimento a uma cidade é persistente.

Imagem mental, *cosa mentale*, a forma da cidade é inseparável da estratificação do tempo, de uma memória que se dá ao longo de monumentos e de nomes em um percurso que se conjuga no presente.[46] "É a toponímia, ordenada como uma litania, são os encadeamentos sonoros aos quais se seguem a partir dela a memória, que desenham sem dúvida o mais expressivamente em nossa tela interior *a ideia* que fazemos, longe dela, de uma cidade. Ideia global, que permanece para mim a de uma aglomeração compacta, estreitamente e mal atravessada, irrequieta, buliçosa e ressonante mais do que é razoável [...] de um bloco urbano fechado."[47]

---

45. A explosão espacial, no caso da cidade do México ou do Cairo, não é sinônimo de não pertencimento a uma mesma unidade urbana. Cf. Marc Guerrien, "Mexico: l'Enfance agitée d'une mégapole éclatée"; e Eric Denis e Marion Séjourné, "Le Caire, métropole privatisée", in *Urbanisme*, jan./fev. 2003. Ao contrário, em um artigo consagrado a Lima, Ronald Bellay mostra que esse sentimento de pertença pode ser fragilizado, até desaparecer, quando a cidade se torna informe e não se refere mais aos mitos fundadores ("L'Informe d'une ville: Lima et ses représentations", in *Raisons Politiques: Villes-monde, villes monstre?*, n. 15, ago. 2004).

46. Lembrando, em um belo texto, "Espace et ville", uma viagem antiga a Veneza, Jean-Pierre Vernant fala de "coisa mental" a propósito dessa cidade: "Diante de Veneza, de repente, eu compreendo que também a cidade, como a pintura, é coisa mental." (*La Traversée des frontières*, Paris: Seuil, 2004, p. 135.) [A referência primeira à pintura como "coisa mental", contudo, é Leonardo da Vinci. (N.T.)]

47. Julien Gracq, *op. cit.*, p. 204-205.

O percurso exige, portanto, limiares, intervalos que operam uma oscilação, "passagens" que permitem não olhar a cidade como um monumento ou como um museu. Se os percursos da cidade contemporânea são cada vez mais ordenados segundo o ritmo dos museus, dos itinerários turísticos e desses guias que não são redigidos por escritores como Fernando Pessoa — um nome próprio que rima com Lisboa, um nome próprio que é o autor de uma iniciação à caminhada por Lisboa: "Outra vez te revejo — Lisboa e Tejo e tudo —"[48], eles não conseguem mais atualizar as temporalidades desaparecidas na memória urbana.

A cidade como libertação

Mas quais os espaços que favorecem os percursos que entrecruzam o passado e o presente? Para dizê-lo de outra forma, como um lugar ou um entrelaçamento de lugares torna-se uma cidade, um percurso, uma imagem mental? São espaços que favorecem menos uma mediação, uma relação entre dois termos, pois não são "entremeios" e produzem um *efeito de balança*. O corpo da cidade coloca em tensão um dentro e um fora, um interior e um exterior, o alto e o baixo (olhamos a cidade mais ou menos do alto, circulamos em seus subterrâneos com o metrô, escondemo-nos nos porões e nos esgotos), os mundos do privado e do público. Os lugares que favorecem as trajetórias, as bifurcações, as praças, as imbricações, ritmam no presente, na extensão do espaço, todas as possibilidades desaparecidas da cidade ainda reconhecíveis através dos monumentos, e os símbolos de uma memória ativa. O ritmo urbano é indissociável desses lugares de oscilação que favorecem uma relação na qual não passamos logicamente ou naturalmente de um lugar a outro. Se a cidade é essa unidade simbólica que evoca uma memória e antecipa um futuro, ela exige simultaneamente lugares-limiares, entremeios que permitem às descontinuidades tomar forma. "'A cidade' seria primeiramente esta aqui: a instauração comum de uma relação, de uma referência."[49]

---

48. Fernando Pessoa (Álvaro de Campos), "Lisbon revisited (1926)".
49. Daniel Payot, *Des Villes-refuges: Témoignages et espacement*, La Tour d'Aigues: Aube, 1992, p. 28.

Se admitimos esses dois critérios (um ritmo que conecta nos dois sentidos centro e periferia, espaços que favorecem rupturas e efeitos de balança), a forma da cidade não corresponde a uma arquitetura específica e ela não privilegia a relação com o centro.[50] Ela irriga uma imagem mental que remete a uma "formação", porque a cidade se apresenta como um "romance de formação" que tem finalmente (é nesse ponto que se conclui a preciosa obra de Gracq) uma significação política. A "forma" da cidade anda junto com um movimento permanente e pendular que não deve remeter nem muito ao centro nem muito à periferia. A cidade de Nantes é uma cidade cuja "forma" torna possível uma "formação", aquela do secundarista, cujo sentido último é o de poder romper com ela. A integração dentro da cidade é uma experiência de libertação; ainda é preciso ser capaz de sair dela, de se libertar da própria cidade. A mobilidade urbana é uma experiência espiritual em espiral: ela permite entrar num espaço, se separar de um fora, mas também poder se libertar desse espaço, e se voltar para fora. A experiência urbana, uma experiência de libertação em vários sentidos: de fora para dentro e de dentro para fora.[51]

Se Nantes é "a" cidade, outras cidades podem igualmente ser consideradas "a" cidade para o autor de *Rivage des Syrtes*: todas as que libertam os corpos e ensinam a liberdade. A cidade de Nantes tem assim uma forma singular, mas também um sentido que vale para o conjunto das cidades. A forma de uma cidade que forma repousa na possibilidade de romper com ela, de poder partir dali... mas sem esquecê-la. "No fim das contas, a falta de solidez em sua base local, segundo meu julgamento, serviu muito a Nantes. Quando se trata de ligá-la a um movimento territorial, a cidade parece fugir entre seus

---

50. Nisso, Julien Gracq aproxima-se das análises de Camillo Sitte, que valoriza as irregularidades da morfologia urbana e não a relação geométrica com um centro. Cf. Camillo Sitte, *L'Art de bâtir les villes: L'Urbanisme selon ses fondements artistiques* (1. ed. alemã: 1889; 1. ed. francesa: L'Équerre, 1980), Paris: Seuil, 2001.
51. Isso leva a nuançar a interpretação de Antoine Compagnon em *Les Antimodernes: De Joseph de Maistre à Roland Barthes* (Paris: Gallimard, 2005), onde ele consagra um capítulo esclarecendo a Gracq ("Julien Gracq entre André Breton et Jules Monnerot", p. 372-403) que, entretanto, não leva em conta sua reflexão sobre a cidade.

dedos. Nem realmente bretã, nem realmente vandeana[52], ela nem mesmo é ligeriana[53], apesar da criação artificial da 'Région des pays de Loire', porque ela obstrui, mais que vitaliza, um rio inanimado. Ela ganha por ser, provavelmente apenas com Lyon [...] e sem dúvida com Estrasburgo, a grande cidade provinciana da França. Privada de toda osmose verdadeira com as regiões rurais vizinhas, liberta de todas as sujeições econômicas estritas de um mercado local, ela tendia a se tornar, em meu espírito, *a* cidade, uma cidade mais desprendida de seus suportes que qualquer outra, encaixada como estrangeira em seu terreno, sem se preocupar minimamente em conviver com ele."[54]

Mais que o território, a parte mental de uma cidade, aquela que nós encontraremos no caso da *polis* grega, é valorizada aqui. Mas "a libertação" que a cidade torna possível favorece paralelamente uma comparação com as cidades medievais. Longe de se reduzir a uma matéria, a uma arquitetura monumental que sela um destino histórico e assinala um domínio, a cidade é o território ao mesmo tempo geográfico e imaginário que torna livre. A forma de uma cidade torna possível o aprendizado da liberdade, a começar pela liberdade em relação à cidade de origem, que pode se transformar, como a ruralidade de ontem, em uma alienação. A propósito da Nantes do entre guerras, Gracq escreve que o ar dessa cidade que assegurou sua formação liberta: "Como numa cidade da Idade Média, 'o ar da cidade' — aqui mais que em outro lugar — 'liberta' [...]. O que confere a Nantes a autonomia categórica, o ar de ousadia e de independência pouco definível que sopra em suas ruas."[55] Nantes, a cidade, sua cidade, é uma cidade duplamente descentrada em relação à zona rural e ao próprio centro urbano. Esse duplo descentramento é a condição de um movimento incessante que favorece, graças à energia que proporciona, a ruptura com a cidade da infância e a abertura para o mundo, o que não significa que Nantes seja uma

---

52. Natural ou habitante da Vendée. [N.T.]
53. O adjetivo *ligérienne* refere-se à região das terras do rio Loire. [N.T.]
54. Julien Gracq, *op. cit.*, p. 193-194.
55. *Ibid.*, p. 192-193.

cidade cosmopolita no sentido em que foi Alexandria. Comparando-a a Bordéus, Julien Gracq escreve: "Em Nantes, menor, menos povoada, menos monumental, menos fortemente articulada à sua zona rural, menos ostensivamente hierarquizada na sociedade, menos estabelecida em sua função de capital de província, mas cujo campo externo sobre o qual ela se abria, na falta do privilégio territorial intermediário, era muito diretamente o mundo, a função que preenche a cidade foi para mim menos maternal que matricial [...], ela me libertou para um horizonte mais amplo, sem sofrimento de alma e sem drama, por uma separação, uma expulsão que não devia deixar cicatrizes."[56]

Tecidos narrativos

Um espaço que contém tempo

Compreende-se melhor a ligação entre a "forma da cidade" e a ideia de cidade que se exprime em um nome próprio, aquele que remete a uma fundação e cria um sentimento de pertença. A cidade, esse tecido narrativo vivido no presente, não acaba mais de inventar sua fundação e de brincar com sua história. "Eu? Mas sou eu o mesmo que aqui vivi, e aqui voltei,/ E aqui tornei a voltar, e a voltar,/ E aqui de novo tornei a voltar."[57] A forma da cidade, sua imagem mental, não corresponde em nada ao conjunto que o urbanista e o engenheiro projetam, não se decidem numa prancha de desenho os ritmos que tornam a cidade mais ou menos suportável e solidária. A cidade existe quando indivíduos conseguem criar vínculos provisórios em um espaço singular e se consideram como citadinos.[58] Se a cidade tem um nome próprio que a identifica e singulariza, ela é ao mesmo tempo plural e atravessada por ritmos diferenciados. Ela favorece os desequilíbrios e

---

56. *Ibid.*, p. 194-195.
57. Fernando Pessoa, *op. cit.*
58. Jacques Redá, *Le Citadin*, Paris: Gallimard, 1999. De Redá, cf. também *Les Ruines de Paris*, Paris: Gallimard, 1993.

os descentramentos sem os quais não se habita uma cidade: "A imagem de Nantes que irrompe espontaneamente de meu espírito permaneceu não aquela de um labirinto, mas a de um nó mal apertado de radiais divergentes, ao longo das quais o fluido urbano escapa e se dilui no campo como a eletricidade flui para as pontas [...]. De fato, a imagem geral de Nantes que se desenhava em meu espírito a partir dessa armação de radiais era uma imagem sensivelmente descentrada."[59] Esse duplo descentramento em relação ao tempo e ao espaço é a condição da libertação. Há memória, mas esta não tem outro sentido senão o de reavivar o espírito da fundação, de reatar os fios de uma história que não é unilateral, mas um enovelado de narrações. A cidade é toda estratificação, de tempos e de espaços acumulados, de ordens feitas e desfeitas. Ela é, entretanto, uma narrativa. Ideal, ela é para Roland Barthes "uma contiguidade de elementos descontínuos que não aparece como produto do acaso".[60]

A cidade como narração, a cidade como narração ideal, isso implica em que ela não seja jamais redutível a um passado, a um futuro ou a um presente idealizado, jamais assimilada a um centro ou a uma periferia, e que ela corresponda a uma rítmica temporal e espacial que, jogando com todas as possibilidades, torna possível, e isso em permanência, um duplo "descentramento". Um descentramento espacial e temporal que pode se pagar com o exílio, com uma partida, mas também com um retorno. Uma maneira de ser que alguns, Giono em *Grands Chemins*, por exemplo[61], negam à cidade, assimilada a uma máquina congelando as relações entre burgueses que perderam toda vontade de se relacionar com os outros. Mas a cidade tem realmente uma fundação, ela é uma empresa de fundação continuada, ela não tem um início, uma origem determinada, ela não tem um fim, um fim

---

59. Julien Gracq, *op. cit.*, p. 42-45.
60. François Barré, "L'Œuvre et le lieu", in Ariella Masboungi (Org.), *Penser la ville par l'art contemporain*, Paris: Villette, 2004.
61. Se Jean Giono faz o elogio da cidade do Renascimento, indissociável do homem da *virtù*, do herói político maquiaveliano, em *Voyage en Italie* (1953) ele encontra paradoxalmente certos valores urbanos (heterogeneidade, mobilidade) na própria vida rural.

definitivo, mesmo que ela possa se abater, ou até mesmo vir abaixo.[62] Estendendo-se fora de uma fascinação pela origem e de um receio do fim, a experiência urbana é dupla, tanto mental quanto material, espiritual e física. Imagem mental, a cidade é uma aventura que não acaba de se reconfigurar e se reencenar. A cidade, dado que ela contém tempo, alimenta-se tanto da continuidade quanto da descontinuidade. Precisamente como a narrativa.[63]

A cidade palimpsesto (as Tóquios de Claude Lévi-Strauss)

Ora, essa "configuração" se inscreve em um presente que condensa toda uma história. Precisamente como o inconsciente: "No próprio registro da forma, é uma única e mesma coisa dizer que a cidade não tem realidade a não ser histórica e querer que ela exista apenas no presente. Assim, coloca-se em jogo, a seu modo, o inconsciente, que também não consegue se manifestar senão no instante presente, fora de todo efeito do palimpsesto."[64] A cidade moderna inscreve toda uma história na "presença" de um espaço que condensa os tempos precedentes. Como afirma Christian de Portzamparc, a cidade é "um espaço que contém tempo", um lugar que cadencia uma multiplicidade de camadas históricas. Nesse sentido, este último é "mental", necessariamente "impróprio", e se distingue de um lugar próprio e cercado sobre si mesmo. Mas não há ligação direta entre o pertencimento à cidade, que tem um nome e uma história, e a possibilidade de encontrar

---

62. Cf. a Segunda Parte.
63. Na trilogia *Temps et Récit* (Paris: Seuil, 1983, 1984, 1985), Paul Ricœur sublinha os vínculos entre a temporalidade e a narração. Seria então de surpreender que ele proponha considerar a arquitetura através dessa grade de leitura? Cf. "Architecture et narrativité", in *Urbanisme*, n. 303, nov./dez. 1998.
64. Mas Hubert Damisch não se decide por uma abordagem freudiana, imitando implicitamente o processo de Gracq focado na imagem mental. "Ora, o problema, escreve, para o analista da cidade é o inverso do que diz Freud: para ele, trata-se menos de esclarecer a vida do espírito (a da alma), recorrendo a imagens visuais, do que de apelar para a temporalidade paradoxal, que é aquela do inconsciente, para dar conta do devir espacial da cidade" ("Fenêtre sur cour", *op. cit.*, p. 24).

ali corporalmente seu ritmo. É por isso que a trajetória física, a experiência corporal, secreta e indecisa, sobrepõe-se à paixão estética e à beleza da cidade: "A falta de belezas arquiteturais para saudar tornou de repente a cidade, para mim, quase sensualmente mais próxima: os lugares que se prefere num corpo que vos é afetuoso não têm ligação com os cânones da estética."[65] São tantos os imaginários da cidade quantas são as cidades, mas também tantas maneiras de estar na cidade, de tornar possíveis a caminhada e o movimento. Nessa perspectiva, a dupla evocação da cidade de Tóquio que o autor de *Tristes trópicos* (1955) propõe é muito esclarecedora.[66]

Enquanto se preveniu Claude Lévi-Strauss contra Tóquio — "uma cidade superpovoada, anárquica, sem beleza, opressora pelo seu gigantismo, inteiramente reconstruída após os bombardeios de 1945, atravessada em todos os sentidos por vias expressas sobrelevadas que se cruzam no tumulto em níveis diferentes"[67] — ele descobre, quando de suas viagens, a primeira em 1977 e a segunda em 1986 — Tóquio é então a cidade mais populosa do mundo —, uma cidade contrastada onde a variedade dos espaços e dos lugares faz eco a memórias diferentes. Aqui, o sentimento urbano é inseparável de uma duração que desposa a forma do palimpsesto, expressão cara a André Corboz, o que o distingue do inconsciente no sentido em que as camadas se sucedem mais do que se condensam no presente. "Eu me dei conta de que bastava deixar as grandes artérias e nos embrenhar nas vias transversais para que tudo mudasse. Muito rapidamente, nos perdíamos nos labirintos de ruelas onde casas baixas, dispostas sem ordem, reconstituíam uma atmosfera provinciana [...] ao percorrer Tóquio, eu ficava menos ferido pela brutalidade dos bairros de negócios do que encantado de ver coexistir esses contrastes urbanos. Eu admirava e invejava essa possibilidade ainda deixada aos habitantes de uma das maiores cidades do mundo, senão a maior, de poder praticar estilos de vida tão diferentes."[68] E de chamar

---
65. Julien Gracq, *op. cit.*, p. 111.
66. Sobre a história da cidade, cf. também Philippe Pons, *D'Edo à Tokyo*, Paris: Gallimard, 1988.
67. Laude Lévi-Strauss, "Aux gens de Tokyo", in *Magazine Littéraire*, jun. 1993.
68. *Ibid.*

Tóquio à sua própria memória, lembrar à cidade de 1986 aquela que ainda ontem se chamava Edo. E de convidar — o que não saberia fazer, segundo ele, a Europa cansada — Tóquio a ressuscitar, por exemplo, as margens do rio Sumida, que Hokusai pintava e desenhava: "Mas para Tóquio, em plena vitalidade, tudo é possível. Sem nada ceder de seu posto de maior cidade do mundo, ela faria um favor inestimável aos seus habitantes e a toda a humanidade caso se lembrasse com mais devoção que há não muito tempo ela foi Edo, e se em alguns lugares privilegiados como esses que acabo de visitar, ela se empenhasse um pouco em voltar a sê-lo."[69]

Palimpsesto ou não, próxima do inconsciente, a cidade é um espaço que engana a duração histórica.

---

69. *Ibid.*

III

A experiência pública ou a cidade "colocada em cena"

Num primeiro nível, o da escrita poética e da expressão dos corpos, a experiência urbana se apresenta sob a forma de uma infinidade de trajetórias que, indissociáveis da mobilidade corporal, desenham um imaginário, um espaço mental, e permitem uma libertação, uma emancipação. Se estes são a condição de uma duração pública, poderia ela dar corpo a um "espaço público"? O indivíduo, o homem do espaço privado e da interioridade, tenta assim se exteriorizar numa vida pública. Homem da *vita activa*, o urbano se expõe para fora; fora de sua casa, ele se abre ao espaço público e à experiência da pluralidade humana. Mas o que é feito dessa experiência que emancipa o urbano da comunidade orgânica e rural? E o que é feito das ligações do interior e do exterior, do privado e do público, da interioridade e da exterioridade? Se a prosa parisiense de Baudelaire antecipa as inquietudes e os riscos do espaço público, a literatura que trata da cidade americana, a dos escritores de Chicago, por exemplo, lembra que exteriorização demais, demasiado consumo de símbolos e encenações excessivas levam a uma perda de interioridade. Mas outro parisiense, Jules Romains, imagina uma experiência urbana que favorece uma solidariedade aumentada, e ele aposta nos "poderes" da cidade para chegar lá. A experiência urbana tem uma dimensão pública, não porque lugares são definidos, estigmatizados e distinguidos como públicos, mas porque ela cria as condições de uma experiência pública. Do mesmo modo que a forma da cidade corresponde à colocação em tensão de termos opostos (o centro e a periferia, o dentro e o fora, o interior e o exterior), a inscrição em um espaço público exige encontrar um ritmo, o melhor ritmo concebível entre o privado e o público, entre o interior e o exterior, entre a interioridade e a exterioridade.

Mostrar-se em público

O transeunte, a mulher e o estranho

A experiência mental da cidade, inseparável de uma forma que também é uma formação, está ligada a um ritmo corporal. Seria um acaso? Formadora, a cidade-corpo adora se apresentar, é sabido, como uma cidade-livro, como uma cidade-linguagem, em suma, como uma língua. Entre o corpo da cidade e os corpos que a percorrem, a cidade é uma folha, jamais totalmente branca, sobre a qual corpos contam histórias. "Uma cidade é uma língua, um sotaque", escreve Jean-Christophe Bailly. "Como se lançam palavras no ar com a voz, desdobram-se passos no espaço ao caminhar, e alguma coisa se define e se enuncia. As palavras tomam lugar no seio de uma frase ininterrupta que desaparece na distância ou regressa. Gramática gerativa das pernas."[70]

Em seu poema "O cisne", a cidade é para Baudelaire uma gramática e a rua, um tecido composto de palavras: "tropeçando nas palavras como nas pedras da calçada/ batendo nos versos longamente sonhados." A prática do transeunte é a marcha, mas esta é uma experiência rente ao chão que exige lentidão e paciência, porque ela desconfia do olho que quer captar longe demais, alto demais. Caminhando, não se vê grande coisa, mas se muda de perspectivas incessantemente, como um pintor cubista que renuncia à perspectiva clássica. "Quanto ao simples pedestre", escreve Gérard de Nerval, "cujo ponto de vista não alcança mais que cinco pés acima do solo, ele custa para se dar conta da harmonia geral, e não pode senão isolar sob seu olhar essa ou aquela parte da decoração."[71] A harmonia geral é difícil de perceber, não se pode, portanto, manter-se a distância, objetivar o mundo circundante; não há outra saída a não ser o movimento para frente ou para trás e

---

70. Jean-Christophe Bailly, *op. cit.*, p. 23-24.
71. Gérard de Nerval, *Paris et Alentours*, Paris: Encre, 1984, p. 35.

a redução das perspectivas. Para apreender a cidade globalmente, é preciso olhá-la do "alto", de uma torre, ou sair dela, desfrutá-la a partir das colinas circundantes, as de Fiesole em Florença, as de Fez, as que dominam Hong Kong, ou ainda a montanha do Mukkatam, no Cairo. Para compreender a cidade como corpo global, pleno e planejado, é preciso sair dela, tomá-la do alto, de um arranha-céu, descentrar-se radicalmente, em suma, extirpar-se corporalmente dela.

Gramática gerativa das pernas: a cidade se descobre "passo a passo"[72], ela é a ocupação do passante que se aventura nos interstícios e passagens, e deixa o rastro de seus passos depois de Céline e de Aragon. "A história das práticas cotidianas começa ao nível do solo, com passos. Eles são numerosos, mas um número que não constitui série. O burburinho é um enumerável de singularidades. Os jogos de passos não são fabricações de espaços. Eles urdem os lugares."[73] Se a cidade é um lugar composto de ritmos inventados por corpos caminhantes, se a arte corporal de ser um pedestre faz eco ao trabalho da escrita, a dimensão corporal igualmente fornece matéria à arquitetura para a qual ela é a instância de uma "tipologia matreira". "O espaço é um prolongamento do corpo, afirma Henri Gaudin, as coisas estão em círculo ao nosso redor. Não é, portanto, uma questão de frontalidade. A arquitetura não pode se colocar assim, como qualquer coisa que se volta para si. Ela não pode ser uma imagem, porque é da ordem do corporal, do percurso."[74] A cidade do transeunte, aquela onde se transita, traduz um desejo de exteriorização que se exprime por uma libertação, uma saída de si, uma saída de casa. As trajetórias corporais dão seu sentido às expressões de Gracq — "ambiente sob tensão" e "zona de fricção" —, mas elas implicam também um cenário que redobra a tensão poética. Ora, essa colocação em cena gera uma gama infinita de variações entre o interior e o exterior, entre o centro e a periferia, entre o dentro e o fora...

---

72. É o título do livro pioneiro do sociólogo Jean-François Augoyard: *Pas à pas* (Paris: Seuil, 1979).
73. Michel de Certeau, *op. cit.*, p. 179.
74. Henri Gaudin, in Frédéric Edelmann (Org.), *op. cit.*, p. 78.

Se a prática da caminhada é uma experiência banal, uma experiência ordinária que é o feito do homem ordinário, ela experimenta, entretanto, o inesperado, a indeterminação e o insólito.[75] O ordinário não é o inverso do extraordinário, mas a oportunidade, pela simples razão de fazer sair de casa e de si, de se confrontar com o inesperado, cujas figuras principais são a da sedução corporal e a do ignoto. O feminino associa o ignoto e o estranho, o banal ocultando aqui a inquietante estranheza. Pintor surrealista, Victor Brauner, que havia sucumbido, segundo Jean Paulhan, à metromania, descia todas as noites ao metrô para procurar o eterno feminino nos subterrâneos.[76] O acontecimento deve ser inesperado, os encontros corporais, as discordâncias e os estalidos devem corresponder a tantos desses "instantâneos" que Jacques Réda relata em *Les Ruines de Paris* ao ritmo de jazz.

O banal é uma passagem obrigatória para encontrar a figura do outro, a mulher sedutora ou o estranho inquietante.[77] Gérard de Nerval não somente descobre o feminino na cidade, ele vê a própria cidade como uma mulher. Sempre a linguagem, a etimologia, a gramática gerativa das pernas femininas: "as cidades são seguramente mulheres, a gramática o indica: 'ville, syn. Cité, subst. fém'".[78] Se tivermos de representar burgos e vilarejos, seria necessário fazê-los homens, e a escultura moderna já apresenta homens demais: aceitemos portanto essas cidades fêmeas e seu tipo grandioso e severo, porque não é preciso que o estranho acredite ter de lidar com cidades coquetes e indolentes, sobre as quais seria fácil triunfar".[79] Essa feminilidade, ele a desvela nas oito esculturas, essas mulheres severas que acabavam de ser construídas na place de la Concorde, perto do obelisco, e que representam Lyon,

---

75. Cf. Thierry Paquot, "L'Art de marcher dans la ville", in *Esprit*, mar./abr. 2004.
76. Claude Leroy, *Le Mythe de la passante: De Baudelaire à Mandiargues*, Paris: PUF, 1999, p. 230.
77. Antoine Compagnon observa em "La rue passante" (in *Le Genre humain: Lumières sur la Ville*, n. 34, Paris: Seuil, 1999) que a rua é feita mulher, que a rua é a passante no poema "À une passante" (in *Tableaux parisiens*) de Baudelaire.
78. Ou seja: "cidade, sinônimo: Urbe, substantivo feminino". Na língua francesa, *ville* e *cité* possuem uma distinção que se dá mais em plano ideológico do que semântico, como o autor nuançará mais adiante. [N.T.]
79. Gérard de Nerval, *op. cit.*, p. 38.

Marselha, Bordéus, Ruão, Nantes, Brest, Lille e Estrasburgo. Depois de Nerval, André Breton sublinha esse caráter feminino da cidade: em *La Clé des champs*, ele compara Paris a uma mulher estendida, "os cabelos se agitando muito abaixo, sobre o travesseiro de suas margens". Exacerbando a atração erótica da cidade, André Pieyre de Mandiargues "constrói em *Sous la lame* uma cidade imaginária que não se alcança senão por meio de um longo caminho cheio de provas, pelo percurso de um mapa do Terno, amoroso e perigoso".[80]

A experiência da caminhada, aquela que leva ao encontro inesperado, é hoje simbolizada pela arquitetura da "passagem". Se essa arquitetura não fascina Julien Gracq quando ele evoca a passagem Pommeraye em Nantes[81], foi-lhe restabelecida a honra por Jacques Demy em um filme rodado em Nantes, *Une chambre en ville* (1980). Intervalo, não lugar, símbolo do entremeio, a passagem não se reduz a uma "mediação" entre o privado e o público, entre a avenida e a residência, entre o comércio e a multidão amontoada nas avenidas. Intercambiadora de funções e de ritmos, a passagem apresenta um componente erótico, ela faz passar, ou melhor, ela faz deslizar, do privado ao público. Se ela coloca em relação, ela não se apresenta como uma "mediação" entre a grande cidade e o espaço privado, ela é um marcador de descontinuidade e não de continuidade. Eis, portanto, um lugar que torna possível a experiência urbana por excelência, a de uma colocação em relação que intervém à dupla distância do privado e do público, da mais alta solidão e do inferno da multidão. Ela remete à dupla experiência da roçadela e do pudor, uma experiência "secreta" que leva "séculos", como mostra Jacques Yonnet em *Rue des maléfices* a propósito de Paris: "uma cidade grande é como um charco, com suas cores, seus reflexos, seus frescores e seu lodo, seu borbulhamento, seus malefícios, sua vida latente. Uma cidade é uma mulher, com seus desejos e suas repulsas, seus ímpetos e suas renúncias, seus pudores — sobretudo seus pudores. Para penetrar o coração de uma cidade, para compreender-lhe os segredos sutis, é preciso agir com a infinita

---
80. Jean Roudaut, *op. cit.*
81. Julien Gracq, *op. cit.*, p. 94.

ternura e também uma paciência às vezes desesperadora. É preciso roçá-la sem ser dissimulado, acariciá-la sem pensamentos ocultos, isso durante séculos."[82]

O spleen do flâneur: entre solidão e multidão
(Baudelaire e Edgar Allan Poe)

À dupla distância do privado e do público, esta é a postura — incerta, indeterminada, inquieta — do *flâneur*, um personagem distinto do pedestre. Da mesma forma que o espaço público e impessoal penetra o espaço privado, esse do qual é testemunha, por exemplo, a casa japonesa nos filmes de Ozu[83], o espaço público jamais é atravessado pelo privado. A oposição radical entre privado e público é insustentável porque impossível de ser vivida, um e outro não acabam de jogar e de trapacear juntos. É por isso que o *flâneur* é um indeciso: ao mesmo tempo banal e insólita, a experiência ordinária do caminhante encontra a do *flâneur*, que teme ao mesmo tempo a solidão e a multidão, a intimidade e a turba.

Sair de si, sair de casa? Mas para encontrar quem, e para provar o quê? "Les Foules", um dos *Petits Poèmes en prose* de Baudelaire, esclarece essa relação indecisa entre o privado e o público que caracteriza o personagem do *flâneur*. De fato, ele busca encontrar um lugar entre a solidão e a multidão, entre o retraimento solitário e o povo. "Multidão, solidão: termos iguais e conversíveis pelo poeta ativo e fecundo. Quem não sabe povoar sua solidão tampouco sabe estar só no meio de uma multidão atarefada. O poeta goza do incomparável privilégio de poder ser ele mesmo e outrem. Como essas almas errantes que buscam um corpo, ele entra como bem quer nos personagens de

---

82. Jacques Yonnet, *Rue des Maléfices: Chronique secrète d'une ville*, Paris: Phebus, 2004, p. 13. A primeira edição dessa obra tinha o seguinte título: *Enchantements sur Paris* (Paris: Denoël, 1954).
83. Cf. Augustin Berque, *La Maîtrise de la ville: Urbanité française, urbanité nipponne*, Paris: École des Hautes Etudes en Sciences Sociales, 1994.

cada um."⁸⁴ "Saber povoar sua solidão, saber estar só no meio da multidão": Baudelaire rejeita a oposição espontânea do privado e do público, daí a busca permanente de um equilíbrio ou de um terceiro termo. Esse equilíbrio é a questão do *flâneur* de Baudelaire assim como a do bisbilhoteiro de Nerval: "O amigo que eu encontrei é desses bisbilhoteiros radicados que Dickens chamaria *cockneys*, produtos muito comuns de nossa civilização e da capital. Vós o reconheceríeis vinte vezes, sois seu amigo, e ele não vos reconheceria. Ele caminha num sonho como os deuses da *Ilíada* caminhavam às vezes numa nuvem, mas é o contrário: vós o vedes e ele não vos vê."⁸⁵ Estar sozinho no meio da multidão significa que se busca alguma coisa, alguém de fora, e vemos aquele que não nos vê. O ritmo da caminhada inventa um equilíbrio instável com os outros corpos que povoam a cidade. Para Baudelaire, a deambulação na cidade é inseparável do modo de relação que ela torna ou não possível. Quando não há ninguém, é preciso ser vários; quando há muita gente, é preciso estar só, mas em cada um dos casos há movimento, caminhada, flanância. É preciso não se enrolar sobre si mesmo nem se massificar na multidão, donde o imperativo urbano do movimento. Colocação em forma, colocação em cena e colocação em movimento se cruzam e se reforçam mutuamente.

Mas — é a segunda característica da flanância — a saída de si passa por um desejo de se disfarçar com máscaras para tomar o lugar dos outros. "O poeta", escreve ainda Baudelaire em "Les Foules", "goza do incomparável privilégio de poder ser ele mesmo e outrem. Como essas almas errantes que buscam um corpo, ele entra como bem quer nos personagens de cada um [...]. O andarilho solitário e pensativo consegue uma singular embriaguez nessa comunhão universal. Aquele que desposa facilmente a multidão conhece gozos fervorosos dos quais serão eternamente privados o egoísta, fechado como um cofre, e o preguiçoso, recolhido como um molusco."⁸⁶ É porque o espaço público é percebido como um *teatro* e que a teatralização pública pode dar lugar a

---

84. Charles Baudelaire, *Petits Poèmes en prose* (1869), Paris: Gallimard, 1998, p. 45.
85. Gérard de Nerval, *op. cit.*, p. 93.
86. Charles Baudelaire, *op. cit.*, p. 45.

uma comédia das aparências onde as máscaras se trocam infinitamente, como mostra a sociologia da Escola de Chicago no início do século XX. Ali existe uma intensificação do vínculo inversamente proporcional ao número que é o sinônimo da multidão. Diante da turba, é preciso voltar a ser um sujeito, diante da solidão, é preciso fazer parte dos outros. "Não é dado a todos tomar um banho de multidão: desfrutar a multidão é uma arte; e só pode fazer um banquete de vitalidade, à custa do gênero humano, aquele a quem uma fada insuflou no berço o gosto pelo disfarce e pela máscara, o ódio pelo domicílio e a paixão pela viagem."[87] Com a experiência da flanância, o corpo da cidade se acompanha de uma experiência corporal inseparável do *spleen*.

Mas por que esses dois títulos, *O spleen de Paris* e os *Pequenos poemas em prosa*? O *spleen* está ligado à ideia de que ninguém mais está definitivamente "em seu lugar" na cidade. Vemos aqueles que não nos veem, somos vistos por aqueles que não vemos. A emancipação do privado, a exposição ao exterior, leva a uma experiência onde as máscaras o disputam ao anonimato e à impessoalidade que são a porção inicial do espaço público. Enquanto Gracq associa a cidade à experiência da aquisição da liberdade, à vontade de se libertar, o *flâneur* lembra que também é preciso entrar na cidade, inscrever-se no mundo público e ostentar máscaras para se fazer reconhecer sem por isso ser reconhecido. Em um contexto onde o rural se promove à cidade, a *commedia dell'arte* une tipos de personagens a cidades.[88] Em *Les jumeaux vénitiens* [Os gêmeos de Veneza] de Goldoni, as máscaras escondem uma rivalidade profunda entre os da cidade e os do campo. Enquanto Pourcegnac, desprezado que é pelos burgueses rodeados de médicos e juízes, acaba por renunciar à sua conquista da cidade e à sua conquista da mulher, que passa pelo dinheiro, os agitadores de Goldoni descobrem o teatro da cidade exatamente como *Le Paysan parvenu* [O camponês bem sucedido] de Marivaux.

---

87. *Ibid.*
88. Na *commedia dell'arte*, a origem geográfica dos personagens, i.é., seu pertencimento a uma cidade, é determinado: Pantaleão, o comerciante, é originário de Veneza; o doutor (o sábio, o universitário), de Bolonha; Arlequim, de Bérgamo (cidade baixa), Briguela, de Bérgamo (cidade alta), Polichinelo, de Nápoles.

Qual exteriorização?

Para Baudelaire, o espaço público não é um "lugarejo" onde ficar para se beneficiar das virtudes da vida pública. A saída de si no público apresenta-se paradoxalmente como uma ameaça, a vontade de se arrancar da solidão, aquela que encontra o camponês promovido à cidade, aquela que é o quinhão do estrangeiro ou do migrante. Sair da solidão, sair de seu interior, não oferece a garantia de se beneficiar da felicidade pública. O espaço público é incerto, e o sujeito que ali se arrisca é indeciso; é por isso que ele se esconde por trás das máscaras. Para Baudelaire, o *flâneur* pode se perder na multidão, fundir-se na turba ou então ainda se deparar com o lado noturno da vida pública, aquele em que a multidão pode fascinar — é o caso em *Berlim, sinfonia de uma cidade* de Carl Mayer[89] —, aquele em que o homem das multidões pode ter, como na novela de Edgar Allan Poe, o rosto do criminoso.[90] Mas o *flâneur* também pode, fascinado que é pelos negócios, pelos símbolos e pelas passagens, consumir as mercadorias expostas nas galerias comerciais e nas avenidas. Enfim, o *flâneur* pode juntar-se à multidão na esperança de mudar o espaço público; é a hipótese utópica ou revolucionária à qual os massacres de junho de 1848[91] em Paris e depois a queda da Comuna põem fim.[92] Hipótese que devia alimentar, segundo Julien Gracq, o mito da cidade revolucionária

---

89. Colaborador de Murnau, principal roteirista da grande época do cinema expressionista alemão (1920-1930), teórico do *Kammerspiel*, Carl Mayer realizou esse filme sobre Berlim, onde se valeu da técnica do cine-olho (*Kinoglaz*) de Vertov, a fim de encenar suas teses sobre a "nova objetividade".

90. Edgar Allan Poe, "O homem das multidões", in *Histórias extraordinárias* (1839).

91. A lembrança dos massacres de junho de 1848 é ligada ao tema literário do *spleen* destinado a não esquecer as vítimas. Cf. Dolf Oehler, *Le Spleen contre l'oubli. Juin 1848. Baudelaire, Flaubert, Heine, Herzen*. Paris: Payot, 1986.

92. Como escreve Walter Benjamin, "a Comuna põe fim à fantasmagoria que pesa sobre a liberdade do proletariado. Ela destrói a ilusão de que a revolução proletária, de mãos dadas com a burguesia, teria a obrigação de concluir a obra de 1789. Essa falsa aparência domina todo o período de 1831 a 1871, da insurreição lionesa à Comuna". (*Essais 2*, Paris: Denoël-Gonthier, 1983, p. 52).

até a aurora dos anos 1970.[93] Eis três roteiros: o da criminalidade, o do consumo burguês e o da revolução, que fazem do *flâneur* um personagem hesitante entre o medo (a multidão como uma máscara do crime), a circularidade burguesa (sai-se de casa para voltar melhor, com produtos para consumir dentro dela) e a utopia revolucionária (o agrupamento de massa muda a história).

As passagens, o Império, Haussmann:
uma magia transitória

Se "a arquitetura desempenha o papel do subconsciente", Walter Benjamin considera, também ele, as mais célebres passagens da arquitetura parisiense. Construídas entre 1822 e 1840[94], momento em que entram na moda, esses "atalhos exclusivamente para pedestres do exterior em direção ao centro"[95] exprimem até o fim dos anos 1860 o sonho da cidade vindoura. O sonho da cidade levada pela moda, pela fantasmagoria e pela magia, o sonho ardiloso de uma cidade que encobre a dura realidade da mercadoria.[96] Mas as passagens, herdeiras das galerias do Palais-Royal, não correspondem a um estilo único, elas

---

93. "Houve um mito de Paris, um mito de vida resistente, mas que se desfez brutalmente nos últimos trinta anos. Ele nasceu após 1789, e sobretudo após 1830 (antes de 1789, 'a Cidade' era apenas uma sombra projetada de Versalhes e da 'Corte') sob uma forma política e belicosa, aquela da Paris-luz-das-revoluções: àquela época, era o pavimento, o pavimento ardente de Paris, sempre prestes a se insurgir em barricadas, o símbolo dinâmico, explosivo, da cidade." (*En Lisant, en écrivant*, Paris: José Corti, 1980, p. 285.)
94. A primeira passagem, a passagem do Cairo, data de 1799, o ano da expedição ao Egito.
95. Para retomar uma expressão de Bernard Comment em um artigo dedicado ao livro de François Loyer sobre Haussmann (*Paris XIXe siècle: L'Immeuble et la rue*, Paris: Hazan, 1987), "Partitions et liaisons, Paris au XIXe siècle", in *Critique*, n. 490, mar. 1988.
96. Paris é aqui privilegiada, não pelo nacionalismo, mas como a capital do século XIX, o século que vê a ascensão do mundo industrial, aquele que o urbanismo haussmanniano colocará em forma regrada. Do mesmo modo, as passagens são consideradas aqui como a figura paradigmática da relação entre o dentro e o fora, e remetem à estética da roçadela característica da experiência urbana. Sobre a história urbana de Paris, cf. Bernard Champigneulle, *Paris. Architectures, sites et jardins*, Paris: Seuil, 1979, e Bernard Rouleau, *Paris, Histoire d'un espace*, Paris: Seuil, 1997.

se inscrevem num contexto arquitetural onde o estilo Império, aquele que corresponde ao reinado de Napoleão I, e o estilo haussmanniano estão igualmente presentes. Ora, esses estilos se distinguem daquele das passagens, são mesmo "o inverso das passagens que afirmam o transitório, o efêmero, e estão como que disponíveis ao seu desvanecimento, ao ritmo da evolução da sociedade civil".[97] Se o "monumental" estilo Império quer imitar o Eterno, exibir o Poder, competir com Roma, com o Fórum, com o Vaticano, o estilo Haussmann, por sua vez, é mais ambíguo, porque é duplo. De fato, a arquitetura haussmanniana busca reconciliar a técnica e a beleza, mas também a organização urbana e a segurança, tendo a abertura dos bulevares e das avenidas a finalidade explícita de controlar as massas e assegurar o poder urbano.[98] Haussmann fazia eco a essa dualidade quando declarava: "Eu sou um artista demolidor."

As passagens, indissociáveis da indústria têxtil e do uso do ferro, cuja maleabilidade precipita a generalização do vidro[99], representavam o apogeu da sociedade industrial e consagravam a era da moda exposta em suas vitrines. Os dois outros estilos parisienses ameaçam, contudo, essa arquitetura que contorna a rua para "encurtar" o deslocamento, a passagem do interior ao exterior.

As passagens, como as numerosas exposições da época (nacionais, depois universais), são "centros de peregrinação da mercadoria-

---

97. Guy Petitdemange, "Avant le Monumental, les passages: Walter Benjamin", in *Citoyenneté et Urbanité, op. cit.*, p. 91. A obra de referência de Walter Benjamin foi traduzida para o francês e publicada em 1989: *Paris, capitale du XIXe siècle: Le Livre des passages*, Paris: Le Cerf. Retomado na obra, o debate de 1939, "Paris, capitale du XIXe siècle", foi recentemente reeditado: *Paris, capitale du XIXe siècle*, Paris: Allia, 2003. Ao longo de toda esta sequência, eu me baseio no artigo de Guy Petitdemange.

98. Haussmann, como Le Corbusier, é objeto de representações caricaturais. Para uma abordagem rigorosa do urbanismo haussmanniano, cf. Karen Bowie (Org.), *La Modernité avant Haussmann: Formes de l'espace urbain à Paris, 1801-1853*, Paris: Édtions Roche, 2001; François Loyer (Org.), *Autour de l'Opéra: Naissance de la ville moderne*, Délégation à l'action urbaine de la ville de Paris, 1995; François Loyer, *Paris XIXe siècle: L'Immeuble et la rue*, Vanves: Hazan, 1987; Jean des Cars e Pierre Pinon, *Paris Haussmann: Pavillon de l'arsenal*, Paris: Picard, 1991.

99. Cf. Bertrand Lemaire, *L'Architecture du fer*, Seyssel: Champ Vallon, 1986. O autor insiste na tipologia da arquitetura metálica, uma tipologia que compreende as pontes pênseis, as estufas, as estações ferroviárias, os mercados, as construções industriais, as exposições universais, as vidraças e as salas cobertas.

-fetiche".¹⁰⁰ Se "a moda zomba da morte", Benjamin, fascinado pelo "status intermediário" da mercadoria, que hesita entre "o vivo e o morto"¹⁰¹, aclama seu caráter feminino. Daí os comportamentos observados: o *flâneur*, personagem feminino inseparável da multidão, e o burguês, o homem do interior que capitaliza a mercadoria. "A passagem é uma conspiração, pelo e para o pedestre, de uma evolução que a cidade lhe tira. É, talvez, uma última tentativa para manter a cidade em escala individual. Nisso, a passagem seria, portanto, realmente, o lugar do *flâneur*, seu fulcro."¹⁰² Para o *flâneur*, a turba, longe de corresponder exclusivamente ao peso do número, tende a se confundir com o mercado e com as seduções que o caracterizam. "O *flâneur* faz figura de precursor no mercado. Nessa qualidade, ele é ao mesmo tempo o explorador da multidão. A multidão faz nascer no homem que ali se abandona uma espécie de embriaguez acompanhada de ilusões muito particulares, de modo que ele se deleita, vendo o transeunte arrastado pela multidão, de tê-lo classificado, reconhecido dentro de todos os recantos de sua alma."¹⁰³ Evocando as "fisiologias sociais" de Balzac, ele sublinha os apetites do *flâneur* pelo mercado, o que não faz dele um transeunte devorado pela multidão. O *flâneur* é um "fascinado a distância", seu comportamento hesita constantemente entre o recuo crítico, o ceticismo, e o entusiasmo, a excitação. Como a passagem, ele se mantém como um "intermediário", ele se mantém "na soleira" da grande cidade e da classe burguesa que a habita desde então. O *flâneur* vê, mas não compra; ele se mistura à multidão, mas permanece um inativo, um desenraizado, um estranho. O *flâneur*, que se coloca como um excluído, aproxima-se então do mundo ambíguo da boemia, aquele dos artistas e dos conspiradores. Tomando-se, quando necessário, por um *dandy*¹⁰⁴, o "*flâneur* antecipa a moderna marginalidade social".

---

100. Guy de Petitdemange, *op. cit.*, p. 85-103.
101. *Ibid.* O enunciado de 1939 comporta, entre outros, esses três capítulos: "Louis-Philippe ou o interior", "Baudelaire ou as ruas de Paris" e "Haussmann ou as barricadas".
102. Bernard Comment, *op. cit.*
103. Walter Benjamin, *Paris, capitale du XIXᵉ siècle, op. cit.*, p. 32-33. Na literatura hoje prolífera consagrada a Walter Benjamin, lembramos os trabalhos de Guy Petitdemange e de Jean Lacoste, *L'Aura et la Rupture: Walter Benjamin* (Paris: Maurice Nadeau, 2003); e de Pierre Missac, *Passage de Walter Benjamin* (Paris: Seuil, 1987).
104. Françoise Coblence, *Le Dandysme, obligation d'incertitude*, Paris: PUF, 1988.

"Fascinado a distância", o *flâneur* se distingue, portanto, do habitante do interior, do burguês que se apodera das mercadorias a fim de domesticar "o exterior e seus sonhos no interior". Para que o interior burguês pudesse nascer, na época, o burguês devia lamber as vitrines, comprar os objetos e os levar para dentro de casa, para o seu espaço estritamente privado, a fim de assegurar sua perenidade, de imortalizar sua existência em seus móveis e ambientes. O círculo se fecha: a participação no espaço público não tem outro destino senão o consumo. A passagem do privado ao público se paga com um retorno ao privado. O burguês retorna ao seu espaço interior para ali "expor" o que comprou no exterior. De Caillebotte a Vuillard, as cenas de interior serão privilegiadas por vários pintores. Se a relação do interior com o exterior é circular, ela permanece hierarquizada. Nada se passou no espaço público, e a lógica de repetição a impele.[105] Com *Os aplainadores de assoalho* de Caillebotte, o corpo dos trabalhadores se abaixa doravante contra o chão dos apartamentos burgueses. Em vez do "frêmito cósmico" salvador que Benjamin percebe em Hugo, há no *spleen* baudelaireano "um terror nu", o sentimento de uma catástrofe que mergulha na melancolia. O sentimento de uma cisão entre si e si, entre si e outrem, entre si e o mundo, irá crescendo, arriscando-se a voltar ao grotesco, ou a terminar esse círculo dos corpos e dos pares de que o vaudevile é a representação.[106] Enquanto a cisão afeta paralelamente as representações míticas de Paris, uma cidade que oscila entre o dia e a noite, o capitalismo e o espírito revolucionário, a opulência e a pobreza[107], o haussmannismo consegue reunir as ruas de Paris e as alamedas de um jardim à moda de Le Nôtre, as duas tradições opostas da França revolucionária e da França cartesiana. O que condiz com instalar Versalhes, ou seja, o lugar do poder, em Paris, a cidade da anarquia.[108]

---

105. Cf. Olivier Mongin, "Feydeau à la folie ou l'art de la mésentente", LEXI/textes 7, Théâtre de la Colline, Paris: Arche, 2003.
106. Guy de Petitdemange, "Avant le Monumental, les passages: Walter Benjamin", *op. cit.*
107. Jean-Pierre Arthur Bernard, *Les Deux Paris: Essai sur les représentations de Paris dans la seconde moitié du dix-neuvième siècle*, Seyssel: Champ Vallon, 2001. Jean-Pierre Arthur Bernard também publicou uma seleção de textos consagrados a Paris: *Le Goût de Paris*, I. *Le Mythe*, II. *L'Espace*, III. *Le Temps*, Paris: Mercure de France, 2004.
108. Como sugere Giovanni Macchia em seu belo livro *Paris en ruines* (Paris: Flammarion, 1988). Em seu prefácio, Italo Calvino escreve: "O mito de Paris é o exato oposto do

A cidade permanece, entretanto, um labirinto para aquele que ali se aventura sem adotar a atitude do burguês que reconduz do exterior ao interior. Ou nos perdemos na solidão do quarto ou do apartamento, batemos a cabeça entre quatro paredes, ou então mergulhamos na massa da multidão, vagueamos no labirinto da cidade. Em Edgar Allan Poe, tão próximo de Baudelaire, a multidão é, ela própria, um labirinto, e o homem das multidões esconde a figura do criminoso.[109] "A turba está no labirinto da cidade, o último de todos os labirintos, e o mais impenetrável [...]. Graças a ela, os traços ctônicos até aqui desconhecidos imprimem-se na imagem da cidade."[110] Ora, nesse labirinto, podemos nos perder, correr o risco de ser a vítima do criminoso que ali se esconde. O labirinto pode levar aos "bulevares do crime", essa porção noturna da cidade que assusta o citadino, e da qual o cinema do século XX será expressão.[111] É por isso que é necessário "povoar sua solidão" e "preservar sua individualidade no meio da multidão", para não sucumbir a uma perda fatal das referências. Mas o passante aproveita da liberdade urbana, a que passa pela mobilidade e pelo anonimato, e inventa ritmos singulares entre um privado sufocante, porque solitário ou aburguesado demais, e uma multidão perigosa, porque

---

mito da 'cidade ideal'; porque a 'cidade ideal', capital da razão, da ordem e da beleza era Versalhes, totalmente cartesiana e geométrica, e porque Paris representava a antítese, o contrário: um enorme organismo em movimento, belo porque vivo, animado em seu devir por uma vida subterrânea, plena de sombra e profunda." (p. 7.)

109. Jacques Yonnet é sensível a essa dimensão da turba negra e fantasmagórica em *Rue des maléfices*: "Não é de Paris, não conhece sua cidade, quem não experimenta seus fantasmas. Petrificar-se em cinza, incorporar-se à sombra indecisa e enfadonha das esquinas mortas, integrar-se à turba suada que jorra ou que goteja às mesmas horas, mesmos metrôs, estações, cinemas ou igrejas; ser igualmente o irmão silencioso e distante daquele que passeia isolado, do que pensa a solidão assustadiça, do iluminado, do mendigo, mesmo do bêbado: isso exige um longo e difícil aprendizado, um conhecimento da gente e dos lugares que, sozinhos, podem falar de anos de observação paciente." (*op. cit.*, p. 13.)

110. Walter Benjamin, *Paris, capitale du XIXe siècle, op. cit.*, p. 463.

111. Cf. a continuação da segunda parte desta obra, que recai sobre as representações da cidade monstruosa e caótica (p. 166-176). Durante o pós-guerra, o cinema japonês encena o labirinto urbano e o mundo do crime. Cf. os filmes *noirs* realizados por Akira Kurosawa (*Cão danado*, 1949; *Homem mau dorme bem*, 1960; *Céu e inferno*, 1963; e *O caminho da vida*, 1969).

rapidamente opressora e labiríntica. Entre a turba e a solidão, o espaço público é um não lugar cheio de incertezas. Mas não é preciso correr o menor risco de se expor ali, de se exteriorizar ali, e ali se comprometer.

A cidade potencialmente solidária (Jules Romains)

Entre o aburguesamento e a fascinação inquieta em relação à multidão criminosa, o *flâneur* dá pouco crédito à solidariedade. Somente a perspectiva revolucionária permite crer provisoriamente em uma solidariedade ampliada e em reagrupamentos ativos. Mas outros escritores, o adepto da escola unanimista que é Jules Romains, por exemplo, a evocam. Conhecido por sua saga intitulada *Les Hommes de bonne volonté*, Jules Romains publica em 1911 um opúsculo intitulado *Puissance de Paris*, no qual ele associa a ideia de potência (noção que remete ao desejo, ao *conatus* de Spinoza), que ele aplica ao espaço urbano, e a ideia da intensificação do vínculo coletivo.[112] Potencialmente, e voltado para o exterior, o cidadão aqui deve se afastar ao mesmo tempo do anonimato da multidão e do agrupamento revolucionário. Polarizando-se na potência do tempo e do espaço, Jules Romains não se interessa pela forma de Paris, como faz Gracq por Nantes, mas pelas condições que tornam possíveis em seu seio colocações em potência, aglomerações ou solidariedades. Uma vez mais, distante da solidão e da fusão, a cidade é o corpo aglomerando indivíduos vindos de horizontes diferentes. Georges Perec ou Michel Butor tentarão mais tarde, mas num outro estado de espírito, recriar, reescrever esses tempos coletivos.

---

112. De Jules Romains, cf. também *La Vie unanime* (1908). Inspirado pela psicologia das multidões de Gustave Le Bon e pela sociologia de Durkheim, a doutrina unanimista, indissociável do simultaneísmo no plano estético, sustenta que os indivíduos encontram sua realização na dimensão coletiva da qual a vida moderna é o lugar privilegiado em virtude da harmonização que ela torna possível ("Um ser vasto e elementar", afirma J. Romains em 1908, "do qual a rua, os carros, os transeuntes, formavam o corpo e cujo ritmo trazia ou recobria os ritmos das consciências individuais"). Mas esse otimismo não foi concretizado nem no plano da história, nem no plano da evolução do urbano. Sobre Jules Romains, cf. Marcel Roncayolo, "Apprentissage de la ville, apprentissage de la vie: Jules Romains et la ville", in *Lectures des villes. Formes et temps*, Marselha: Parenthèses, 2002, p. 331-348.

Quer ele descreva ruas (Laferrière, Soufflot, Royale, Montmartre ou do Havre), praças (de l'Europe, de la Trinité, de l'Étoile, la Bastille, des Vosges), passagens, jardins públicos (de Cluny, Parmentier, o parque de Montmartre), Jules Romains sempre se pergunta como um lugar parisiense favorece ou não formas de associação e de solidariedade. Assim, ele escreve a propósito das passagens: "Em cada uma, são dois deslocamentos inversos que se roçam; o contato sem rudeza libera uma alma que se surpreende por ter alguma serenidade e alguma harmonia. As passagens são uma forma pacífica da multidão. Ali ela se domina melhor, ali ela se estende; ali ela se reconforta ao roçar as paredes [...] é uma rua que se recolhe, ou um interior que se desfaz sempre."[113] A passagem, que reúne transitoriamente os contrários do privado e do público, favorece uma experiência de "pacificação", essa experiência que responde à angústia baudelaireana defendendo-se ao mesmo tempo do privado por demais privado e da multidão massificada. Para Jules Romains, um lugar é um "permutador de ritmos": é inútil que o lugar seja circular, oval, retangular ou linear, a forma aqui nunca é a condição de uma troca de energias que se traduz por um acréscimo de coletivo ou de individualização. E, sempre, por uma excrescência de liberdade.

A experiência dos espaços e dos lugares encontra um eco nas aglomerações provocadas por um espetáculo ou por um momento festivo. Jules Romains as coloca sob duas rubricas: "os efêmeros" (a manobra das bicicletas, a multidão no cinematógrafo, a aglomeração diante da barraca, o baile do 14 de Julho, o *bateau-mouche*) e "as vidas intermitentes" (o recital, um salão literário, a equipe do metrô, as galerias do Odéon, a biblioteca da Sorbonne). Situações de urbanidade são sutilmente colocadas em relação com lugares e momentos, com a dupla matéria do espaço e do tempo. Ao interessar-se por uma reunião de pessoas que esperam no adro da Opéra-Comique antes de assistir a um espetáculo lírico, ao observar a vida desta ou daquela rua, Jules Romains evoca os modos de aglomeração cujo duplo caráter é temporal e espacial: a aglomeração será mais ou menos extensa, se

---

113. Jules Romains, *Puissances de Paris* (1919), Paris: Gallimard, 2000, p. 27-38.

inscreverá mais ou menos na duração, será mais ou menos feliz, ou sufocante, densa. O espaço de Paris tem como condição lugares que permitem agregações mais ou menos intensas. De acordo com os lugares e os momentos, manter juntos corpos individuais, corpos livres, sem os condenar a estar unidos demais, sem os condenar a estar a sós demais. Essa dupla constatação tem a ver com a ideia de que a cidade permite aos indivíduos criar comunidade, e até mesmo se afastar uns dos outros, entrar em conflito sem se matar, marcar suas discrepâncias sem por isso afundar corpo e alma na guerra civil. A cidade, muito rapidamente transformada em um sinônimo de democracia, representa um desafio: fazer com que permaneçam juntos num espaço unificado (graças a regras, a uma identidade, a um pertencimento histórico) indivíduos naturalmente diferentes e todos vindo de lugares diversos. A cidade tem por missão espacial conciliar concordância e discordância, discórdia e consenso. Longe da sociedade tradicional onde cada um pertence a um corpo hierarquizado, a cidade moderna é inseparável das interrogações sociológicas do fim do século XIX a respeito da relação social. A rítmica da cidade participa de um processo igualitário e democrático, mas também de formas de "solidarismo" que podem acompanhá-lo.

A experiência cênica evocada por Jules Romains caracteriza-se por uma maior ou menor solidariedade, aquela que a duração pública permite quando ela se inscreve nos espaços comuns, o que contrasta com a perda da interioridade que ameaça o homem em suspenso. "Em suspenso" de um espaço público que favorece a relação sem a qual o sujeito não tem outra saída senão o regresso a si e a sua casa (a do burguês ou a do solitário), ou o resvalamento em miríades de símbolos que compõem o cenário da cidade. O espaço público não é apenas um cenário, mas um teatro, um palco, onde os sujeitos podem se tornar personagens, podem se emancipar de seus privados por demais privados, personagens que se dirigem uns aos outros. Mas como esse espaço público ainda não é uma cena política, corremos o risco de nos perder ao multiplicarmos as identidades ao infinito. Como no teatro: "Porque o teatro está justamente onde uma luz fica acesa durante todas as noites, lá onde o texto, a representação vêm colocar em evidência um pedaço da vida e sacudi-la, de modo que se passe algo diverso do habitual, na esperança de que as pessoas possam tornar-se outra coisa [...]. Trata-se, portanto, de fazer com que o cenário seja o mais possível os bastidores: lá onde as coisas e os seres podem justamente estar à margem, onde os papéis ainda não foram escolhidos, lá onde os mais dotados, os menos dotados, ainda podem trocar de papel e criar, forjar para si uma outra vida [...]. A finalidade do teatro não é a de esclarecer o que se encontra atrás de si, mas a de se voltar para o futuro, não para um futuro da maioria, aquele do qual nos falam sem parar, aquele dos que são grandes, que têm poder, mas se voltar para um futuro da minoria, o futuro do estrangeiro, do louco, das mulheres, dos operários [...]."[114]

O homem em suspenso em Chicago:
uma exterioridade carente de interioridade
(Theodore Dreiser e Saul Bellow)

Descrevendo as trajetórias desses corpos apanhados entre turba e solidão, poetas e escritores montaram o cenário onde sujeitos se expõem de maneira anônima, gozando assim dessa liberdade urbana que não os obriga a dizer a qualquer um quem são. A cidade é um cenário, ela permite aos indivíduos sair de sua interioridade, se exteriorizar. A arquitetura remete a um movimento de instituição, no sentido de exteriorização do interior, o que ressalta Louis Kahn.[115] "O problema da habitação é um domínio ambíguo; Adolf Loos já havia dito, é um domínio que pertence ao privado. Há um limite a partir do qual a habitação não pertence mais ao arquiteto. O arquiteto, desde Loos e Kahn, tem por função significar valores coletivos. Ele é, portanto, obrigado a colocar o problema da instituição."[116] Se a cidade privilegia

---

114. Rémi Checcheto, *En vie* (1997): esse belo texto é citado por Fanny Colonna, in *Récits de la province égyptienne: Une Ethnographie sud/sud*, Arles: Sindbad/Actes Sud, 2003, p. 163.
115. Sobre Louis Kahn, cf. p. 250-251.
116. Bernard Huet, "Apprendre aux Architectes la modestie", in *Esprit*, dez. 1985.

a *vita activa* em detrimento da *vita contemplativa*, o arquiteto-urbanista se preocupa em tornar concebíveis práticas urbanas e em favorecer sua instituição. Essa preocupação com o exterior anda junto com uma valorização da interioridade, não aquela do espaço interior, da casa e do apartamento burguês, mas a do próprio sujeito. Do sujeito que, provido de uma interioridade que se volta para o exterior, pode se destruir de tanto se exteriorizar. Como afirma o escritor lisboeta: "Criei-me eco e abismo, pensando. Multipliquei-me, aprofundando-me [...]. Para criar, destruí-me; tanto me exteriorizei dentro de mim, que dentro de mim não existo senão exteriormente. Sou a cena viva onde passam diversos atores representando diversas peças."[117]

A abertura para o mundo público, a experiência da libertação urbana cara a Julien Gracq, conserva seu sentido tal como o mundo interior não desaparece em benefício de uma exterioridade transformada numa miríade de máscaras e de impressões, uma galeria de imagens que vai progressivamente, pelo viés das novas tecnologias e das telas, reencontrar o caminho do privado. Mas quais seriam as outras saídas para a cidade-teatro, para essa exposição teatral, para esse consumo desenfreado de cenários e de máscaras? Se o burguês haussmanniano volta para casa, se ele regressa a seu espaço privado depois de ter se arrastado ao exterior para consumir a cidade, escritores americanos analisam a sina do sujeito quando ele perde toda a interioridade, projetando-se para o exterior. Então há apenas "espelhos" da exterioridade, o brilho, os cartazes, as propagandas. Como a cidade é originalmente uma exteriorização de si que passa por um teatro espacial onde "eus" se manifestam mascarados, a identidade torna-se o "ponto focal de um repertório fragmentado por minipapéis, mais que o núcleo de uma hipotética 'interioridade'".[118]

Se Dickens é o novelista inglês da construção do "eu" em ambiente urbano, Theodore Dreiser, escritor de Chicago, é seu comparsa americano. Quando a jovem Caroline Meeber, a personagem central

---

117. Fernando Pessoa (Bernardo Soares), *Livro do desassossego*.
118. Pierre-Yves Pétillon, *op. cit.*, p. 144. Ao longo de toda esta sequência, baseamo-nos nesse artigo. Sobre a relação entre a Europa e os Estados Unidos, cf. também Pierre-Yves Pétillon, *L'Europe aux anciens parapets*, Paris: Seuil, 1986.

do romance *Sister Carrie*[119], chega a Chicago, ela não desembarca em uma cidade mais vasta que sua aldeia natal. Em Chicago, a cidade em construção acompanha a construção desses "eus" que se multiplicam do mesmo modo que as construções, as usinas e as ruas. Mas estes são menos marcos, referências reconfortantes, que projetores que cegam. A teatralização torna-se ilimitada, a ponto de a cena urbana, aquela que deve permitir identificar-se, libertar-se, ameaça ceder e desaparecer. A cidade é ambígua, como no caso do filme de Murnau, *L'Aurore* (*Sunrise*, 1927); ela é ao mesmo tempo o lugar da tentação e da redenção[120], da dissipação e da emancipação.

No romance de Dreiser, as matérias e os símbolos da arquitetura são outras tantas imagens frágeis: "A cidade é uma miragem, um engodo, luzes por toda parte: as luzes da ribalta. A cidade é um teatro, e vinda de sua terrinha, Carrie constrói sua identidade nesse cenário a partir de identidades fictícias [...]. Não há mais geografia social da cidade no sentido balzaquiano do termo, somente — como em Dickens — uma trajetória que atravessa mundos diferentes, isolamentos etnográficos como aqueles que a Escola de Chicago cartografa."[121]

A cidade de Chicago é um Grande Teatro do Eu, cuja dramaturgia oscila entre tragédia e comédia. Esse teatro impele naturalmente Carrie a entrar no mundo do espetáculo e a se tornar atriz. Não participando mais de uma dialética do interior e do exterior, perdendo interioridade, o "eu", a arquitetura mental que se constrói a partir dos símbolos exteriores da cidade, se esvazia e se esgota... correndo o risco de se tornar vaga. O sujeito que se expõe vai menos do interior ao exterior do que se inventa em função daquilo que toma do exterior no cenário urbano. Daí a falta crescente de interioridade que ele experimenta quando espera máscaras demais do exterior. A cidade teatralizada remete a uma imagem mental que não é mais aquela da formação para a liberdade enaltecida por Gracq.

---

119. Theodore Dreiser, *Sister Carrie*, trad. Anne-Marie Sautraud, Paris: Joëlle Losfeld, 1996.
120. Em Murnau, a figura da tentação é a da mulher da cidade (ver também *City Girl* ou *Our Daily Bread*, *A intrusa* ou *A sogra*, 1930), ao passo que em *Metrópolis* (1926), de Fritz Lang, a cidade encarna o poder.
121. Pierre-Yves Pétillon, "Oh! Chicago: Images de la ville em chantier", *op. cit.*, p. 147.

O homem de Chicago, um "fabricante apressado de suas impressões", segundo Erving Goffman, um dos sociólogos ligados à Escola de Chicago[122], surpreende o europeu, o que habita "a Europa dos antigos parapeitos", o europeu que acredita sempre na virtude urbana de suas cidades. Não sem contraste com o espírito europeu, Saul Bellow escreve a sequência da narrativa de Chicago, inaugurada por Dreiser, imaginando um "homem em suspenso", aquele que tenta ser o intérprete de uma vida interior suportável numa cidade opressora e estafante, porque construída apenas sobre a exterioridade. "Chicago não é somente o cenário da obra de Saul Bellow, é seu personagem central, um 'urso gordo' [...] em Chicago 'o homem em suspenso' há muito se desprendeu do fio de sua própria narrativa. Ele caiu no vazio de um tempo amorfo, anônimo, sem outro ponto focal que o meio-oeste onde vive. Esse meio-oeste não é um enclave provinciano atrasado: lá se prefigurou, mais que em não importa onde, a condição moderna — o que Musil chamava 'a solidão do homem num oceano de detalhes'."[123] A exposição do sujeito consiste assim em uma exteriorização de si próprio na qual, perdendo toda substância, toda interioridade, ele se reflete em uma ou outra cena, em um ou outro símbolo que as luzes da cidade projetam. Miragem e espelhos andam juntos. Mas é preciso distinguir as cenas urbanas: a Chicago de Dreiser não é a de Saul Bellow, e a Chicago de ambos se distingue de Florença ou de Paris.

A circulação como valor

Quer se viva no ritmo da cidade haussmanniana, de Londres ou de Chicago, a ordem de valores está se invertendo durante esse final do século XIX industrial, uma vez que os fluxos progressivamente prevalecem sobre os lugares e as paisagens. Se nos ativermos a essa apreensão da noção de fluxo, compreendemos retrospectivamente que a

---

122. A propósito da sociologia da Escola de Chicago, marcada originalmente pelas figuras de Robert E. Park, Ernest W. Burgess e Roderick D. Mackenzie, cf. *L'École de Chicago* (textos apresentados por Yves Grafmeyer e Isaac Joseph), Paris: Flammarion, 2004.
123. Pierre-Yves Pétillon, *op. cit.*, p. 153.

cidade industrial foi o motor histórico de uma inversão da relação entre os lugares urbanos e os fluxos externos que eles não conseguem mais controlar. "A cidade, ainda definida pela Enciclopédia no século XVIII como um conjunto finito e ordenado de construções, aparece primeiramente como um jogo de movimentos, aquele das pessoas assentando a mudança dos valores urbanos. A haussmannização não se preocupa em criar a distância ou a demarcação, mas sim, da mesma maneira que a política das redes ferroviárias, preocupa-se em reduzir os obstáculos e os contatos."[124] Com a prevalência dos fluxos, as roçadelas e os contatos tornam-se mais raros, enquanto a conflitualidade social e política é progressivamente contida. As rupturas se definem, e a circulação torna-se o fator decisivo, como ressalta Edmond About no *Guia de Paris* de 1867, uma obra de espírito crítico destinada aos visitantes da Exposição Universal. O empreendimento haussmanniano é visto ali através da vontade de fazer circular aqueles que não têm tempo a perder: "Quando tivermos desentulhado esses escombros, demolido esse outeiro, tomado um quarto do terreno para ruas largas [...], o resto se venderá mais caro do que tudo o que já se pagou: os três quartos do solo terão preço mais alto do que a totalidade construída. Por quê? Porque as grandes cidades, no atual estado da civilização, são apenas aglomerações de homens apressados; quer se vá à cidade para produzir, para trocar, para usufruir, para aparecer, somos pressionados pelo tempo, não suportamos atraso nem obstáculo [...]. Uma rua reta, larga e bem pavimentada aproxima e, por assim dizer, coloca em contato dois pontos que nos pareciam distantes uma légua."[125] Eis a "circulação" entronizada como valor fundamental[126], aquela que mais tarde valorizará o funcionalismo de um Le Corbusier, que acrescenta simbolicamente às funções do trabalho, do habitar e do lazer a da

---

124. Guy Burgel, in Georges Duby (Org.), *Histoire de la France urbaine*, t. 4: *La Ville de l'âge industriel*, Paris: Seuil, 1983, p. 104.

125. *Ibid.*, p. 103.

126. Jean-Joseph Goux, *Frivolité de la valeur: Essai sur l'imaginaire du capitalisme*, Paris: Blusson, 2000. "Tudo se resume à Estética e à Economia política", essa fórmula de Mallarmé indica bem que a circulação urbana é indissociável do reino da circulação monetária que afeta todos os domínios, entre os quais, o da estética.

circulação. Mas essa ascendência da circulação é também monetária, ela consagra o dinheiro como permutador e mediador, ela prefigura a circulação contemporânea, aquela que não tem mais limites espaciais, com a abertura dos mercados financeiros que distingue a terceira globalização. Como a potência da circulação traduz um recuo frente à experiência urbana, que exige tempo, ela favorece simultaneamente uma inversão das relações entre o privado e o público. Mesmo se ele "circula", se ele sai de casa, o burguês balzaquiano deve ganhar dinheiro e tempo, consumir e voltar para casa, para um interior protegido do exterior. Certamente, o interior não é um espaço fechado, dele se sai para ali regressar, o início e o fim se confundem num ciclo movimentado, mas o privado domina sobre a própria experiência pública. A cena se interioriza antes mesmo que a revolução tecnológica — e a revolução das telas que a acompanha — mais tarde introduza a vida pública no interior doméstico. Se o social, no sentido em que Hannah Arendt compreende, não mata completamente o espaço público, assiste-se a um movimento de privatização que inverte os lugares até então destinados na cidade ao privado e ao público. Privado e público se entrelaçam; o privado não é "privado" de público, o público não é o esquecimento do privado, mas a relação do privado e do público se inverte ao mesmo tempo que a relação dos fluxos e dos lugares. Compreendê-las exige não reduzir a experiência pública por excelência, a saber, a experiência política, somente ao espaço público. De fato, a política implica uma ação coletiva, enquanto o espaço público é, antes de tudo, a oportunidade de uma exteriorização de si.

IV

A experiência política ou a *res publica*

A partir do instante em que se evoca a política, cidade se torna sinônimo forçoso de urbe [*cité*] ou de *polis*. A despeito do fato que a referência a este último termo data, na cultura europeia, essencialmente do século XIX[127], a *polis* grega é associada espontaneamente à "invenção da política".[128] O tipo-ideal da cidade não se vale somente da dupla dimensão poética ou cênica evocada até aqui, ele não compete apenas ao teatro e à cena, mas também à instituição do político. Mas como qualificar esta aqui? À qual experiência histórica se pode associá-la no caso da cidade? À Grécia, a Roma, à cidade medieval que cria as liberdades comunais, às cidades do Renascimento, inseparáveis do humanismo cívico? Mas essas figuras da cidade política não são análogas: a *polis* valoriza a deliberação, mas privilegia uma concepção exclusiva da cidadania; a comuna medieval valoriza a liberdade sem consolidar uma cultura da cidadania; a cidade renascentista valoriza a igualdade e o conflito sem se precaver contra os excessos do poder, a cidade-refúgio simboliza a justiça, privilegiando o estrangeiro. Portanto, elas inscrevem, umas e outras, a questão política no quadro de um lugar que é ao mesmo tempo um espaço mental e um território. A experiência política própria à condição urbana remete assim a concepções diversificadas da solidariedade, da integração e da cidadania. Quem pertence à cidade? Quem participa da cidade? Quem pode ser acolhido na cidade? Eis algumas das interrogações que fundamentam a experiência política da cidade, uma multifundamentação que se vale de diversas matrizes históricas. A começar pela da Grécia.

---

127. Giuseppe Cambiano, *Polis: Histoire d'un modèle politique*, Paris: Flammarion, 2003.
128. Christian Meier, *La Naissance du politique*, Paris: Gallimard, 1996.

A polis, *teatro do verbo e da ação gloriosa*

A *politeia* se caracteriza, segundo Hannah Arendt, por um espaço "público" que dá uma visibilidade "política" às relações humanas. Mas esse espaço "intermediário", intermediário porque torna possíveis as relações "entre" grupos ou indivíduos, não é necessariamente identificável com um território. Valorizado pelos gregos como um "espaço mental", como uma ideia, ele permite glorificar a ação e deliberar entre cidadãos. Até a reforma de Clístenes[129], a *agora* é um verdadeiro cenário mental e não dispõe de uma representação territorial delimitada e circunscrita, aquela onde se pode exercer a troca das palavras destinadas a inscrever a *vita activa* na duração.

O tempo da ação é celebrado na *agora*, porque o Verbo coletivo, que irriga o corpo da cidade, pode ali se exprimir e assegurar uma "permanência" a ações marcadas com a chancela da fragilidade. A deliberação na *agora* valoriza primeiramente a ação ao inscrevê-la numa relação onde passado, presente e futuro se correspondem dentro de uma cosmologia comum. De imediato, a *polis*, ligada à dimensão da ação, tem por papel "oferecer" um cenário político, e não somente um teatro do espaço público, à *vita activa*. Esse cenário, que não se confunde com um território, é como a mesa evocada por Hannah Arendt: para falar em conjunto, é preciso se colocar em torno de uma mesma mesa, se separar, tomar distância para melhor se reagrupar. A separação, aquela do cenário, é a condição da deliberação, da participação e da ação comum.

Os gregos privilegiam "aquilo por que vale a pena, para os homens, viver junto (*syzèn*), a saber, a colocação em comum das palavras e dos

---

129. Em 510 a.C., Clístenes toma o comando de Atenas após uma luta entre facções aristocráticas. Sua reforma consiste, segundo Moses I. Finley, em "uma reestruturação de um sistema de governo edificado a partir de uma centena de demos (agrupamentos) que compunham a Ática, cada qual repartida por ele em dez unidades novas, artificiais, chamadas 'tribos'. Conforme Aristóteles, o objetivo de suas manobras era 'reunir todos, a fim de destruir as associações anteriores' e assim 'fazer com que mais pessoas participassem dos assuntos públicos (*politeia*)'" *L'Invention de la politique*, Paris: Flammarion, 1985, p.74.

atos".¹³⁰ Essa encenação "comum" permite a todo cidadão multiplicar as oportunidades de adquirir a "glória imortal", ligada à ação, e de se fazer ver por isso até mesmo aos outros, em palavra e em ação, a fim de se distinguir. O pertencimento a um mesmo corpo, o da cidade, "dá lugar" a uma divisão, aquela do *logos* e da troca de palavras, que não é material e não tem necessidade de se inscrever num lugar preciso. É porque a cena política não é reconhecível, durante um longo período, em um território circunscrito. Mesmo assegurada fisicamente por uma muralha, a *polis* tem por finalidade favorecer a memória dos altos feitos e gestos. O espírito da *polis*, que não é *a priori* territorial, remete aos valores da vida pública. O que ressaltam, no século XIX, os autores que, como Fustel de Coulanges ou Benjamin Constant, opõem a cidade antiga aos costumes modernos "privados" de público. Hannah Arendt insiste nisso: "A *polis* propriamente dita não é a cidade em sua localização física [...]. 'Onde quer que fordes, sereis uma *polis*': esta célebre frase não é apenas uma contrassenha da colonização grega; ela exprime a convicção de que a ação e a palavra criam entre os participantes um espaço que pode encontrar sua localização quase não importando quando, nem onde. É o espaço do aparecer no sentido mais amplo: o espaço onde eu apareço aos outros como os outros aparecem a mim, onde os homens não existem simplesmente como outros objetos vivos ou inanimados, mas fazem explicitamente sua aparição."¹³¹ A ação narrada na *agora* sendo valorizada como tal, o território específico, a cartografia da *polis*, não é o essencial. A linguagem recorre, ademais, a duas palavras diferentes para evocar a vida urbana: uma designa a cidade, o quadro territorial, o lugar geográfico (*asty*), e a outra designa a urbe, o lugar da deliberação (*polis*). O pertencimento à cidade é político no sentido em que, mental em essência, ela não é identificável com um território como tal.¹³² É apenas progressivamente

---

130. Hannah Arendt, *Condition de l'homme moderne* (1958), Paris: Calmann-Lévy, 1983, p. 221.
131. *Ibid.*, p. 223.
132. Daí o contraste entre a *polis* e Roma, a cidade única, que encarna a fundação do Império. Este é o prolongamento espacial, a extensão territorial da cidade universal. Sobre a tradição romana da fundação urbana, cf. Myriam Revault d'Allones, *L'Autorité des Modernes*, Paris: Seuil, 2006.

que o construído se impõe, e o espaço mental é reforçado pelo quadro geográfico e arquitetônico: "*Agora* significa aglomeração e palavra, e não designa necessariamente um espaço construído. Mas a *agora* é um lugar central, e quando Clístenes substituir a *boulê* soloniana dos quatrocentos pela *boulê* dos quinhentos, a *agora* será delimitada por marcos. Um deles trazendo a inscrição: 'eu sou o marco da *agora*'."[133] Ora, a *agora* designa um "espaço vazio", porque equidistante de cada um, um centro que não remete mais a uma centralidade, ao poder central do *kratos* real.[134] É, portanto, o próprio sentido da centralidade que se metamorfoseia: por um lado, há desde então uma *hestia* para a fogueira comum do mesmo modo como há uma para a casa, o interior tem um prolongamento no exterior; por outro lado, a *agora* é uma praça que se esvazia do poder, um espaço que exige a deliberação e a inteligência comum. É porque *hestia* (o espaço doméstico) e *hermès* (a comunicação com o exterior) formam um casal.[135] Nesse contexto, as reformas de Clístenes visam constituir "um espaço cívico homogêneo dentro do quadro do qual todos os atenienses, quaisquer que sejam suas famílias, suas profissões, suas residências, possam aparecer equivalentes uns aos outros enquanto cidadãos de um mesmo Estado"; a partir de então, a *polis* permanece "um universo sem níveis nem diferenciações".[136]

Se a territorialização política da cidade não considera a unidade e o espírito de corpo, esse não é mais o caso depois da reforma de Clístenes. O pensamento de Hipodamos, que recai ao mesmo tempo sobre a

---

133. Pierre Vidal-Naquet, entrevista com Thierry Paquot, in *Urbanisme*, n. 2999, mar./abr. 1998.
134. Como escreve Jean-Pierre Vernant a respeito da *agora*, é a própria significação do centro que muda radicalmente: "O milagre grego (que não é um): um grupo humano se propõe a despersonalizar o poder soberano, a colocá-lo em uma tal situação que ninguém possa exercê-lo sozinho, como bem entender. E para que seja impossível se apropriar do poder, ele é 'assentado no centro'. Por quê? Porque, para uma comunidade de indivíduos que se consideram todos [...] como 'semelhantes' e 'iguais', o centro encarna, equidistante de cada um, um espaço comum, não apropriável, público." (*op. cit.*, p. 136.)
135. Hermès é "o movimento em estado puro", "ele atravessa as muralhas, não leva a sério as fechaduras", ele dirige o espaço público e se assenta na *agora*. Cf. *ibid.*, p. 138.
136. Jean-Pierre Vernant, "Espace et organisation politique en Grèce ancienne", in *Mythe et pensée chez les Grecs I*, Paris: Maspero, 1974, p. 224.

configuração geográfica da cidade e sobre a organização política da urbe é, originalmente, uma mudança que afeta o caráter de não divisão da cidade. A diferenciação social vai então substituir a não diferenciação, a divisão substitui a unidade: "O espaço político e o espaço urbano de Hipodamos têm em comum um mesmo traço fundamental: sua diferenciação."[137] Esta será radicalizada pela utopia platônica que, na obra *As Leis*, equipara cada classe a um metal e estabelece no centro uma acrópole, esse recinto circular cercado em função do qual o território se organiza.[138] O contraste é impressionante entre a cidade (indiferenciada) de Clístenes, que valoriza a *agora*, e a cidade platônica (diferenciada), cujo centro, a Acrópole, que é dedicada às divindades tutelares, amarra a cidade à divindade e não mais à política.

Abrandando as fragilidades da ação, a *polis* dá mais potência à *vita activa* e faz do cidadão uma testemunha da memória da cidade. Mas essa exposição permanente, esse culto da *vita activa* colocam o acento unicamente sobre a exterioridade.[139] Richard Sennett vê nessa celebração da exterioridade o símbolo de uma "impessoalidade" da política grega. O que ele censura em Hannah Arendt, para a qual "o interior", o privado, a economia, logo tudo o que não é a *polis* pertence ao animal humano e não ao ser humano que se exprime em um Verbo sempre ativo.[140] Prevalência da *vita activa* sobre a *vita contemplativa*, fascinação pela palavra política e pelo verbo trocados na *agora*, preferência pela arte da deliberação: eis o que condena Hannah Arendt a reduzir a história europeia à degradação do político em social. Como se a pureza do verbo e da ação se perdesse ao contato do "social". Como se o cidadão fosse radicalmente estranho aos trabalhos que asseguram a sobrevivência biológica da espécie, aqueles dos quais as mulheres e os escravos se encarregam.

Se a invenção da política remonta à *polis* grega, a emergência da cidade europeia mais tarde será levada por um duplo movimento: o da emancipação comunal da Idade Média, que valoriza as liberdades, e

---

137. *Ibid.*, p. 219.
138. *Ibid.*, p. 227.
139. Sobre as relações da estética, do teatro e da política na Grécia, cf. Jean-Christophe Bailly, *Le Champ mimétique*, Paris: Seuil, 2005.
140. Richard Sennett, *La Conscience de l'œil*, Paris: Plon, 1992.

aquele do humanismo cívico do Renascimento italiano, que associa a igualdade e o conflito. Nesses dois casos, a dimensão territorial da cidade, aquela que se inscreve num quadro geográfico, acompanha a colocação em cena da política.

*A emergência da cidade europeia
e a emancipação comunal*

Numerosos são os historiadores para quem a cidade, grega e europeia, é menos ligada a um quadro físico inédito do que à emergência, em seu seio, de um *tipo de homem*. Uma comparação histórica com o mundo chinês, aquela proposta por Bela Balazs ou Max Weber[141], ou com o espaço árabe-muçulmano, aquela que sugere a *Muqqadima* de Ibn Khaldun, testemunha uma genealogia específica da cidade europeia.[142] A consideração da dimensão arquitetônica e espacial não pode fazer esquecer a permanência da representação mental da cidade política como espaço da *vita activa*. A condição urbana na Europa caminha junto com uma visão do homem, com um estado de espírito que não equivale a opor o rural e o urbano; o homem medieval opunha menos o campo à cidade do que a cidade à floresta ou ao deserto. "Um instinto muito seguro havia entendido que a cidade se caracterizava antes de mais nada pelo local de uma humanidade particular." A essas palavras de Marc Bloch em *La Société féodale*, Jacques Le Goff acrescenta: "Se existe um homem medieval, um dos principais tipos desse homem medieval é o citadino."[143] Mas, durante a Idade Média, não

---

141. Bela Balazs, *La Bureaucracie céleste: Recherches sur l'économie et la societé en Chine*, Paris: Gallimard; Max Weber, *La Ville* (1947), Paris: Aubier-Montaigne, 1992.

142. Tradutor do *Livre des exemples* de Ibn Khaldun na coleção "Bibliothèque de la Pléiade" (Gallimard), Abdesselam Cheddadi publicou sobre esse autor: *Ibn Khaldûn. L'Homme et le théoricien de la civilisation*, Paris: Gallimard, 2004. Sobre a cidade árabe e oriental, cf. Dominique Chevallier (Org.), *L'Espace social de la ville arabe*, Paris: Maisonneuve et Larose, 1979; Hichem Dijaït, *Al-Kûfa: Naissance de la ville islamique*, Paris: Maisonneuve et Larose, 1986.

143. Jacques Le Goff, "Ville", in *Dictionnaire raisonné de l'Occident médiéval*, Paris: Fayard, 1999. A historiografia francesa interessou-se particularmente pelo movimento

se dispunha ainda do vocabulário apropriado que permitisse distinguir a cidade da aldeia. Segundo Marc Bloch, os termos "*Ville, Town, Stadt*", se aplicavam "indiferentemente aos dois tipos de agrupamento".[144]

A emergência "urbana" que se observa segundo modalidades e ritmos diversos no norte da Europa (mundo hanseático), na Península Ibérica, na França e no norte da Itália, ocorre, portanto, num Ocidente medieval onde a oposição é menos aquela entre cidade e campo do que aquela entre espaços cultivados e espaços selvagens.[145] Por outro lado, a emergência das cidades corresponde a uma ruptura concreta com um mundo feudal composto não de citadinos, mas de indivíduos. É por isso que a cidade medieval, marcada pela vontade de adquirir liberdades, testemunha uma vontade de emancipação da ordem feudal. "Expansão e dominação urbanas não são apenas econômicas, mas políticas, administrativas, religiosas, culturais... No reino da França, as cidades lutaram contra os senhores e contra (ou com) o rei para adquirir privilégios e liberdades. Elas se apropriaram, uma a uma, de porções de poder senhorial ou soberano, recebido como presente das instituições que as associam ao governo dos homens: de acordo com sua sorte, com sua grandeza ou sua belicosidade, um tribunal, um bailiado, um parlamento..."[146] Se o comerciante e o burguês "personalizam" a cidade medieval, as liberdades municipais possuem uma dimensão política que o posto ocupado pela economia não deve ocultar. A cidade inaugura, segundo Max Weber, uma experiência singular, uma vez que ela favorece o confronto de cada um com qualquer um.

---

comunal e pela cidade medieval, cf. Marc Bloch, *La Société féodale: Les classes et le gouvernement des hommes*, Paris: Albin Michel, 1940; e Henri Pirenne, *Les Villes du Moyen Âge: Essai d'histoire économique et sociale*, Bruxelas: Lamartin, 1927.

144. Marc Bloch, *op. cit.*, p. 112.
145. "No Ocidente medieval", escreve Jacques Le Goff, "de fato a grande oposição não é aquela entre a cidade e o campo, como na Antiguidade (*urbs-rus* entre os Romanos, com os desenvolvimentos semânticos urbanidade-rusticidade), mas o dualismo fundamental cultura-natureza que antes se exprime por meio da oposição entre o que é construído, cultivado e habitado (conjunto cidade-castelo-aldeia) e o que é propriamente selvagem (mar, floresta, equivalentes ocidentais do deserto oriental), universo dos homens em grupos e universo da solidão." ("Le Désert-forêt dans l'Occident medieval", in *L'Imaginaire medieval*, Paris: Gallimard, 1985.)
146. Fernand Braudel, *L'Idéntité de la France* (1986), Paris: Flammarion, 2000, p. 181.

É a razão pela qual a burguesia procura obter antes de tudo a interrupção do direito feudal, o que "constitui a maior inovação revolucionária das cidades do Ocidente medieval em relação a todas as outras cidades".[147] Mas essa usurpação baseia-se na força, e o burguês não hesita em recorrer às armas para defender as liberdades comunais. "O ar da cidade liberta", mas ele liberta ainda mais, sobretudo porque o cidadão é um cidadão-soldado, um cidadão armado. Eis o que distingue, por exemplo, o comerciante citadino das cidades europeias do comerciante sunita numa cidade árabe clássica, que se baseia nas tribos beduínas para assegurar a ordem, como bem mostra Ibn Khaldun.

Em relação a uma ampla fração da Europa urbana durante os anos 1070-1130, o movimento comunal é ligado à outorga de documentos de concessão a algumas cidades, mas os documentos das comunas representam apenas um aspecto disso. Quando a concessão urbana é obtida pelos habitantes conjurados, ou seja, reagrupados em uma "associação de ajuda mútua" fundamentada num "juramento comum" (*conjuratio*) e destinada a manter a paz, pode-se falar em "comuna", o que concerne a cidades da Flandres, do norte da França e do norte da Itália[148], onde as decisões são tomadas *in commune* (em comum) após um *juramentum commune*. Tanto na comuna quanto no consulado, o que conta "é a vontade dos habitantes de constituir um corpo, uma *universitas*, ou seja, uma comunidade que disponha de reconhecimento jurídico e que adquira por isso uma personalidade independente dos membros que a compõem".[149] A cidade é o lugar onde, mesmo se remete sempre à ideia de uma base divina, liberdades são reivindicadas contra a ordem feudal e onde um corpo comum, um coletivo urbano, se constituem. Para Max Weber, "a cidade ocidental — e mais especialmente a cidade medieval — não era apenas economicamente um centro industrial e

---

147. Max Weber, *op. cit.*, p. 52.
148. Patrick Boucheron e Denis Menjot, "La Ville médiévale", in Jean-Luc Pinol (Org.), *Histoire de l'Europe urbaine*, t. 2: *De l'Antiquité au XVIIIe siècle*, Paris: Seuil, 2003, p. 499-505.
149. *Ibid.*, p. 506. Cf. também os dois capítulos intitulados "Pratiques de gouvernement et culture politique" (p. 508-516), e "Exercice du pouvoir, classes dirigeantes et bourgeoisie" (p. 516).

comercial, politicamente uma fortaleza e um lugar de guarnição militar; administrativamente uma jurisdição, ela era também um lugar de confraternização comunitária fundamentada no juramento".[150] Se a experiência comunal não é generalizada[151], se as cidades emancipadas permaneceram minoritárias na Europa, elas contribuíram intensamente para a experiência política da cidade. É por isso que elas participam do imaginário da cidade, de sua genealogia e de sua imagem mental. O paradoxo da cidade medieval, seja como for, é que essa cidade quase perfeita em relação ao tipo-ideal da cidade, se mantém à margem do resto da sociedade, como se a experiência urbana fosse excepcional.[152]

A república cívica do Renascimento:
a reivindicação de igualdade e a cultura do conflito

> "Oh, habitante de Mântua, sou Sordello, de tua cidade!"
> E eles se abraçaram.
>
> Dante, *Purgatório*, VI

O humanismo cívico do Renascimento contribui, numa medida completamente diferente, para a consolidação política de cidades na

---

150. Max Weber, *op. cit.*, p. 64-65.
151. Em *La Ville au Moyen Âge en Occident* (Paris: Fayard, 1990), o historiador Jacques Heers evoca os reveses do urbanismo comunal (p. 385-449).
152. Para Jacques Donzelot, a cidade medieval constitui o único exemplo histórico de uma forma de cidade "criando sociedade". "Nesse estágio da história, a cidade forma, efetivamente, uma sociedade de pessoas unidas pelas mesmas características, aquelas de uma igual libertação em relação às sujeições feudais que organizam as zonas rurais, procurando igualmente um abrigo atrás das muralhas que então cercam as cidades e protegem seus habitantes. A cidade constitui uma sociedade à parte, gozando um regime de exceção. Assim, o único momento em que se poderia dizer que a cidade criava sociedade seria aquele em que ela se encontrava o mais possível à margem, instalada em uma espécie de extraterritorialidade em relação à parte mais importante da sociedade." ("La Ville à trois vitesses: relégation, périurbanisation, gentrification", in *Esprit: La Ville à Trois Vitesses*, mar./abr. 2004.)

Itália e na Europa do norte.[153] Ele é o laboratório de uma experiência política que se autonomiza valorizando a igualdade e o conflito. À diferença da tradição comunal da Idade Média, o humanismo cívico não fundamenta mais o corpo coletivo numa lei religiosa; ele cria um corpo autônomo e dividido. "A revolução democrática moderna se reconhece por essa mutação: ponto de poder ligado a um Corpo. O poder aparece como um lugar vazio e aqueles que o exercem aparecem como simples mortais que não o ocupam senão temporariamente ou não saberiam instalar-se ali senão pela força ou pelo estratagema; não há lei que se possa fixar cujos enunciados não sejam contestáveis."[154]

Falar de um humanismo cívico e republicano com autores como Quentin Skinner, Hans Baron, John G. A. Pocock, Claude Lefort, é lembrar que um mundo urbano onde a lei não remete mais a uma transcendência religiosa prepara-se para se constituir no quadro das cidades-Estados. A cidade do humanismo é aquela na qual a instituição da política torna possíveis a igualdade e a liberdade à parte de toda lei religiosa, mas ela é igualmente aquela em que o conflito ocorre entre os grupos sociais dentro de espaços urbanos circunscritos. O corpo da cidade se divide, afastando-se ao mesmo tempo do corpo unificado dos cidadãos da *polis* e da luta pelas liberdades comunais. O conflito se instala no próprio seio da cidade, ele eclode entre cidadãos que se agrupam em sociedade, o que mais tarde se chamará de classes sociais. A política não é mais estranha ao social mesmo que o imperativo igualitário, antes dos estímulos históricos que são o *Aufklärung* [Iluminismo] e os tempos revolucionários, se intensifique. E não sem motivo: a igualdade caminha junto com o conflito e com a *vita activa*. A condição urbana é a questão daquele que opta pela ação e desconfia da *vita contemplativa*. "Impõe-se seja a ideia de uma superioridade da *vita activa*

---

153. Leonardo Benevolo, *La Ville dans l'histoire européenne*, Paris: Seuil, 1993.
154. Claude Lefort, "L'Europe: Civilisation urbaine", in *Esprit: La Ville à trois vitesses*, mar./abr. 2004. A interrogação de longo curso de Claude Lefort sobre a democracia não recorre por acaso a uma reflexão sobre Maquiavel, Florença e a constituição de um espaço-tempo democrático no contexto do Renascimento. Cf. Claude Lefort, *Le Travail de l'œuvre Machiavel*, Paris: Gallimard, 1972; e J. G. A. Pocock, *Le Moment machiavélien: La Pensée politique florentine et la tradition républicaine atlantique*, Paris: PUF, 1997.

sobre a *vita contemplativa*, seja a de uma igual dignidade entre uma e outra."[155] Enquanto a ação é privilegiada, a ideia de pertencimento a um mesmo corpo se desfaz em benefício do lucro de uma divisão que toma ares políticos, sociais e arquiteturais. A cidade renascentista é aquela onde o corpo urbano não é mais um Todo, aquele da *polis*, mas um conjunto que pode se dividir sem que a guerra civil prevaleça. A cidade humanista não é contemporânea por acaso da filosofia política de um Maquiavel, que escreve no quadro da República de Florença. Florença: "a única cidade europeia, segundo Henri Pirenne, que se pode comparar a Atenas".

O humanismo como experiência da autonomia: isso equivale a dizer que a cidade e a política tornam-se obra dos próprios homens, ou seja, dos citadinos, "uma vez que a inovação é acolhida em toda parte, que nasce o pensamento de um tempo irreversível, aquele que excede todo conhecimento adquirido e que se instaura um debate interminável sobre a distinção do legítimo e do ilegítimo".[156] Se o humanismo republicano acompanha "a invenção democrática", se esta é indissociável de uma "desincorporação" que afeta as corporações, mas também o corpo da cidade, a igualdade democrática caminha junto com uma diferenciação "social" que fragiliza a cidade. A *polis* queria dar um corpo à ação gloriosa encarnando-a; a cidade do Renascimento libera a igualdade e corre o risco do dissenso e da ação violenta. A perspectiva pictórica, que aparece simultaneamente, tem, ela própria, uma dimensão profundamente política. "O sucesso da perspectiva em Florença está intimamente ligado a uma operação política de representação do poder dos Medicis pelo viés de uma forma de pintura cujo princípio quase moral é aquele da *sobrietas* e da *res publica*. É efetivamente o que representa a perspectiva, uma vez que, assim como diz Alberti em seu *De Pictura*, ela constrói antes de mais nada um lugar da arquitetura, que é uma praça, e sobre essa praça a história se desenvolve: é a praça urbana, na qual a história se faz."[157]

---

155. Para uma primeira abordagem desses autores principais, cf. Serge Audier, *Les Théories de la République*, Paris: La Découverte, 2004.
156. *Ibid.*
157. Daniel Arasse, *Histoire de peintures*, Paris: France Culture/Denoël, 2004, p. 43.

Assim, a cidade do Renascimento, em Florença e outros lugares, não é mais marcada pelas hierarquias que persistem na cidade das liberdades comunais, mais ritmada pelos acontecimentos que se desenvolvem sobre a praça republicana, lugar da divisão do terreno das lutas. A compreensão da cidade passa então de Maquiavel a Marx[158], e a cidade efetiva se transforma num terreno de lutas, da luta entre os guelfos e os guibelinos, entre os pequenos e os grandes, e, depois, da luta de classes, como lembra a história do século XIX entre os dias de junho de 1848 e as lutas comunistas.[159]

Se a invenção política na Grécia dissocia o espaço da cidade da ação política ela própria, o mesmo não acontece na Europa com as cidades mercantis e as cidades políticas do Renascimento; essas repúblicas articulam um território e uma capacidade de agir coletivamente em seu seio. Em comparação com a experiência grega ou medieval, a cidade republicana inaugura um mundo onde a conflitualidade pode mais que um espírito citadino que prefere a deliberação e a fraternidade cívica à discórdia. Mas a cidade política, será que ela escolheu então entre os diversos enredos que se lhe oferecem? O enredo da captação pelo Estado, aquele da identificação com a cidade-capital, aquele da sociabilidade que toma corpo nas comunas rurais do século XIX francês[160], ou ainda aquele da solução revolucionária?[161] A cidade

---

158. Claude Lefort, "Refléxions sociologiques sur Machiavel et Marx: La Politique et le 'réel'", in *Les Formes de l'histoire: Essais d'anthropologie politique*, Paris: Gallimard, 1978.
159. Cf. Karl Marx, *Les Luttes de classe en France*, 1850.
160. Na esteira de Maurice Agulhon (cf. *La Republique au village: Les Populations du Var de la Révolution à la deuxième république*, Paris: Seuil, 1979), podemos ressaltar os vínculos entre o espaço republicano pós-revolucionário e a comuna aldeã, o que equivale a aventar a fraternidade, o viver-junto e a comunidade mais que a conflitualidade e a divisão próprias do espaço urbano do Renascimento. Cf. Paul Thibaud, "Ville et démocratie", in *Citoyenneté et Urbanité, op. cit.*
161. A segunda parte, intitulada "Paris rouge", de *L'Invention de Paris*, de Eric Hazan (*op. cit.*), é consagrada às lutas que deviam ensanguentar o solo parisiense tanto em 1848 quanto durante a Comuna (p. 283-290). Paul Thibaud mostra como Londres e Paris administram diferentemente em suas histórias a relação com o poder e com o conflito: "A oposição Paris-Londres é a oposição de duas histórias. Uma, praça financeira que governa uma enorme população, prolonga, por meio da secularização, a industrialização e as instituições do *welfare*, a auto-organização medieval. Em Paris, ao contrário,

política é multidimensional, a experiência que ela revela coloca no mesmo plano a deliberação, a liberdade, a igualdade, a fraternidade, a participação e a conflitualidade. O destino político das cidades, sempre singular, é o de valorizar esta ou aquela dimensão. Mas, do mesmo modo que os fluxos predominam sobre os lugares, o privado sobre o público, a cidade modifica suas capacidades de integração, ela privilegia mecanismos de solidariedade a fim de preservar-se das lutas sangrentas. Se a cidade renascentista não excluiu a violência e os conflitos entre grupos, então o medo da turba, o medo das ressurgências revolucionárias, o medo das lutas, esses medos deram lugar a um desejo de controle da conflitualidade pelo Estado nas sociedades europeias.[162] "A invenção do social" é uma maneira de conservar o dever de integração que compete à cidade tanto quanto ao Estado ao se preservar da conflitualidade. Enquanto os fluxos se sobrepõem aos lugares e um movimento de privatização de longo curso modifica as relações do privado e do público, a dinâmica social se previne contra os riscos da conflitualidade e da luta de classes. Essa escolha de uma integração "social" destinada a evitar o conflito político, a escapar das lutas violentas, tem um significado político, uma vez que tem por finalidade evitar o atrito dos grupos sociais e das classes. É porque a atenuação da conflitualidade dá lugar a uma elevação potencial dos fatores que favorecem processos de separação, aqueles mesmos dos quais se alimenta hoje, muito a distância, a terceira globalização.

---

os conflitos e os incêndios sempre têm por desafio a cidadania. Urbanisticamente, isso gera, para retomar os termos de Françoise Choay, uma cidade 'normativa', onde os conflitos não colocam em jogo a estrutura, e uma cidade 'normatizada', da qual se trata sempre de redefinir o quadro. É por isso que, aliás, ao voluntarismo utópico dos urbanistas franceses (Ledoux, Haussmann, Le Corbusier) se opõem o organicismo, o ambientalismo dos anglo-saxões, recentemente exemplificados por Lewis Mumford ou Jan Jacobs." ("Ville et démocratie", *op. cit.*, p. 39.)

162. Cf. Jacques Donzelot, *L'Invention du social*, Paris: Seuil, 1994. É a fim de evitar que os conflitos com as massas de trabalhadores degenerem em guerra civil e que se repitam os dias de 1848 que o governo devia tomar medidas levando ao Estado previdenciário.

A dupla polarização do Estado e da rede

Se a cidade republicana valoriza a cena política, se o urbano acompanha uma experiência política que se enuncia no plural, uma escolha histórica se apresenta desde a Idade Média, aquela da absorção da cidade pelo Estado. "É a Gênova, a Florença, a Milão, a Siena, a Veneza, a Barcelona, a Bruges, a Gand, a Ypres, a Bremen, a Hamburgo, a Lübeck, que o futuro parece pertencer. E, no entanto, a Europa moderna não se formará em torno de cidades, mas de Estados."[163] Como testemunham os mundos urbanos hanseático, flamengo e italiano, as cidades já são indissociáveis de confederações urbanas e respeitam, sobretudo no caso da Itália — na Ligúria, na Toscana, no Vêneto e na Úmbria —, o *contado*, o ambiente rural. "A época das ilhotas, dos pontos, das pequenas células está terminando ao mesmo tempo que termina a do feudalismo clássico. Um outro tipo de espaço começa a se impor: o dos Estados territoriais."[164]

A experiência política da qual a cidade é a encarnação — em suma, a *polis*, as liberdades comunais, a cidade republicana do Renascimento — deve responder a um desafio, aquele do Estado que reforça sua influência mesmo que a cidade-Estado tenha tentado se libertar dela. Ou a cidade é arrastada em direção ao Estado, com o risco de ser aspirada por ele, ou então a cidade continua a ser uma urbe, uma cidade--Estado que participa de uma rede de cidades.[165] Aqui, toma forma uma distinção entre as cidades que se inscrevem na "rede" de cidades mercantis e aquelas que respeitam a lei do Estado. Uma bifurcação histórica então acontece, a política podendo contribuir para reforçar o polo do Estado, ou mesmo para ativar a experiência democrática antecipada pelo movimento comunal e humanista cívico.

---

163. Jacques Le Goff, *La Civilisation de l'Occident médiéval*, Paris: Arthaud, 1964; e Paris: Flammarion, 1982, p. 83. Cf. também o capítulo sobre a cidade e a sociedade urbana, p. 269-272.

164. *Ibid.*, p. 83.

165. Um etapa intermediária da construção estatal pode ser levada em consideração. Em *L'Italia degli Stati territoriali* (Roma-Bari: Laterza, 2003), Isabelle Lazzarini examina um tipo de Estado que se afasta ao mesmo tempo das cidades-Estados do século XIII e do Estado moderno, centralizado, racional e administrado.

Nessa perspectiva, a oposição da cidade ao Estado dentro da tradição europeia se esclarece. Segundo Gilles Deleuze e Félix Guattari: "A forma cidade desenvolveu-se amplamente nas cidades-feiras da Champagne e da Brie, nas cidades hanseáticas, em Barcelona, em Veneza, nas cidades do Islã. Essas cidades não são pensadas senão em rede, não somente como uma rede comercial, mas como uma rede de trocas simbólicas ou culturais. A cidade é constitutiva desse circuito: ela é um instrumento de entradas e de saídas regulamentadas por uma magistratura. A forma Estado, essa é a instauração ou a ordenação do território. Mas o aparelho do Estado é sempre um aparelho de captura da cidade. No plano histórico, há dois "corredores", nos diz Fernand Braudel em *Civilisation matérielle: Économie et capitalisme*, o Estado e a cidade, mas também a cidade-Estado e a cidade-rede. Mas "geralmente, o Estado ganha, ele disciplinou as cidades, com uma obstinação instintiva [...]. Para onde quer que voltemos nossos olhos através de toda Europa, ele alcançou o galope das cidades".[166] A cidade-rede de ontem, a cidade em "ligação" com outras cidades, corresponde a um espaço aberto e não a uma unidade fechada, a uma entidade recolhida sobre si mesma, a uma cidade-fortaleza. É dizer que as competências do urbano vão ao encontro da constituição de uma cidade concebida sobre o modo do Estado (centralidade e hierarquia, fechamento e fronteiras). "A cidade é o correlato da estrada. Ela existe apenas em função de uma circulação e de circuitos; ela é um ponto assinalável sobre os circuitos que a criam ou que ela cria. Ela se define por entradas e saídas, é preciso que algo ali entre e dali saia. Ela representa um limiar de 'desterritorialização'. As cidades são pontos-circuitos de toda natureza que fazem contraponto sobre as linhas horizontais; elas operam uma integração completa, mas local, e de cidade em cidade. O poder da cidade (transconsistente) inventa a ideia de magistratura; ele é muito diferente do funcionalismo de Estado, que é um fenômeno de intraconsistência. Ele faz ressoar juntos pontos de ordem muito diversos, que já não são necessariamente cidades-polos."[167]

---

166. Gilles Deleuze e Félix Guattari, *Mille Plateaux*, Paris: Minuit, 1980, p. 541. [ed. bras. *Mil Platôs*, São Paulo: Ed. 34, 2007.]
167. *Ibid.*, p. 539.

Mas revolução urbana e revolução estatal são antagonistas. "A revolução urbana e a revolução estatal podem coincidir, mas não se confundir. Há cidade nos dois casos, mas em um caso a cidade é uma excrescência do palácio ou do templo; no outro caso, o palácio, o templo, é uma concreção da cidade."[168] Se existem duas revoluções, se a condição urbana pode levar a mais Estado, a mais poder central, ou, ao contrário, à participação em uma rede de cidades, então ela hesita e oscila entre uma aspiração centrípeta e um movimento centrífugo. Longe de ser um meio que "coloca em tensão" um dentro e um fora, a experiência política da cidade pode desviar-se em direção a uma polarização única, tanto para dentro quanto para fora. Ora, toda uma tradição urbana, indissociável de sua dimensão política, privilegiou a capacidade da cidade de ser um espaço de acolhida para o que está fora. Essa cidade não é mais a cidade-Estado recolhida sobre si mesma, a cidade aspirada pelo Estado central, ela é um lugar, um "entremeio" que faz a ligação entre o fora e o dentro. A lição é dupla: por um lado, a experiência política da cidade encontra a significação da poética urbana quando ela privilegia a relação do dentro com o fora; por outro lado, a rede de cidades faz eco à forte tradição antiga e bíblica da cidade-refúgio.

*Colocar em relação um fora e um dentro
ou a cidade-refúgio*

> O pensador percebe lugares de misteriosa postura. Deste ovo sairá uma barbárie; deste outro, uma humanidade. Aqui, Cartago; lá, Jerusalém. Há cidades-monstros tanto quanto há cidades-prodígios.
> Victor Hugo, *Paris*

Redobrando a relação entre centro e periferia, a tradição da cidade-refúgio valoriza aquela que ocorre entre um dentro (o espaço da cidade) e um fora (aquele que vem de fora pedir hospitalidade, aquele que deixa o deserto e sua reclusão). Se a cidade — Babel, Babilônia,

---

168. *Ibid.*, p. 538.

Nínive — é maldita na Bíblia, se Caim, o campesino, mata Abel, o citadino, ela se parece de imediato com uma cruz, o símbolo por excelência da religião cristã, mas também um hieróglifo.[169] "A primeira imagem que outrora evocava a cidade", lembra Fernand Braudel, "é a de uma muralha. E são os muros (se nos reportamos ao velho dicionário de Furetière) que lhe conferem sua dignidade de cidade. Verdade de sempre, se acreditamos em Robert Lopez, medievalista de grande reputação que, sobre esse tema, lembrava com humor a quem o entrevistava que "o hieróglifo que significava cidade, no tempo dos faraós, consistia em uma cruz inscrita num círculo, o mesmo que dizer um cruzamento de caminhos e uma muralha".[170]

A ligação entre política e religião, contudo, nunca surpreende tanto quanto no caso da cidade-refúgio. Na tradição judaica, a cidade "deve" possuir lugar de acolhida para aquele que se encontra fora, para aquele que, nem completamente inocente, nem completamente culpado, é acusado de um crime. A cidade-refúgio é a cidade onde o assassino involuntário pode se refugiar para não ser vítima de uma vingança "injusta". A experiência política que corresponde à cidade-refúgio assenta-se, portanto, sobre o respeito ao direito e ao julgamento.[171] Ética e política reforçam-se mutuamente, porque é possível

---

169. "Cidade e religião": o tema é delicado porque a relação entre cidade e religião é ambivalente. A reflexão oscila frequentemente entre uma crítica da cidade, esse espaço que desafia a *vita contemplativa* e se afasta do deserto, e uma valorização do anonimato e da mobilidade urbana. Thierry Paquot ressaltou essa ambiguidade de uma abordagem teológica apanhada entre um elogio do anonimato (Harvey Cox e Emmanuel Lévinas), uma crítica das condições da urbanização de massa (Joseph Comblin se preocupa assim com a urbanização selvagem na América do Sul) ou uma denúncia do *homo urbanus*, esse homem da cidade grande sem espiritualidade (Jacques Ellul, *Sans feu ni lieu. Signification biblique de la Grande Ville*, Paris: La Table Ronde, "La Petite Vermillon", 2003; a primeira edição, publicada pela Gallimard, data de 1975). Mas Thierry Paquot ressalta a defasagem dessas interrogações em relação ao mundo contemporâneo dos fluxos e da pós-cidade. Cf. "Théologie chrétienne et urbanisation", in *Annales de la Recherche Urbaine: Urbanités et Liens Religieux*, n. 96, out. 2004.
170. Fernand Braudel, *op. cit.*, p. 818. Sobre este ponto, cf. Joseph Rykwert, *La Maison d'Adam au Paradis*, Paris: Seuil. 1976.
171. Cf. o artigo "Ville refuge", de Véronique Léonard-Roques, in Alain Montandon (Org.), *Le Livre de l'hospitalité: Accueil de l'étranger dans l'histoire et les cultures*, Paris: Bayard, 2004, p. 681-692. Cf. também Anne Gottman (Org.), *Villes et Hospitalité: Les Municipalités et leurs étrangers*, Paris: Maison des Sciences de l'Homme, 2004.

Caim e Abel, ou a cidade sem território

O tema da cidade-refúgio permite compreender o status de uma cidade extraterritorial, ou seja, de uma cidade que não se reduza a um recinto fechado, a um território fechado sobre si mesmo e do qual a gente se apropria do solo ("o solo me pertence"). A cidade-refúgio, que se apresenta como um lugar desterritorializado, escapa da captação pelo território e da apropriação do solo. Na Bíblia, Caim, o assassino, funda a cidade nômade que sucede à cidade sedentária, à cidade territorializada. Mas Caim e sua descendência devem retomar o modelo da cidade de Abel, aquele de uma cidade suscetível de acolher provisoriamente o nômade, mas também aquele de uma rede de cidades que acompanha a marcha do pastor e de seu rebanho. Se existe mesmo um lugar, um espaço próprio da cidade, este não é o território fechado da cidade sedentária, mas um espaço que une o fora a um dentro para reatar com o fora. Território e desterritorialização participam de uma mesma dinâmica. Graças a essa reflexão que se alimenta da Torá, compreende-se por que a cidade-território é desvalorizada na Bíblia. Mas, ao mesmo tempo, entende-se melhor a razão pela qual a cidade, essa *cosa mentale*, não se define unicamente, como já era o caso dos gregos, por um território geográfico.

Rav Yehoshua Gronstein: Instituir a cidade é efetivamente sair da lei natural que não permitiu, neste caso, a fraternidade. Mas a cidade não resulta de uma lógica que levaria a uma dominação sobre a natureza. A cidade nasce primeiramente desse fracasso que não permite mais deixar agir "naturalmente" os homens entre si. É por isso que Caim parece ter retomado, após

se exilar na cidade: "A lei de Moisés aponta cidades-refúgios onde o homicida involuntário se refugia ou se exila. Refugia-se ou se exila: há os dois. Para o assassino involuntário que é também assassino por imprudência, a cidade-refúgio é também um exílio: uma sanção. Seríamos nós conscientes o bastante, espertos o bastante, homens já homens? Seja como for, são necessárias as cidades-refúgios, onde esses meio culpados, onde esses meio inocentes, possam permanecer o assassinato de seu irmão, o que não era bom no modelo do próprio Abel, ele mesmo um pouco embaciado (este é o significado de *hevel* em hebraico). De fato, o nomadismo de Abel, um nomadismo com rebanho, não remete ao tipo de nomadismo com colheita, que é aquele de Caim. Da maneira como está escrito na Torá, esse nomadismo com rebanho é uma invenção: o primeiro "pai" (*av*) é o inventor de uma forma de nomadismo na qual o pastor segue seus rebanhos e constrói casas ao segui-los até o lugar para onde devem ir. Um descendente de Caim é, contudo, apresentado como o inventor do nomadismo, e a Torá apresenta as coisas como se o homem fosse inicialmente sedentário e o nomadismo fosse uma invenção posterior. É, no entanto, o modelo inicial de Caim, aquele do nomadismo com colheita, que talvez tenha sido recusado porque levava a uma relação particular com o território que resume a fórmula: "O solo me pertence." É por isso que Caim, obrigado a encontrar um lugar, retomou o modelo de construção de Abel, aquele do nomadismo com colheita que privilegia uma relação de apropriação do solo. Em consequência, a descendência de Caim construiu cidades sem território, cidades com status extraterritorial, para que elas não fossem amaldiçoadas, e não pudessem repetir a problemática da posse do solo, lugar do primeiro assassinato.

Texto elaborado a partir de extratos de *Ville et Torah*, seminário da Association pour le Développement de l'Étude (55, rua Traversière, 75012, Paris, 2001-2002. Texto original mimeografado).

resguardados da vingança."[172] Para Hannah Arendt, o exilado é o citadino típico "porque ele deve se relacionar com outros que jamais poderão entender como era o lugar que ele teve de abandonar".[173] Mas

---

172. Emmanuel Lévinas, "Les Villes-refuges", in *L'au-delà du verset: Lectures et discours talmudiques*, Paris: Minuit, 1982, p. 51-70.
173. *Apud* Richard Sennett, *La Ville à vue d'œil: Urbanisme et société*, Paris: Plomb, 1992, p. 171. Sennett continua assim: " O exilado deve encontrar uma base de vida comum

o exilado que busca um refúgio deve se entender com os citadinos que não podem entender tudo de sua vida, de sua história e das cidades por onde ele já passou. É a razão pela qual a cidade deve tornar possível a constituição de um espaço "impessoal", que lhe permita ser ele mesmo sem ter de prestar contas de sua origem.

Ainda hoje, mais que nunca uma época em que os refugiados são legião, a cidade pode ser caracterizada por seu dever de hospitalidade. "Se o nome e a identidade de qualquer coisa como a cidade ainda possuem um sentido e continuam sendo objeto de uma referência pertinente, poderia uma cidade elevar-se acima dos Estados-nações, ou pelo menos libertar-se deles dentro de limites a serem determinados, para se tornar, segundo uma nova acepção da palavra, uma cidade franca quando se trata de hospitalidade e refúgio? [...] A soberania estatal não pode nem deveria mais ser o horizonte das cidades-refúgio. É possível?"[174] Mas essa obrigação de hospitalidade não é um programa moral para as boas almas que querem acolher todos os danados da terra; ela tem por condição respeitar a cidade como um espaço impessoal que permite às pessoas encontrar, provisoriamente ou não, acolhida e estrutura de vida. Porque "o impessoal" é provedor de identidades.

A cidade-refúgio acolhe aquele que cometeu um erro no exterior e lhe pede que se explique diante do tribunal. Ela acolhe para lhe poupar a vingança que o ameaça, mas em troca essa pessoa deverá contar sua história para ser julgada.[175] No entanto, no caso do exilado que não quer contar toda sua vida, que pede que seu passado seja suspenso, a cidade favorece uma "suspensão", um "parêntese". Assim, a cidade-refúgio deixa entrar aquele que reivindica o anonimato para ser julgado.

---

com os outros que não entendem, que não podem entender como era o lugar que ele teve de abandonar."

174. Jacques-Derrida, *apud* Stefans Hertmans, *Entre-villes*, Bordéus: Le Castor Astral, 2003.
175. "Uma vez que alguém cometeu um assassinato involuntário, por inadvertência, é condenado a ir para uma cidade-refúgio ou para uma das 42 cidades dos levitas. Ali ele se encontrará protegido. Por um lado, ele não terá que suportar totalmente sozinho o peso do seu erro, mesmo se for involuntário. Por outro lado, terá uma estrutura que lhe permitirá refletir sobre seu erro e se recompor. É uma proteção e um exílio ao mesmo tempo." (*Ville et Torah*, Seminário da Association pour le Développement de l'Étude, inédito.)

A cidade-refúgio restabelece um pouco do equilíbrio entre o dentro e o fora: quando se ressalta frequentemente seu caráter centrípeto, sua capacidade de aspiração, e que se enxerga naquele que vem de fora um bárbaro, o significado político da cidade é aqui valorizado por aquele que vem de fora, o homem do deserto ou o homem da *vita contemplativa*, o homem errante, o homem que chama a atenção na soleira, à porta da cidade.

Essa porta simboliza a cidade na tradição judaica, uma vez que o homem de fora deve poder ser julgado na soleira. O tribunal, o lugar da justiça, mantém-se sobre a soleira onde ele [o homem de fora] deve "se render", num "entremeio" entre o dentro e o fora, entre o deserto e a cidade. "Às portas de Jerusalém ficavam os tribunais. Sua função não era precisamente sancionar [...]. Sancionar é, de fato, um fracasso para um tribunal; é a consequência do fato de seu ensinamento não ter sido suficiente."[176] A cidade não é justa porque é a cidade, a civilização, nem porque ela se define contra a barbárie, a selvageria, contra a floresta medieval ou contra o deserto; ela é civil, porque pode assegurar a justiça. Mas não importa onde, em um entremeio, em um não lugar, esse não lugar que solda a cidade a seu exterior. A cidade-refúgio, aquela que supõe uma desobediência e uma transferência de direitos[177], irriga a justiça que deve estar "fora de lugar", para assegurar sua missão de julgar. Sob essa óptica, a experiência urbana é uma soleira, um "entremeio", a porta onde a justiça, que aqui não é mais a sanção, pode se abrigar.

A cidade é um espaço de onde se pode entrar e sair, um espaço onde se pode encontrar refúgio, um espaço de direito que não se define unicamente pelo dentro, a identidade, o pertencimento, mas pela relação mantida entre um dentro e um fora. A hospitalidade é indissociável dos fluxos migratórios, dos fluxos de refugiados e de exilados que reivindicam pela da cidade seu "direito de possuir direitos" (Hannah

---

176. *Ville et Torah*, op. cit.
177. Daniel Payot, *Des Villes-refuges: Témoignage et espacement*, La Tour d'Aigues: Aube, [19-?], p. 22-23. Cf. também, do mesmo autor, *Le Philosophe et l'architecte*, Paris: Aubier, 1981; e "De la Place au désert et retour: Art, résistance, monde commun", in Chris Younés (Org.), *Art et philosophie, ville et architecture*, Paris: La Découverte, 2003.

Arendt). É porque eles encaram a cidade pelo lado do nômade (aquele que não tem território, aquele que procura hospitalidade ou refúgio), e não pelo lado do sedentário, que os autores de *Mil platôs* avançam o par de oposições entre a forma Estado e a forma cidade, entre um princípio hierárquico e vertical e uma rede horizontal de conexões, entre um processo de planejamento e ordenação do território e um processo de desterritorialização. A oposição brutal entre o nômade e o sedentário dá lugar a uma dinâmica mental e territorial em que a acolhida de qualquer um que vem de fora deve tornar possível sua saída para fora. A cidade-refúgio é um espaço que torna possível simultaneamente a mobilidade e a acolhida.

V

Urbanismo, circulação e prevalência dos fluxos

> Construir é reunir elementos homogêneos. Edificar é ligar elementos heterogêneos.
>
> Georges Braque

Uma dinâmica de privatização e de separação

Depois de ter evocado de imediato o contraste entre a poética e o saber do urbanista, entre o discurso do escritor e o do engenheiro, outras linguagens relativas à experiência urbana foram tomadas em consideração: a da cena urbana, a do espaço público, mas igualmente a da política que exige, também ela, um cenário para a representação. Outras tantas dimensões da *vita activa*, de saída da *vita contemplativa* ou do espaço privado. Esses discursos orquestram pares de noções (corpo-saber; *urbs-civitas*; fora-dentro; privado-público…) que traduzem outras tantas "colocações sob tensão". Mas essas oposições são elas próprias redobradas por aquela que, opondo os fluxos e os lugares, é indissociável dos saberes do urbano e daquilo que se chama desde o fim do século XIX urbanismo, ou seja, a ciência da organização espacial das cidades. Se a linguagem do escritor e o saber do urbanista foram colocados em lados opostos, não foi com a intenção de exacerbar a clivagem entre dois lugares-cidades e fluxos externos, e de valorizar a experiência tradicional da cidade, aquela que passa pela poética, pelas colocações em cena e pela política de um lugar, mas para isolar traços distintivos da experiência urbana. Ora, esses traços conservam um sentido, mesmo que a relação entre os lugares e os fluxos se inverta e que a experiência urbana seja atenuada.

Continuar esse processo, ou seja, não dar razão *a priori* nem ao saber urbano nem à poética, à cidade-objeto e à cidade-sujeito, à técnica urbana e à fenomenologia da experiência urbana, aos fluxos e aos lugares, permite não ensinar um duplo processo transformado num ritual: aquele do urbanismo progressista encarnado pelos CIAM (os Congrès Internationaux d'Architecture Moderne, dos quais o primeiro aconteceu em 1928), e aquele dos arquitetos-artistas, esses adeptos de obras "celibatárias" porque solitárias, estranhas ao ambiente próximo, à dimensão da cidade e ao corpo urbano. Daí a questão à qual é preciso agora responder: dado que existe uma prevalência dos fluxos sobre os lugares, o urbanismo contemporâneo ainda poderia, ou não, tornar possível uma experiência urbana? E isso em todos os níveis já evocados: o do poético e do corporal, o da cena pública e da cena política. Dado que o tipo-ideal da cidade isola traços correspondentes a níveis distintos de experiência e ressalta tensões que podem se soldar por experiências negativas (retraimento dentro do privado, ausência de mobilidade corporal, desvio do espaço público pelo mercado, ausência de participação política), o urbanismo deve, ele mesmo, ser interrogado em função do que ele torna possível, ou não, quanto à experiência urbana. Se não existe um bom urbanismo universal, aquele da cidade utópica, suscetível de desenhar a "boa cidade", então um urbanismo que toma partido dos lugares contra os fluxos quase não tem mais sentido. Mas talvez projetos urbanos que permitam fruir, com mais ou menos intensidade, a experiência urbana não dependam por enquanto de uma imaginação obsoleta! Nesse estágio, a apreensão de uma experiência urbana multidimensional leva a uma segunda interrogação: em que medida o urbanismo consegue refrear a prevalência dos fluxos sobre os lugares, consegue impedir a reviravolta da dialética privado--público em benefício exclusivo do privado, e ir contra a substituição de uma dinâmica da separação por uma dinâmica da conflitualidade? Mas também: em que medida ele contribuiu, ou não, para formatar as regras do urbano?

Genealogias do urbanismo (Françoise Choay)

O urbanismo, um termo recente que remete a uma experiência que não é recente, deve ser tratado em função de um duplo registro: o de uma abordagem diacrônica, histórica, e o de uma abordagem sincrônica, estrutural. Inseparável de uma "história" que remete a um "paradigma" muito mais antigo que a própria palavra "urbanismo", o urbanismo caminha junto com uma matriz duplamente imantada pela "regra" e pelo "modelo". A regra e o modelo remetem, segundo Françoise Choay, à "regra" do arquiteto, aquela do bem construir concebido por Vitrúvio e depois por Alberti, e ao "modelo" urbano originalmente ligado ao espírito utópico, aquele de Thomas More, da cidade perfeita e, portanto, "modelo". Consequentemente, a coexistência da utopia urbanística, aquela que *As leis* de Platão antecipam, e do tratado de arquitetura proíbe a oposição do trabalho artístico do arquiteto ao trabalho do urbanista como se eles representassem dois exercícios antagônicos. Um propõe regras que se aplicam a uma edificação ou a uma unidade arquitetural; o outro concebe um modelo universal aplicável a um conjunto urbano; todos os dois exprimem assim um desejo de "regularização". Portanto, não é um acaso se o urbanismo progressista, aquele dos CIAM, mas também aquele do desurbanismo russo, associa simbolicamente o engenheiro, o urbanista e o arquiteto. Respeitoso dos tratados de arquitetura, o artista-arquiteto participa de um projeto análogo àquele do urbanista-engenheiro que ordena conjuntos e organiza territórios em nome de regras universalisáveis. Como no caso da Cidade Radiosa, o arquiteto-engenheiro-artista sonha em realizar em miniatura o que o urbanista realiza em grande escala. Portanto, é enganoso ver no arquiteto o defensor do lugar, da experiência urbana, e opô-lo ao urbanista, que se preocuparia prioritariamente com os fluxos e com os conjuntos. Se o urbanismo e a arquitetura caminham juntos, como combinar essa abordagem estrutural e a análise histórica que lembra que o termo "urbanismo" data da segunda metade do século XIX?

Alberti, Haussmann, Cerdà

O neologismo *urbanización*, um termo que remete à ideia de uma "ciência da organização dos espaços" nas cidades[178], foi, *de facto*, criado por Ildefons Cerdà em 1867.[179] Se essa invenção não deve fazer esquecer o caráter mais antigo das práticas ligadas ao urbanismo, ainda é necessário precisar-lhe a genealogia. Enquanto se escrevem histórias do urbanismo envolvendo os gregos ou os romanos, o nascimento do urbanismo, enquanto conceito fundador, deve ser datado com precisão. Segundo Françoise Choay, "não encontramos antes do Renascimento nenhuma sociedade em que a produção do espaço edificado dependa de uma disciplina reflexiva autônoma".[180] É no *De re aedificatoria* de Leon Battista Alberti, em 1452[181], que "a arte de edificar" é apresentada como uma "disciplina", como um saber assentado em princípios e regras científicas.[182] "O *De re adedificatoria* elabora racionalmente, a partir de um pequeno número de princípios e de axiomas, um conjunto de regras antes de permitir a edificação de todo projeto de espaço imaginável e realizável."[183] Essa disciplina "regrada" não diz respeito somente à construção de edificações, isoladas ou não, mas "ao conjunto da estrutura de vida dos humanos, desde a paisagem rural, as estradas e os portos até a cidade, seus edifícios públicos e privados, suas praças, seus jardins".[184] Inventor da palavra *urbanización*, Cerdà

---

178. Historicamente, a palavra "urbanismo" aparece pela primeira vez na língua francesa no *Bulletin de la societé neuchâteloise de géographie* (t. XX, 1909-1910). Ela se impõe na França pelo viés de Eugène Hénard (presidente da Sociedade Francesa dos Arquitetos e Urbanistas, criada em 1910) e do Museu Social em torno do qual se encontravam engenheiros e arquitetos.
179. Cf. Antonio Lopez de Aberasturi (Adap. e apres.), *Théorie générale de l'urbanisation*, Paris: Seuil, 1979.
180. Françoise Choay, "Urbanisme", in Françoise Choay e Pierre Merlin (Orgs.), *Dictionnaire de l'urbanisme et de l'aménagement*, Paris: PUF, 1996.
181. Esse tratado, dedicado ao papa Nicolau V em 1452, foi publicado em 1485.
182. Leon Battista Alberti, *De re aedificatoria* (Ed. fr.: *L'Art d'édifier*, trad. do latim, apres. e anot. Pierre Caye e Françoise Choay, Paris: Seuil, 2004).
183. Françoise Choay, "Urbanisme, theories et réalisations", in *Encyclopaedia Universalis*, Paris, 2004.
184. *Ibid.*

afirma, quatro séculos mais tarde, que a teoria obedece a "princípios imutáveis e a regras fixas". Se ele é geralmente considerado por isso o herdeiro de Alberti, o homem do Renascimento e inventor da perspectiva juntamente com Brunelleschi, três diferenças merecem ser sublinhadas: os critérios escolhidos, a diferença de contexto histórico (o Renascimento e a sociedade industrial em seu apogeu) e as relações com a tradição utópica.

Uma primeira diferença reside nas abordagens dos dois autores. Enquanto Alberti pensava a edificação em função de três critérios — a necessidade (as leis da física aplicada), a comodidade (o aspecto dialógico da exigência do cliente, que faz da edificação uma atividade dual) e o prazer estético, que é a finalidade suprema da arte de edificar —,[185] Cerdà considera somente o critério da "necessidade", que remete diretamente às leis e às regras, desprezando assim a exigência do cliente, a finalidade estética, ou seja, o critério da comodidade que convida a um diálogo entre o arquiteto e o destinatário do espaço edificado. "O urbanismo cerdiano não reconhece esse caráter dialógico que introduz a contingência na edificação. Pelo contrário, ele postula que suas leis são científicas e que a exemplo de todas as leis das ciências naturais, elas são dotadas de um valor universal de verdade e não podem ser colocadas em questão."[186]

A segunda diferença reside na defasagem histórica entre o urbanismo de Cerdà e a revolução industrial. Nesse plano, ele é menos herdeiro de Alberti que de Haussmann, de quem admira os grandes trabalhos, que duraram de 1853 a 1869. Mesmo se tomou a iniciativa do primeiro plano estabelecido para Paris, Haussmann não considera a cidade como uma totalidade e não se preocupa em criar, o que fazem os urbanistas, cidades específicas. Sua principal preocupação é "regularizar", um verbo pelo qual tem predileção. Mas esse empreendimento

---

185. "Para organizar seu tratado, escreve Françoise Choay em seu prefácio, Alberti retoma por sua conta a famosa distinção vitruviana das três qualidades às quais a arquitetura deve responder, *firmitas, utilitas, venustas*, mas sob uma forma levemente diferente e melhor acordada a seu propósito: *necessitas, commoditas, voluptas*" (*L'Art d'édifier*, op. cit., p. 20.)
186. Françoise Choay, "Urbanisme", in Françoise Choay e Pierre Merlin (Orgs.), op. cit.

de "regularização" inscreve-se especificamente no quadro de uma sociedade industrial cujo corpo doente exige um urbanismo cirúrgico. Consequência de um desejo antigo de pensar as regras e os princípios da arte de edificar um conjunto, o nascimento do urbanismo é também a consequência da industrialização, que transforma a cidade em um conjunto de redes interconectadas (vias de circulação, sistema de adução de água, esgotos). Se a globalização contemporânea pode dar a impressão de substituir o mundo das redes pelo mundo da cidade clássica, o urbanismo haussmanniano já traduz essas mutações decisivas ao valorizar expressamente os fluxos. A cidade é então percebida como um conjunto com leis complexas que não dependem mais apenas do tratado de arquitetura.

Urbanismo e arquitetura: de Thomas More aos CIAM

Se Cerdà faz eco ao mesmo tempo a Alberti e a Haussmann, se o caráter científico de seu processo é patente como sua preocupação em não confundir tratado de urbanismo e tratado de arquitetura, então ele é também o herdeiro de uma tradição utópica da qual que o urbanismo progressista do início do século XX é o resultado. Nisso reside a terceira diferença: o urbanismo europeu e ocidental é impensável sem a matriz utópica que, elaborada à época do Renascimento, teve por objeto a arte de edificar conjuntos urbanos. Compreendê-lo exige colocar em relação o tratado de Alberti, de 1452, e a obra de Thomas More, *Utopia*, que data de 1516 — ou seja, privilegiar simultaneamente a ideia de um bom espaço, o espaço edificado segundo regras, e a ideia de um espaço que não existe, o espaço utópico do *nowhere* de William Morris. "Termo forjado por Thomas More a partir de raízes gregas, o substantivo *topos* (lugar) e duas partículas — o prefixo *eu*, indício de boa qualidade, e a negação *ou*, que podem ser igualmente traduzidos pela contração *u-* —, ele significa literalmente o bom espaço e/ou o espaço que não existe."[187] Enquanto a ilha de *Utopia* comporta 54 cidades na

---

187. *Id.*, "Utopie", *op. cit.*

narrativa de Thomas More, e que essas cidades se parecem todas, a matriz utópica se define como o duplo desejo de adotar as regras de uma disciplina (Cerdà) e de regularizar um espaço (Haussmann). A configuração urbana, descrita por Françoise Choay em *La Règle et le modèle*, remete, por um lado, à regra do arquiteto e, por outro, ao "modelo" de um urbanismo que, mesmo se não existe como tal no Renascimento, dá lugar a uma grande diversidade de aplicações históricas do modelo inicial. O modelo utópico do urbanismo lhe confere uma capacidade de universalização que ignora as especificidades culturais, o que testemunham as realizações de Le Corbusier na Índia, das quais o exemplo mais conhecido é o de Chandigarh, no Punjab.[188] As duas tradições aparentemente mais opostas do urbanismo, a tradição progressista dos CIAM e a tradição culturalista das cidades-jardins de Ebenezer Howard (que publica *Garden-Cities of To-Morrow* em 1898), dependem assim desse "modelo" que se orienta "em duas direções fundamentais do tempo, o passado e o futuro, para se apoderar das figuras da nostalgia ou do progressismo".[189] Do mesmo modo, a distinção entre um urbanismo "pragmático e sem pretensão científica" e um urbanismo "científico" que se reporta aos "grandes trabalhos de Haussmann" é secundária em relação à dependência desses dois urbanismos para com a matriz comum que associa a regra arquitetural e o modelo utópico. Antes que Paris se curve às exigências do haussmannismo, Victor Hugo ainda sonha com a cidade utópica, sonha com Paris como capital da Europa: "Antes de ter seu povo, a Europa tem sua cidade. Desse povo que ainda não existe, já existe a capital. Isso parece um prodígio, é uma lei."[190] Magnífica confissão do utopista, criar o espaço que tornará possível o nascimento de um povo que ainda não existe!

---

188. Para uma abordagem comedida do percurso "caótico e contraditório" de Le Corbusier, cf. as páginas que lhe dedica Jean-Michel Leniaud, in *Les Bâtisseurs d'avenir: Portraits d'architectes – XIXe siècle*, Paris: Fayard, 1998. Sobre Le Corbusier, o grande admirador do Partenon ateniense (um monumento que condensa a cidade em si próprio), cf. p. 323-389.
189. Françoise Choay, *Urbanisme, utopies et réalités*, Paris: Seuil, 1979, p. 15.
190. Victor Hugo, *Paris* (1867).

Mas o urbanismo de tipo haussmanniano, símbolo do nascimento do urbanismo na era industrial, longe de se apresentar como utópico, assenta-se sobre uma outra lei: a lei do primado da circulação. "O espaço de circulação específico da era industrial aparece ao mesmo tempo que a nova disciplina chamada 'urbanismo' por Cerdà: escalas viárias e parcelares sofrem então uma mutação devida às transformações das modalidades técnicas e econômicas de sua produção por novos atores. A cidade é pensada em termos de sistemas e de redes conectados entre si e ao espaço extraurbano que ainda não é designado como território."[191] As realizações do *préfet* Haussmann e do engenheiro Le Corbusier, duas figuras que simbolizam respectivamente o papel do Estado e o da ciência, longe de representar uma ruptura com a concepção do urbanismo que prevalecia antes, radicalizando ao contrário o projeto. "Ao desdensificar o centro tornado irrespirável, e ao privilegiar um corpo global irrigado em vez de um aglomerado de núcleos, ao afirmar uma vontade de ligação-aeração-circulação, o grande gesto de Haussmann terá sido o de retirar Paris da Idade Média e dos séculos clássicos para oferecê-la decididamente à idade moderna — aí incluídos os seus excessos."[192]

As primeiras aplicações concretas da matriz aparecem desde o fim do século XVIII, bem antes de Haussmann, Cerdà e Le Corbusier. Françoise Choay insiste primeiro sobre o caráter "ortopédico" de projetos que concernem essencialmente à instituição médica, como aquele da "máquina de curar" de Tenon, mas também das escolas, das creches, dos orfanatos, das fábricas. Paralelamente a esse urbanismo "ortopédico", ganha impulso um urbanismo expressamente utópico: Cabet e Owen concebem espaços que tornam possível a harmonização da vida privada, do lazer, do trabalho e da liberdade sexual. Entre eles: o falanstério de Fourier, a Icária de Cabet, na origem de colônias icarianas nos Estados Unidos como, por exemplo, o Familistério de Guise, construído em

---

191. Françoise Choay, "Six Thèses en guise de contribution à une réflexion sur les échelles d'aménagement et le destin des villes", in *La Maîtrise de la ville*, Paris: École des Hautes Etudes en Sciences Sociales, 1994.

192. Bernard Comment, *op. cit.*

1888 por Jean-Baptiste Godin e fechado em 1970.[193] Durante a segunda metade do século XIX, um urbanismo "regularizador" responde, pelo viés dessas realizações utópicas, às consequências nefastas do trabalho operário e à ruptura progressiva com o mundo rural. Em um terceiro tempo, o paradigma "construtor", que associa a regra e o modelo, a regulação e a utopia, encontra seu resultado no contexto da industrialização e da urbanização que o acompanha. Não é, portanto, por acaso que o neologismo é então criado.

A ligação entre a teoria e a prática, quer se trate de "urbanismo regenerador" (Haussmann) ou de um "urbanismo de tábula rasa" (Le Corbusier), se generaliza alguns anos após a publicação da *Théorie générale* por Cerdà. "De fato, o novo paradigma instaurador criado por Cerdà tem a marca da utopia: depois da inaugural *Teoria général de la urbanización* (1867), a sequência das teorias do urbanismo são mais (Le Corbusier, em particular na *Ville radieuse*, 1933) ou menos (Sitte, *Der Städtbau*, 1889) próximas da forma canônica da utopia da qual elas geralmente não conservam o projeto social global (apesar da exceção de E. Howard, em *Garden-Cities of To-Morrow*, 1898), mas sempre a modelização de valor terapêutico e a crítica que a engendra."[194] A transformação progressiva da cidade clássica é pontuada por etapas sucessivas: a *Ciudad lineal* (Cidade linear), uma rua indefinidamente extensível projetada para Madri por Arturo Soria y Mata em 1882 e retomada pelos adeptos soviéticos do desurbanismo, o programa dos CIAM, que remonta a 1928, a Bauhaus (Gropius, Mies Van der Rohe) e a cidade medieval para "salvar a cidade pelo campo". Esses exemplos, o urbanismo dos desurbanistas, o urbanismo neorrural de Ebenezer Howard e o urbanismo progressista dos CIAM, são outros tantos enredos utópicos.

---

193. Marc Bédarida e Thierry Paquot, *Habiter l'utopie: Le Familistère Godin à Guise*, Paris: Villette, 1982, 1998, 2001.
194. Françoise Choay, "Utopie", in Françoise Choay e Pierre Merlin (Orgs.), *op. cit.*

O arquiteto e as máquinas celibatárias, ou a ilusão artística

Para além da confusão mantida pelo movimento moderno e pela ideologia dos CIAM entre arquitetos e urbanistas, a ideologia urbanística instaura uma cisão entre a produção dos urbanistas e as realizações dos arquitetos. Se aqueles levam em conta um conjunto edificado, estes criam objetos estéticos considerados como "máquinas celibatárias", para retomar uma expressão de Marcel Duchamp, que significa que esses objetos solitários, dos quais a casa do arquiteto é o exemplo, não possuem relação obrigatória com outros elementos. Se aqui se encontra a oposição entre a Poética e o Projeto, entre o artista (aqui o arquiteto) e o engenheiro, é evidente o fosso entre as proezas estéticas arquitetônicas, essas "sublimes máquinas celibatárias", e os blocos de concreto que fizeram as vezes de moradias sociais durante "a segunda reconstrução" dos anos 1955-1970 na França. Isso dá lugar, por parte dos arquitetos e dos homens da arte, ao culto do belo objeto, do ornamento, da estetização da edificação. É em 1907 que arquitetos alemães, dos quais Alfred Loos fará a crítica[195], redigem um programa que valoriza o ornamento e a obra artística solitária. O principal critério desse programa, o *Werkbund*, é a idealização da "ligação pela obra", da qualidade estética no duplo plano do trabalho da matéria e da forma. A obra arquitetônica, "não apenas uma obra corretamente adaptada aos materiais", deve ter "um impacto sensível e um significado artístico".[196]

Mas a criação arquitetônica ligada ao movimento moderno, por mais crítica que seja em relação a essa estética do ornamento, é profundamente ambígua. Renunciando ao privilégio da perspectiva de ponto

---

195. Para Loos, o ornamento externo deve se limitar no mundo moderno ao monumento e ao túmulo; é por isso que ele realiza casas sem ornamento externo (cf. a casa de Tristan Tzara em Paris, as casas Scheu e Steiner em Viena), valorizando a decoração e o ornamento no interior. Para ele, o trabalho de criação arquitetural desloca-se do exterior para o interior. A arte torna-se interior, e o arquiteto se transforma em artista de interior: "Que a casa se mostre discreta no exterior", afirma ele, "para expor toda a sua riqueza no interior." (August Sarnitz, *Loos*, Colônia: Taschen, 2003, p. 15.) Sobre a teoria do primitivismo de Loos, cf. Joseph Rykwert, *op. cit.*, p. 23-26.

196. In *Urbanisme, le XXᵉ Siècle: De la Ville à l'Urbain*, *op. cit.*

fixo, ela favorece de fato as trajetórias corporais e reata com o caráter multidimensional da experiência urbana, contribuindo para impor a proeminência dos fluxos e um urbanismo padronizado.

Por um lado, as novas técnicas de construção acompanham as vanguardas estéticas do início do século, das quais o cubismo é a expressão mais acabada: "Os arquitetos querem se apropriar da multiplicidade dos pontos de vista proposta pelo cubismo, da experiência dinâmica do espaço tal como a descrevem os manifestos futuristas ou que exprime, desde 1912, a pintura de Marcel Duchamp [...]. Ela pretende revelar uma experiência cósmica do universo em acordo com o saber e as descobertas não representáveis da física teórica, e fazer com que se perceba o espaço-tempo da relatividade."[197] O que se traduz por escolhas precisas: a recusa do ornamento externo em benefício de volumes puros e de formas geométricas, a síntese do exterior e do interior graças ao primado da transparência e a certos elementos (pilotis, rampas).

Em contrapartida, porém, e isso é o essencial para o futuro do urbano, o urbanismo do movimento moderno e dos CIAM separa as edificações construídas e as unidades arquiteturais do espaço urbano tradicional, o que está na origem de um urbanismo que privilegia simultaneamente separação, zoneamento e circulação: "Dito de outra forma, um tipo de espaço do qual a arquitetura era parte integrante parece prestes a desaparecer."[198] Entre a constatação de uma inventividade espacial no plano arquitetônico e a compressão do espaço urbano, o divórcio é total. A criação arquitetural do movimento moderno está em contradição com o desenvolvimento do urbanismo progressista, o que condena o arquiteto a assumir a figura do artista, no entanto denegrida no caso de um movimento como o *Werkbund*. A consagração de numerosos arquitetos, tanto mais celebrados à medida que se desprezam os malefícios do urbanismo, seria hoje a oportunidade de renascimento de uma cultura urbana? Alguns acreditam que a criação arquitetural contemporânea, a cultura da ornamentação, é um fenômeno de moda

---

197. Françoise Choay, "Espace: Espace et architecture", in Françoise Choay e Pierre Merlin (Orgs.), *op. cit.*
198. *Ibid.*

ligado à política de encomenda das prefeituras das grandes cidades para as quais a realização arquitetônica é uma vitrine eleitoral. Mas a França arquitetural, que nunca valorizou a casa de arquiteto como os Estados Unidos[199], sempre oscilou entre o estilo acadêmico e encomendas públicas que frequentemente foram de vanguarda, quer se tratasse da segunda reconstrução ou de escolhas presidenciais.[200] Isso levou a associar o monumento à casa, a transformar a habitação em monumento, cujas realizações de Ricardo Bofill em Marne-la-Vallée, na região parisiense, são um exemplo.[201]

Ora, essa cisão entre arte e ciência, entre o trabalho do artista e o do engenheiro, reproduz a distinção entre a "regra", aquela de Alberti, aquela do tratado de arquitetura, e o "modelo", aquele do projeto urbanístico que subentende o projeto utópico e a Cidade Radiosa. Para os arquitetos, o hedonismo, a paixão artística, e para os urbanistas, a vontade de regularizar e de disciplinar um espaço urbano frequentemente considerado como o esconderijo da turba, do crime e da doença. A arquitetura contra o urbanismo! Essa defesa da criação arquitetural é, no entanto, uma ilusão. De fato, se os dois "procedimentos" do modelo (o urbanismo regularizador e disciplinar) e da regra (a máquina celibatária do arquiteto ligada ao tratado de arquitetura) "levam a uma escolha duvidosa entre duas concepções da edificação, uma hedonista, egotista, permissiva; a outra, corretiva, disciplinar, clínica"[202], eles são antitéticos apenas em aparência. Enquanto a arte do arquiteto engendra belos objetos, essas máquinas celibatárias que são outros tantos navios solitários, a ciência do urbanista e do engenheiro satisfaz uma vontade de controlar e de racionalizar. Mas isso é esquecer que o arquiteto e o urbanista participam de uma mesma história e que um realiza em miniatura, em escala micro, o que o outro projeta em grande escala, escala macro. O que torna evidente o progressismo arquitetural.

---

199. Jean-Pierre Le Dantec, *Architecture en France*, Paris: ADPF, 1999.
200. François Chaslin, *Les Paris de François Mitterrand*, Paris: Gallimard, 1985.
201. Segundo Bernard Huet, "os modernos investem no monumento, e quando eles não podem mais fazê-lo, transformam a moradia em monumento". ("Apprendre aux architectes la modestie", *op. cit.*)
202. Françoise Choay, *La Règle et le Modèle, op. cit.*, p. 339.

Circulação e zoneamento

> Logo as ruas das cidades resplenderão como grandes muros brancos. A cidade do século XX será deslumbrante e nua.
>
> Adolf Loos, 1908

Uma abordagem estrutural da evolução das técnicas do urbanismo e do arquiteto não deve esconder o desequilíbrio crescente que acontece entre os fluxos e os lugares. O urbanismo progressista dos engenheiros- -arquitetos menos se atém aos lugares do que busca captar os fluxos num só lugar contraído e fechado sobre si mesmo. Longe de fazer "tabula rasa", o urbanismo de um Le Corbusier inscreve-se em uma genealogia de longo alcance, mas a Cidade Radiosa aspira os fluxos em um lugar. Isso modifica radicalmente as relações do dentro e do fora, do privado e do público, do interior e do exterior. O urbanismo da anticidade procura conter a cidade dentro de um lugar, dentro de uma "máquina celibatária", um objeto de arte que se basta a si mesmo no sentido de que ele não tem necessidade de estar ligado a outra coisa, um objeto de arte que não é mais o imóvel criado pelo arquiteto, mas a cidade-imóvel, a cidade imobilizada em um lugar.[203] Isso é bem mostrado pela evolução arquitetural que leva da quadra urbana ao bloco, da cidade haussmanniana à Cidade Radiosa. Mas seria preciso avaliar espontaneamente a oposição entre os fluxos e os lugares, correndo o risco de endurecer as duas acepções da condição urbana? Enquanto a *Carta de Atenas* (1942) apresenta as quatro funções urbanas essenciais — habitar, trabalhar, cultivar o corpo e o espírito, circular —, deveria a cidade ser definida como um lugar que estrutura os fluxos? Da mesma forma que a cidade se apresenta como um misto de matéria física (elementos e materiais que organizam um conjunto construído) e mental, ela orquestra fluxos e mobilidades (corporal, automóvel) dentro de um

---

203. Para a prospectiva, o navio continua a ser um modelo para o urbanismo, cf. François Bellanger. "Le Paquebot: Symbole des mutations urbaines", in *Urbanisme: Tendances 2030*, n. 334, jan./fev. 2004.

lugarejo a fim de favorecer o arejamento (higiene), uma desdensificação (distribuição demográfica) e uma melhor circulação (escala dos ritmos em que o corpo sofre a concorrência do trem, depois do automóvel). Portanto, é errôneo pensar o espaço urbano como um lugar destinado essencialmente a contrariar os fluxos. Por outro lado, a potência dos fluxos não impede que as práticas urbanas continuem sendo possíveis, mesmo se fragilizadas. Uma vez operadas essas duas constatações — o entrecruzamento dos fluxos e dos lugares, a persistência das práticas —, é possível apreciar a inversão que o urbanismo progressista inaugura: uma privatização da experiência urbana da qual a cultura da conexão e do acesso será o resultado no contexto pós-industrial marcado pela emergência das novas tecnologias e novas telas.

O espaço urbano como orquestração de fluxos dentro de um lugar. A propósito deste ponto, há de imediato um risco de mal-entendido, uma vez que o lugar urbano é um vetor e um permutador de fluxos, ou seja, um espaço que possibilita interações. Lendo algumas das definições propostas, os critérios avançados são ao mesmo tempo aqueles dos territórios e dos fluxos. Se não existe uma cidade, a boa cidade, se existem cidades distintas, destacando mais ou menos esta ou aquela dimensão da experiência urbana, o urbanista François Ascher propõe, de sua parte, uma definição mínima da cidade na qual ressalta que o lugar-cidade troca fluxos de natureza diferente. "A existência de cidades supõe, portanto, a partir de sua origem, uma divisão técnica, social e espacial da produção, e implica trocas de diversas naturezas entre os que produzem bens de subsistência e os que produzem bens manufaturados (artesãos), bens simbólicos (os sacerdotes, os artistas, etc.), o poder e a proteção (os guerreiros). A dinâmica da urbanização está ligada ao potencial de interações que as cidades oferecem, à sua urbanidade, ou seja, à potência multiforme que engendra o reagrupamento de grandes quantidades de população em um mesmo lugar."[204] Se é vão querer

---

204. François Ascher, *Les Nouveaux Principes de l'urbanisme*, La Tour d'Aigues: Aube, 2001, p. 9.

definir estritamente a cidade[205], se a linguagem relativa à cidade hesita sempre entre uma abordagem corporal e cênica por um lado e um saber por outro, a constatação de que a cidade jamais foi estranha aos fluxos que a atravessam é essencial. Para Paul Claval, a cidade se caracteriza por uma capacidade de instituir entre os indivíduos trocas de todas as ordens, no plano da comunicação, mas também no plano da distribuição de bens materiais e imateriais.[206] Sendo a entidade-cidade esse espaço inseparável de interações diversas, a experiência urbana é ameaçada assim que o espaço urbano passa a controlar menos os fluxos vindos do exterior, quando a capacidade da cidade — a começar pela cidade em rede — de drenar os fluxos e controlá-los se reverte em uma captação pelos fluxos.

Pressão dos fluxos e práticas urbanas. Se a relação entre os fluxos e os lugares estabelece um equilíbrio cada vez mais favorável a fluxos que se externalizam (transportes, telecomunicações, teleinformação); se os fluxos se sobrepõem progressivamente aos lugares, seria necessário concluir disso que a experiência urbana está em vias de extinção? A hegemonia urbana de que a prevalência dos fluxos será a manifestação não teria um reverso? É o que pensa, por exemplo, Michel de Certeau. Reconhecendo a matriz discursiva, ressaltando que utopia e atopia caminham juntas, ele se esforçou para perscrutar o avesso do urbanismo disciplinar. Afirmando que "a atopia-utopia do saber óptico leva, desde há muito tempo, o projeto a superar e articular as contradições nascidas do agrupamento humano", Michel de Certeau analisa a cidade modelizável em função de uma tripla operação: a produção de um espaço próprio, a valorização do não tempo e uma capacidade de universalização. O paradigma do urbanismo nos ensinou: a-histórico e generalizável ao infinito, um espaço é "próprio"

---

205. Para Paul Claval, "três condições são indispensáveis para que um estabelecimento humano constitua uma cidade: a aglomeração de construções, certas características sociais da população (o status no século XVIII), um certo tamanho. Dessas definições deduz-se a dificuldade de encontrar um critério universal e satisfatório para estabelecer a separação entre aldeias e burgos de um lado, cidades do outro". ("Ville", in Françoise Choay e Pierre Merlin [Orgs.], *op. cit.*)
206. Paul Claval, *La Logique des villes: Essai d'urbanologie*, Paris: Litec, 1981.

quando exclui a relação temporal. Uma vez que a constituição de um espaço "próprio" deve "rechaçar todas as poluições físicas, mentais e políticas que a comprometeriam", Michel de Certeau sugere considerar a cidade como um "espaço impróprio". Convidando a desconfiar do discurso do pânico e da catástrofe, ele recomenda "analisar as práticas microbianas, singulares e plurais, que um sistema urbanístico devia gerar ou suprimir".[207] Por trás do projeto do urbanista subsistem práticas "à margem", porque o espaço é "um lugar praticado".

A inversão do público para o privado. Se o modelo do urbanismo, sua vontade metódica de conter e de controlar, acompanha um aumento potencial dos fluxos que vão se autonomizar em relação aos lugares, esse processo conhece paralelamente um fenômeno conexo que perturba as atribuições da experiência urbana como tal. De fato, enquanto esta assegura uma transição não dialética entre o dentro e o fora, entre o interior e o exterior, ela será objeto de uma inversão, uma vez que a relação entre o privado e o público se desequilibra em benefício do primeiro. Autores como Arendt ou Habermas propuseram interpretações diferentes da degradação progressiva do espaço público.[208] Se a experiência urbana valoriza ao mesmo tempo o centro em relação à periferia (a cidade tem uma força de aspiração e de integração) e o público em relação ao privado (a cidade como espaço cênico, como expressão das solidões e dos corpos), a prevalência dos fluxos vai inverter essa dialética do privado e do público em benefício de um movimento de privatização. Com o urbanismo progressista, o interior que prima desde então, aquele da casa individual ou coletiva, não é uma cópia do interior do burguês haussmanniano. Se o urbanismo dos engenheiros faz aliança com as máquinas celibatárias dos arquitetos, se ele configura o público num lugar-cidade, numa cidade-imóvel, ele esboça simultaneamente uma inversão. Mesmo se as Cidades Radiosas não são muitas, ele modifica a experiência urbana em benefício da privatização.

---

207. Cf. a sequência intitulada "Du Concept de ville aux pratiques urbaines", in Michel de Certeau, *op. cit.*, p, 174-179.
208. Jürgen Habermas, *L'Espace public*, Paris: Payot, 1978.

Ora, num quadro que não é mais aquele do concreto da sociedade industrial, mas o da revolução tecnológica, a privatização se desenvolve em todos os planos (o íntimo, o público, o político). Para além do desequilíbrio crescente entre os fluxos e os lugares, o plano que perturba a relação do privado e do público é o mais surpreendente. Daí o interesse por trabalhos que se assentam na evolução das formas urbanas que promovem o estreitamento progressivo dos diferentes espaços destinados a facilitar o resvalamento do privado ao público.

Roturas do tecido urbano
e inversões da relação privado-público

> A densidade no isolamento, eis o ideal.
>
> Rem Koolhaas

Quando os urbanistas refletem, por exemplo, sobre o papel da quadra, eles imaginam a cidade sob a forma de um tecido urbano que teria a tendência a se degradar progressivamente. Isso é o que mostram os exemplos considerados em *Formas urbanas*, outras tantas sequências que levam da quadra ao bloco, de Haussmann a Le Corbusier. Sob essa óptica, os autores resvalam da quadra haussmanniana do século XIX à quadra do engenheiro moderno, o que os leva a examinar várias experiências: a da Paris haussmaniana (1853-1882), as cidades-jardins de Londres (1905-1920), as extensões de Amsterdã (1913-1934), a nova Frankfurt-sobre-o-Meno (1925-1930), e a Cidade Radiosa de Le Corbusier.

O tecido urbano remete a uma dupla metáfora corporal e têxtil, ele designa assim "uma solidariedade entre as partes". "A noção de tecido se opõe à ideia de obra acabada ou ao objeto petrificado; ela supõe uma transformação possível."[209] A existência de um tecido favorece esse movimento incessante que coloca em relação o interior e o exterior, o

---

209. Philippe Panerai, Jean Castex e Jean-Charles Depaule, *Formes urbaines, de îlot à la barre*, 2. ed., Marselha: Parenthèses, 1997, p. 177.

privado e o público, o dentro e o fora. "A casa é fechada, ela é aberta, a saúde mental passa por uma diferenciação entre fora e dentro, mas não são mais que gradientes de abertura que os diferenciam."[210]

Em relação a essa representação da cidade-tecido, a quadra indica, portanto, uma escala, aquela da organização social dos tecidos. "Não a cidade dos grandes traçados e dos grandes monumentos, nem o detalhe doméstico, um entremeio longamente ignorado."[211] Esse entremeio da quadra, esse entremeio que faz a ligação "entre" o privado e o público corresponde a um espaço que não é nem aquele da cidade global e da organização monumental, nem aquele do mundo privado, um espaço que corresponde consequentemente a uma escala qualificada de intermediária e associada à ideia de urbanidade. Sempre o entremeio, aquele do intervalo que qualifica Nova York para Claudel, aquele da passagem, aquele da quadra. Não se trata de celebrar o bom lugar, mas de desenhar um tipo de espaço que torna possível um tipo de relações humanas que correspondem justamente à experiência urbana. Passagem, quadra: outras tantas figuras paradigmáticas não de um espaço, mas de um modo de colocar em relação e de estar junto. Como a passagem, a quadra não é um espaço "intermediário" entre a cidade-conjunto e o fragmento de uma unidade espacial (edificada ou não), ela representa o espaço específico que possibilita um ritmo, uma temporalidade para os habitantes, permitindo assim evitar a aspiração pelo alto, pelo coletivo (as comunicações, os banhos de multidão e, na linguagem do urbanista, todos os instrumentos destinados à circulação, ao transporte e à comunicação, ou seja, destinados a acelerar o movimento), e pelo baixo, pelo privado por demais privado (a intimidade, mas também a solidão).

A quadra não se resume, no entanto, a uma escala, ela é uma maneira de organizar as ligações entre diversos lugares, privados ou públicos, que compõem o espaço urbano. Se os lugares — rua/meio-fio/pátio/fundo de lote — asseguram uma transição entre escalas, eles orquestram por isso mesmo uma ligação entre o privado e o público.

---

210. Henri Gaudin, "La Ville comme œuvre", in Chris Younés (Org.), *op. cit.*, p. 279.
211. Philippe Panerai, Jean Castex e Jean-Charles Depaule, *op. cit.*, p. 12.

Mas valorizando a quadra, Haussmann "consagra, ao codificá-la, uma nova prática do espaço, onde a habitação se torna o lugar privilegiado de uma parte da vida que se privatiza e que vai progressivamente se tornar dominante".[212] A quadra fechada é considerada aqui como a instauração de um espaço que vai aspirar o público em direção ao privado, nisso fiel à análise proposta por Walter Benjamin do aburguesamento da cidade, e vai voltar a experiência urbana sobre si mesma, valorizando o dentro em detrimento do fora. "Com Haussmann, opera-se uma ruptura estratégica: a cidade é submetida globalmente à clarificação, à especialização, ao zoneamento."[213] Não é, portanto, a quadra enquanto representação arquitetural que é decisiva, mesmo se arquitetos defendem hoje a noção da quadra aberta, mas sim a reviravolta das relações do privado e do público. Em *Paris XIXe siècle*, François Loyer ressalta: enquanto o dentro privativo já triunfou sobre o fora coletivo, a inversão haussmanniana em direção ao dentro implica "um desinteresse pelo espaço público da rua — transformado em espaço de rejeição e tratado como tal: sumariamente".[214] As cidades-jardins[215], marcadas pelo espaço do *close* britânico, são uma outra manifestação dessa reviravolta da relação entre o privado e o coletivo antes que a quadra da Cidade Radiosa institua uma cisão radical entre o dentro e o fora. "A cidade-jardim realiza maravilhosamente a transição entre um espaço privilegiando os lugares públicos, onde o privado tinha necessidade de grandes estruturas, e um espaço privilegiando os lugares privados, onde o espaço público deve ser organizado."[216] Essa é a transição que faz passar da quadra ao bloco: "A unidade de urbanização marca uma nova etapa, a última, na perda das diferenças que caracteriza o espaço urbano. A sequência hierarquizada rua/meio-fio/pátio/fundo de lote que ordena o tecido antigo, já reduzida em Haussmann e em Amsterdã, comprometida

---

212. *Ibid.*, p. 152.
213. *Ibid.*, p. 144.
214. François Loyer, *Paris XIXe siècle: L'Immeuble et la rue*, Paris: Hazan, 1987, p. 213.
215. No caso do *close* britânico, o espaço interno e privado se opõe ao espaço público, simbolizado pela rua, por uma cerca específica, uma sebe ou mesmo uma porta.
216. Philippe Panerai, Jean Castex e Jean-Charles Depaule, *op. cit.*, p. 71.

em Londres e em Frankfurt, é aqui decididamente suprimida."[217] Daí a consequência: "A Cidade Radiosa é indiferente: o navio pode levantar âncora, com o sol para se orientar. A inversão foi descrita: a rua está no centro, e o fundo na periferia. Periferia tão monumental que também está na frente."[218] Com o bloco, chega-se à ideia de um elemento único, aquele da Cidade Radiosa de Marselha, por exemplo, que condensa ao mesmo tempo o privado e o público, o íntimo e a cidade sozinha. Eis um navio que singra num mar sem ambiente, e um convento onde o indivíduo está entregue a si mesmo. Um navio cujo prolongamento natural será a paixão pelas torres: "Com a ilusão de que uma habitação de grande altura é mais econômica e funciona melhor que uma construção menos elevada, grandes torres coletivas foram instaladas nos subúrbios de quase todas as grandes cidades do continente, de Antuérpia a Milão. Esse tipo de habitação de grande altura apareceu bem antes da guerra, como testemunham, por exemplo, as lúgubres torres de Drancy, perto de Paris. Todavia, a casa gigante que deu o tom aos esforços contemporâneos e que exerceu sobre os jovens arquitetos uma influência hipnótica do mais desagradável efeito é a célebre 'unidade de habitação' sobre pilotis construída em Marselha por Le Corbusier."[219]

À medida que a quadra recua, é menos um modelo urbanístico que é colocado em causa do que a inversão progressiva do privado e do público que se acelera, além da a substituição da horizontalidade pela verticalidade. O que confirmará a ideologia da Cidade Genérica formulada por Rem Koolhaas, uma ideologia que privilegia o vertical com a finalidade de criar zonas isoladas de grande densificação.[220] Não há

---

217. *Ibid.*, p. 138.
218. *Ibid.*, p. 150.
219. Lewis Mumford, *Le Piéton de New York*, intr. Thierry Paquot, Paris: Linteau, 2001, p. 143-144.
220. "O arranha-céu", diz Rem Koolhaas, "parece convocado a se tornar (na Cidade Genérica) a tipologia última e definitiva. Ele absorveu todo o resto. Ele pode se erguer por todos os lugares, em um arrozal ou no centro da cidade, pouco importa. As torres não estão mais lado a lado, mas separadas, de modo que não interagem mais. A densidade no isolamento: eis o ideal." (*Mutations*, Bordéus: Arc en Rêve – Centre d'Architecture, 2000, p. 729.)

mais tensão entre um e outro, espaços privado e público são clivados. No espaço público, o resvalamento do privado ao público, do interior ao exterior era privilegiado, ele representava a experiência motriz, mas desde então a pressão dos fluxos, aquela que vai se confirmar com a terceira globalização[221], contribui para privatizar a experiência urbana.

Eis o que prefigura a Cidade Radiosa dos engenheiros modernistas: a prevalência dos fluxos sobre os lugares caminha juntamente com a privatização do espaço público. Simultaneamente, a colocação em tensão do dentro e do fora é substituída por uma cisão entre o fora e o dentro, entre a natureza e a edificação, uma ruptura que a transparência do vidro oculta paradoxalmente. Se a Cidade Radiosa não se generalizou, ela antecipava um mundo urbano onde os fluxos prevalecem sobre os lugares, e onde a circulação é privilegiada. "Se for colocado um recipiente sobre uma mesa plana ou um edifício no meio de uma encruzilhada, dessa oposição então subsiste apenas o contraste esmagador de um dentro privado de um fora habitável, uma vez que, então, esse fora não é mais afetado a não ser pela circulação dos veículos."[222] Quando a cidade se fecha num imóvel com ares de navio, quando a cidade não é mais uma edificação, os fluxos e as diversas modalidades da circulação (automóvel, mas também circulação financeira) são mais operatórios que nunca nos espaços sobre os quais eles vêm se conectar.

Da passagem à "rua em anel"

Com o modernismo, aquele simbolizado pelo bloco, opera-se uma inversão de tendência em detrimento de toda a temática da passagem — que vai bem além da passagem parisiense ou de Nantes. Ao mesmo tempo que as funções (lazer, trabalho...) são separadas, a transparência reina como se não houvesse mais tensão entre o fora e o dentro. Assim, a janela se abre diretamente para a natureza, não saímos

---

221. O significado histórico da terceira globalização é o objeto de discussão da segunda parte desta obra.
222. Henri Gaudin, "La Ville comme œuvre", *op. cit.*, p. 291.

mais de casa para um mundo público; através de passagens, passamos diretamente de casa para fora. A rua é doravante o hall central que se encontra no interior do imóvel, um imóvel-cidade, um imóvel-navio concebido como uma nau almirante, como uma cidade sozinha. Estas palavras de Le Corbusier em *A Cidade Radiosa* — "Nós suprimimos, evidentemente, a 'rua-corredor', rua de todas as cidades do mundo [...] nunca mais pátios, mas sempre vistas amplas, de cada janela. Não há mais janela, mas paredes de vidro" — mostram bem que o bloco organiza um espaço autônomo que reúne no interior tudo o que a cidade punha em tensão no exterior. O privado e o público se combinam diretamente no mesmo instante em que o dentro e o fora (o habitat e a natureza) estão separados; o interior e o exterior estão reunidos num único lugar no mesmo instante em que a dialética do centro e da periferia perde todo seu sentido. "Nada de janela. O que, aliás, haveria para se olhar, dado que a cidade que não oferece mais nada para se ver não pode ela própria se olhar?"[223] Observa-se, portanto, uma predominância do interior e uma cisão radical com o exterior que se traduz por um contato direto com a natureza. Mas essa relação do interior e do exterior se distingue, por exemplo, daquela da cidade árabe, onde a superposição e a imbricação de espaços interiores levam a um espaço público concebido como seu prolongamento.[224] Formas urbanas heterogêneas devem ser aqui distintas: a diferença entre a cidade europeia (um interior suscetível de se abrir para um exterior autônomo), a Cidade Radiosa (uma cisão radical entre interior e exterior, uma vez que nenhum espaço público é concebível) e a cidade árabe (um espaço público que é apenas o prolongamento do interior) é significativa da possível gama de relações entre interior e exterior, entre privado e público.

A cidade, a casa exemplar ou o bloco concebidos pelo engenheiro modernista abrem-se, portanto, diretamente, ou antes brutalmente, para o exterior. A síntese do exterior e do interior é um dos três

---

223. Nicolas Soulier, in *Revue du MAUSS: Villes bonnes à vivre, villes invivibles*, n. 14, Paris: La Découverte.
224. Roberto Berardi, "Espace et ville en pays d'islam", in Dominique Chevallier (Org.), *op. cit.*, p. 99-120. Cf. também A. Khatibi, *Le Corps oriental*, Paris: Hazan, 2002.

princípios desse urbanismo, com a liberdade do projeto e a rejeição do ornamento externo. A transparência impõe-se com o vidro que não deixa de fazer fronteira: "Por todos os lugares, a parede de vidro, com vãos contínuos e parapeitos de vidro opaco, tornou-se moda; encontram-se exemplos disso depois da guerra em cidades tão diferentes quanto Londres ou Genebra."[225] O imóvel construído sobre pilotis desvaloriza os lugares de passagem desde então embutidos no imóvel, e as ruas não são mais que vias de comunicação paralelas. As torres, os *skylines*, essas prodigiosas "máquinas celibatárias", como a torre Lever em Manhattan (Von Wright), impõem-se então como uma apoteose arquitetural.[226]

Mas a área, o lugar próximo, a cultura da proximidade são ao mesmo tempo postos a perder. De fato, as funções são separadas umas das outras, como clama a teoria do zoneamento formulada por Tony Garnier, autor de um projeto de cidade utópica e de numerosas realizações em Lyon, que distingue o habitar identificado com o privado, com o lazer, com o trabalho, com as vias de circulação, etc. "A indiferença de Le Corbusier em relação ao local é velada, em seu discurso, numa concepção espetacular em que a paisagem é tudo. Da mesma forma que a Cidade Radiosa não tem nome nem lugar, a Unidade de Habitação não tem solo, ela o recusa, ela se afasta dele, se empoleira sobre pilotis, se abstrai. O pilotis, ele não é apenas um meio de elevar a edificação, de torná-la mais visível, mas é recusar que no nível do transeunte haja uma relação possível além da pura contemplação. Desde então tudo se encadeia: o pilotis caminha junto com a recusa da 'rua-corredor', a rua explode em vias diferenciadas e em ruas interiores — esta aqui não funciona nem como patamar (apartamentos demais), nem como uma rua (ausência de janela, de frente a frente, proibição de brincar...). A rua não precisando mais ser um corredor, o corredor transforma-se em rua [...] toda referência a uma vida urbana é abolida: chega de *esquina*, de *em frente*, de *ao lado*."[227]

---

225. Lewis Mumford, *op. cit.*, p. 145.
226. Hubert Damisch, *Skyline: La Ville Narcisse*, Paris: Seuil. 1996.
227. Philippe Panerai, Jean Castex e Jean-Charles Depaule, *op. cit.*, p. 138. Aqui, a inversão é total, uma vez que se exige do urbano, homem da *vita activa*, reconciliar-se com a *vita contemplativa*. Da cidade como mosteiro! Da Cidade Radiosa ao convento de la Tourette.

Nenhuma discordância, nenhuma passagem, nenhuma oscilação, nenhuma zona de fricção, mas edificações ou lugares justapostos, e não destinados a formar um conjunto. Quando triunfam "as ruas em anel" e as "cidades em anel", quando os lugares autorreferenciais são a regra, a experiência da passagem é fragilizada. Não se trata de uma ausência de mediação, mas da presença de espaços mais ou menos elaborados, de meios-fios que colocam em contato sem por isso obrigar a fazer aliança ou a tornar multidão. Na cidade, podemos esboçar passos de dança a ritmos que convidam a passar do privado ao público, a resvalar de um a outro, mas também a marcar as divergências. De nada serve recordar a cidade dos poetas, desenhar o retrato de Rimbaud nos muros da cidade concretada; de nada serve pintar paisagens fictícias e lembrar o nome dos grandes antepassados para batizar as ruas; tudo inútil, não se resolve uma cidade por decreto. Com o resvalamento de uma forma de aglomeração que assegura intervalos, limiares, passagens, que coloca em relação instável ao se manter a dupla distância tanto do privado demais quanto do público demais, o espaço urbano se fragmenta, proibindo-se todo ritmo polifônico.

Assim, o modernismo que acompanha *La Cité industrielle*, de Tony Garnier, antecipa, a seu modo, a sociedade em rede contemporânea: aquela que corresponde ao mundo pós-industrial e à revolução informática e que se define por ligações de interconexões por um lado, e por separações, fraturas, por outro. E com toda razão: só é possível conectar-se a unidades que se selecionou, só se vive entre si dentro de conjuntos que formam um todo fechado. Se o edificado radioso organiza o todo em si mesmo, se ele é uma totalidade autorreferencial, retirada de seu ambiente próximo, ele se conecta simultaneamente com totalidades do mesmo tipo. A cidade pode remeter ao fora, à natureza através da janela transparente, mas ela se tornou estranha à proximidade específica da cultura urbana. Ela empurra os limites enquanto se desliga da proximidade. Ausência de limites e recusa da proximidade, o espaço urbano não é mais um "lugar impróprio", mas um "lugar próprio". O voluntário se substitui ao involuntário, a uma experiência urbana ritmada pelo inesperado.

Se o espaço urbano não é constituído de uma miríade infinita de Cidades Radiosas, ele se conforma cada vez mais, na era da revolução pós-industrial, a um mundo que funciona de acordo com os dogmas, desde então desacreditados, do progressismo arquitetural e urbanístico. Mas os lugares não perderam sua autonomia no sentido estrito, eles devem, pelo contrário, ser estritamente autônomos para favorecer a melhor articulação dos fluxos. A evolução urbanística que leva da quadra ao bloco esclarece as características do urbano contemporâneo. De fato, a "cidade global", uma das invenções do urbano generalizado e da cultura da conexão[228], não é separável das características da cidade virtual. Nela, a gente se recolhe no privado (tanto no plano do trabalho quanto do lazer) enquanto se interconecta voluntariamente com outras cidades conectadas.

Os lugares e os fluxos: a inversão da relação

O progressismo urbanístico e arquitetônico colocou em causa a experiência urbana como tal, ou seja, a própria possibilidade de colocar em relação. O que afeta ineslutavelmente os pares que estruturam a experiência urbana: a relação de um centro e de uma periferia, a relação do interior e do exterior, a relação do privado e do público, a relação do dentro e do fora. Compreendê-lo esclarece as ligações entre as metamorfoses do urbano e a constituição progressiva da sociedade em rede. Esta, a que acompanha a terceira globalização, configura tendências próprias do movimento modernista e do urbanismo ocidental.

Por um lado, ela segmenta, fraciona; por outro, ela reúne indivíduos próximos em cidades homogêneas. Uma vez que ela não coloca mais em relação, ela organiza logicamente tipos de agrupamento e de agregação homogêneos. Essas duas características têm consequências: o que não é integrável é jogado fora, e a urbe reúne num único objeto a cidade inteira. A continuidade, do interior e do exterior, do privado e do público, triunfa apenas aparentemente sobre a descontinuidade, a oposição do dentro e do fora doravante se impõe. Não há mais entrada dentro nem saída fora da cidade, a ideia de hospitalidade que

---

228. Cf. a segunda parte, p. 182-186.

acompanha a cidade-refúgio desaparece em benefício de agrupamentos formados por afinidade nos centros de cidades, de comunidades étnicas em zonas de segregação ou de agregações nas Cidades Radiosas reduzidas a uma edificação ou a uma cidade global. Todos esses fenômenos ocorrem naturalmente no contexto de uma terceira globalização que recoloca em causa o modelo de integração próprio das sociedades industriais, o que não deixa de afetar a dimensão política da própria cidade. Mas Julien Gracq sugeriu: a experiência poética da cidade, indissociável de uma experiência física e mental, caminha junto com a experiência da liberdade e da libertação. Eis realmente o que pesa sobre as atribuições da democracia, da qual a cidade não é mais um dos canais de irrigação.

Estaríamos prestes a resvalar para um mundo onde reina o urbano generalizado em detrimento da urbanidade de ontem e de seus ritmos específicos? Se a necessidade de ir mais rápido e de ganhar tempo, se a possibilidade de viver em tempo real e à velocidade da luz modificam nossa experiência corporal, seria preciso por isso sacrificar o ritmo urbano de ontem? A inversão está de fato completa quando a passagem dá lugar a experiências em tempo real. A sociedade em rede amplifica e generaliza o que até então dizia respeito apenas a uma unidade ou a uma edificação, no caso da cidade modernista. A interconexão favorece em nível global uma separação de espaços e de funções que se duplica com a concentração do privado e do público em um mesmo lugar. O modernismo é então objeto de um processo frequentemente encantatório ao mesmo tempo que a reterritorialização ligada à terceira globalização celebra sua vitória. A sociedade em rede permitiu flexibilizar a visão futurista articulando o espaço dos fluxos e o espaço dos lugares exclusivamente em benefício dos primeiros. Como qualificar essa nova urbanidade? O urbanismo contemporâneo é duplo, ambíguo, uma vez que ele privatiza e fragmenta, sobretudo porque interconecta lugares privilegiados. Enquanto as cidades clássicas, por mais idealizadas que sejam, são polos autônomos e dão forma a uma cultura de limites e de proximidade, o urbanismo de rede interconecta os espaços próprios à rede em detrimento dos outros. A proximidade pode ser ignorada quando os limites urbanos caem. O fora e o dentro são então radicalmente separados: estamos dentro ou fora, a experiência urbana, a que dobra indefinidamente o dentro e o fora, o fora e o dentro, está como que enferma, ela se imobiliza ante o risco do informe.

Então estaria tudo definido? Estaríamos nós na pós-cidade? Estaríamos nós, com a sociedade das telas, no pós-cinema, uma vez que cinema e cidade têm afinidades eletivas e uma história paralela? Entre *Week-end* e *Alphaville*, não antecipou Jean-Luc Godard a cidade catástrofe? E *Alphaville*, esse título de filme, não se tornou paradoxalmente o nome de cidades privadas na América Latina?[229]

"Não se perguntará hoje se a cidade foi celebrada ou refletida pelo cinema ou se, entre esses dois reinos de sombras e de luzes, houve cumplicidade. De uma maneira mais exemplar, e como que para provocar, afirmar-se-á que 'o cinema pertence à cidade' e que, assim como ele não a precedeu, ele não lhe sobreviverá. Mais que solidariedade, um destino comum. Por um lado, a cidade se apaga diante da 'paisagem urbana', tecido suburbano de megalópoles com suas periferias; por outro, o cinema se esfuma diante da 'paisagem audiovisual', universo desritualizado da comunicação obrigatória e simultânea. Houve — e ainda há — um mundo de 'antes' do cinema como haverá — já há — um mundo do 'depois' do cinema. Ou seja, de antes e depois das cidades."[230] Mas, para além da questão da cidade, da oposição do fluxo e do lugar, do reino do urbano, da pós-cidade, a questão das atribuições da condição urbana volta em primeiro plano. A beleza do morto! Enquanto arquitetos procuram reconquistar sua autonomia e o urbanismo se esforça para se assentar, para achar contrapartidas para seus vícios chamando os paisagistas em seu socorro, o mais urgente é reatar com a experiência urbana. Há, entretanto, uma condição: colocar em cena esse urbano generalizado em sua homogeneidade em sua heterogeneidade, em sua ilimitação territorial e em sua capacidade

---

229. A primeira *Alphaville*, assim denominada em homenagem a Jean-Luc Godard, foi construída no início dos anos 1970 a 25 quilômetros do centro de São Paulo. Outras *Alphavilles*, outras tantas cidades residenciais cercadas, foram edificadas depois em Belo Horizonte, Rio de Janeiro e Porto Alegre.

230. Serge Daney, "Ville-ciné et télé-banlieu", in *Cités-Cinés*, Paris: Ramsay/La Grande Halle/Villette/Le Cerf, 1987, p. 837.

de separação. O urbano rompe com uma cultura dos limites, mas esse desejo de ilimitação está na origem de limites inéditos, tanto mentais quanto físicos. Ainda não é preciso acreditar que "a condição urbana efetiva", a cartografia territorial tomando forma sob nossos olhos[231], põe definitivamente um fim à experiência urbana, à "condição urbana" entendida como uma experiência de múltiplas dimensões.

---

231. Cf. a segunda parte, p. 185-197.

SEGUNDA PARTE

A CONDIÇÃO URBANA II

A pós-cidade ou as metamorfoses do urbano

Prelúdio

"Não existem tantos seres, tantos papéis urbanos, quanto cidades?"[1] *Se toda cidade é singular, se o tipo ideal da cidade jamais conheceu a realização perfeita, se não há uma boa definição de cidade a despeito do papel histórico da tradição utópica, a condição urbana, entendida em seu primeiro sentido, assenta-se sobre um paradoxo:* aquele de um espaço finito e limitado que torna possíveis práticas infinitas. *A urbanidade, a vida comum e pública, caminha junto com uma cultura dos limites indissociável de uma entidade circunscrita que coloca em relação um fora e um dentro, valorizando assim uma proximidade.*

Ora, a condição urbana contemporânea, e esse é seu segundo sentido, tende doravante a se confundir com o que se chama "o urbano generalizado", "a cidade genérica", ou seja, com uma ausência de limites e de descontinuidade que desfaz a velha oposição entre cidade e campo, entre fora e dentro. Quando a continuidade triunfa, e com ela uma extensão e um escalonamento dos territórios urbanos, os fluxos então condicionam a organização das entidades urbanas, as cidades, que perdem sua autonomia e não se preocupam mais com sua proximidade. A condição contemporânea do urbano torna aparentemente arcaico o tipo-ideal da cidade: a uma cultura de limites segue-se, não sem violência, a ausência de limites, a potência do ilimitado. Quanto mais o urbano é "generalizado", menos as cidades são espaços autônomos, lugares de integração e de libertação. Daí as expressões legítimas de "pós-cidade" e de "urbano generalizado" que designam um duplo fenômeno: de um lado, a prevalência de fluxos

---

1. Fernand Braudel, *L'Identité de la France* (1986), Paris: Flammarion, 2000, p. 179.

de toda ordem, começando pelos transportes e pelas telecomunicações, a proeminência da rede sobre a cidade concebida como entidade delimitada orquestrando a relação entre um centro e uma periferia, em suma, o reino da continuidade territorial; e, de outro lado, a transformação dos espaços urbanos em lugares submetidos à pressão externa dos fluxos. Essa inversão, indissociável da técnica ocidental e do desejo de controle do urbanismo, foi exacerbada pela terceira globalização. Daí um segundo paradoxo do urbano, aquele que corresponde ao desenvolvimento do fenômeno metropolitano e à urbanização contemporânea: um espaço ilimitado que torna difíceis, mesmo impossíveis, trocas e trajetórias; um espaço que favorece práticas limitadas e segmentadas. *Desde então, esse espaço não privilegia mais uma dialética do dentro e do fora, e ele favorece um escalonamento que dá lugar a fragmentações, mas também a uma prevalência das trocas entre periferias em detrimento das ligações com o centro.*

De fato, o reino do ilimitado e a continuidade territorial caminham junto com uma dinâmica de fragmentação que ocorre entre os lugares e no seio dos lugares. O urbano generalizado, a continuidade urbana, é acompanhado por uma hierarquia entre os espaços urbanos (estes estão mais ou menos bem conectados à rede global), mas também por uma separação crescente no seio dos próprios lugares. O desaparecimento de uma cultura urbana dos limites dá lugar a várias hipóteses, a uma variedade de "cidades-mundo" da qual a metrópole *(a cidade multipolar), a* megacidade *(a cidade informe) e a* cidade global *(a cidade recolhida sobre si mesma) são os casos extremos. Enquanto a condição urbana, entendida no primeiro sentido, fazia a ligação entre um fora e um dentro (a cidade como um lugar onde é possível se integrar, mas do qual também se pode sair), o urbano generalizado, indissociável de uma dinâmica metropolitana, dá lugar a cidades ilimitadas que se desdobram por dentro ou a cidades que se fecham sobre si mesmas; dá lugar a essas cidades ditas globais que se contraem para melhor se conectar aos fluxos.*

I
A reconfiguração dos territórios

Ambiguidades do urbano

A condição urbana generalizada está na origem de um sistema urbano globalizado que privilegia as redes e os fluxos, contribuindo assim para distinguir os lugares entre si, para hierarquizá-los e, sobretudo, fragmentá-los. A globalização urbana não é acompanhada, portanto, do "fim dos territórios" profetizado por alguns, mas por uma "reconfiguração territorial" na qual o futuro das cidades globais, megacidades, metrópoles e megalópoles caminha junto com novas economias de escala. Seja nas cidades europeias ou naquelas situadas noutros lugares do planeta — Cidade do México, Istambul, Cairo, Xangai, Manila ou Buenos Aires —, o futuro urbano não permite ceder ao idealismo de uma cidade democrática que, protegida e invulnerável, não sofreria os choques da globalização no plano territorial. Este inverte as tendências de longo alcance, favorecendo o primado dos fluxos sobre os lugares, a privatização em detrimento da vida pública, e privilegiando a separação, o desmembramento ou o abandono. "Não saberíamos, de fato, nos ater a uma maneira de fenomenologia etnocêntrica", escreve, por exemplo, Hubert Damisch, "que se alimenta de imagens da cidade europeia propostas pela literatura e pela iconografia, favorecendo os dados conscientes da abordagem do fenômeno urbano."[2] O tipo do urbano, doravante mundialmente partilhado, faz resvalar de uma cultura urbana, originalmente europeia e duplamente marcada pela vontade de circunscrever limites e por um respeito da proximidade,

---

2. Hubert Damisch, "Fenêtre sur cour", in *La Ville: Art et architecture en Europe, 1870-1993*, Paris: Centre Pompidou, 1994.

a um "planeta urbano" que empurra os limites, no duplo sentido da megacidade (ilimitação demográfica, abandono humano...) e da cidade global (aquela que tem a ver com os fluxos e com a ilimitação do virtual). A questão urbana foi longamente abordada apenas sob o prisma de debates estéticos relativos ao urbanismo e à arquitetura, e desde então ela está no cerne da questão social. A "luta dos lugares", a "luta pelos lugares" de que falam os urbanistas italianos, não deixa ninguém indiferente. Mas bastaria constatar o resvalamento de um espaço orgânico circunscrito por um lugar urbano a um espaço globalizado de que os fluxos são os motores? Ou realmente seria necessário examinar os lugares que os fluxos geram desde então?

Se as competências da *vita activa* urbana estão ligadas a uma experiência densa porque multidimensional e estratificada, essa experiência — frequentemente circunscrita seja à cidade do Renascimento italiano ou hanseático, seja à cidade industrial do século XIX, de que Paris e Londres são símbolos — desde então faz falta no contexto de um sistema urbano globalizado. Certamente, ainda é permitido desfrutar da cidade, mas o prazer urbano é doravante o feito de uma cultura patrimonial de caráter enganoso. A cidade se confunde então com um museu, e a série das grandes exposições consagradas pelo centro Beaubourg a grandes cidades foi testemunha disso. A visita dessa galeria de grandes cidades do século XIX e XX dava a estranha impressão de que um mundo estava acabando, aquele do qual Paris foi a capital no século XX, aquele de Moscou e de Berlim, cidades oprimidas e abaladas pelo poder, mas também aquele de Nova York, o da vanguarda arquitetural celebrada por Claudel, que devia desmoronar momentaneamente em 11 de setembro de 2001 sob os golpes do terror. Essas exposições que colocaram em cena as grandes cidades ocidentais alimentaram a nostalgia.

Mas por que somos tão sensíveis a esse mundo urbano prestes a desaparecer? Por que nos precipitamos aos museus da cidade e às cidades-museus? Por que esses catálogos, esses guias que devoramos para encontrar o sentido das ruas em Roma, em Praga ou alhures? É um logradouro que nos falta, um tipo de território que se deserta? Uma vez que a experiência urbana, a que entrecruza uma poética, uma

> **URBS E CIVITAS**
> A cidade como ideia e realidade espacial
>
> No século XVI, os autores e editores de vistas de cidades, bem como os geógrafos, dispõem de dois termos e de dois conceitos para designar seu objeto: a *urbs* e a *civitas*. A distinção entre esses dois conceitos é tão importante quanto a maneira pela qual eles são articulados um ao outro. Enquanto *civitas*, a cidade é considerada como uma entidade política que se define pelo tipo de associação que ali foi realizada entre seus habitantes. Na esteira das concepções de Aristóteles e de Cícero, ela é designada como *res publica*, ou seja, pela lei e, mais geralmente, pelo tipo de jurisdição que a controla. Ela é também definida, na continuação de Santo Agostinho, como a manifestação de uma fé comum (religião). A noção de *civitas* significa a comunidade política e religiosa tal como foi desenvolvida na urbe. Considerada como *urbs*, a cidade é um conjunto de barreiras e edificações, ela é um espaço delimitado, organizado e edificado. Mas ela é primeiramente um recinto [...]. A cidade é ao mesmo tempo uma urbe e um espaço construído, uma organização política e um espaço organizado, uma ideia e uma realidade espacial.[*]
>
> [*] Jean-Marc Besse, "Vues de ville et géographie au XVIe siècle: Concepts, démarches cognitives, fonctions", in Frédéric Poussin (Org.), *Figures de la ville et construction des savoirs: Architecture et urbanisme, géographie*, Paris: CNRS, 2005, p. 27.

cênica, uma política, a que imbrica privado e público, associava "naturalmente" a *urbs* e a *civitas*, um lugar e uma maneira de ser, uma forma urbana e um tipo de homem, uma urbanidade em suma, é bem essa dissociação, esse divórcio progressivo da *urbs* e da *civitas* que inquieta.

Confrontada a esse sentimento de uma regressão da urbanidade, a crença em uma arquitetura genial e salvadora é uma ilusão, do mesmo modo que o processo dos engenheiros progressistas levados pelo movimento dos CIAM não regulará o problema de um urbanismo que não consegue mais "fazer cidade" no sentido em que se "faz sociedade".

Não, apenas pode impeli-la a convicção de que uma maneira de se agrupar em um mesmo lugar, de se colocar em relação, de fazer parte de um espaço comum não é mais "dada", "assegurada", e que é preciso reconquistá-la. A urbanidade de um lugar exige que dali em diante sejam levadas em conta métricas (as cidades organizadas em rede e as cidades organizadas em territórios) e escalas (escalões locais, nacionais, zonais, mundial).[3]

Mas, para além dessa constatação, francesa ou europeia, cujas consequências políticas são mal percebidas, dificilmente previstas, a cartografia mundial dos territórios convida a uma dupla e brutal tomada de consciência: a de que a cultura urbana, que exige proximidade e descontinuidade, é uma raridade quando o urbano contínuo e generalizado é a regra; mas também a consciência de um desenvolvimento urbano descontrolado que toma de assalto o mundo extraeuropeu, extraocidental. Na Europa, as cidades, algumas cidades, ainda se portam mais ou menos bem, mas é no mundo extraeuropeu que a sorte do urbano está sendo lançada. Lá, longe de nossas "configurações" urbanas, a cidade ameaça tornar-se informe. Lá, a cidade "energúmena", no sentido em que Jean-François Lyotard falava de um "capitalismo energúmeno", sai de si mesma, repele seus limites.

Uma vez mais, as palavras às quais se recorre para falar do urbano e da cidade precipitam a confusão. Qual termo privilegiar? Devemos falar paradoxalmente de "urbano" num mundo sem urbanidade ou recorrer às expressões "pós-industrial", "pós-urbano", até mesmo "sociedade em rede"? Se Françoise Choay por sua vez se refere às expressões "civilização urbana", "urbano", "pós-cidade" como sinônimos, na verdade ela já evocava em 1970 o "pós-urbano".[4] Quanto a Manuel Castells, ele valoriza a noção de "sociedade em rede", que é objeto de críticas por parte daqueles para quem as redes de cidades existem há muito tempo

---

3. Jacques Lévy, "Territoires et réseaux", in Thierry Paquot (Org.), *Le Monde des villes: Panorama urbain de la planète*, Bruxelas: Complexe, 1996, p. 380-382.

4. Françoise Choay, "Post-urbain", in Françoise Choay e Pierre Merlin (Orgs.), *Dictionnaire de l'urbanisme et de l'aménagement*, Paris: PUF, 1996. Cf. também Françoise Choay, "L'Histoire et la méthode en urbanisme", in *Annales ESC*, Paris: Armand Colin, jul./ago. 1970.

como uma das principais atribuições da relação comercial. Mas o "pós--urbano" ganha todo seu sentido quando é relacionado à ideia de uma era "pós-industrial", como sugerem Daniel Bell ou Melvin Webber, que falam de um *post-city age*.⁵ Se o pós-urbanismo remete à era pós--industrial, sua característica é, segundo Melvin Webber, o desenvolvimento das comunicações (no duplo sentido dos transportes e das telecomunicações) e a desaceleração dos fluxos.⁶ Se essa congruência das eras "pós-urbana" e "pós-industrial" nem sempre é levada em conta, um economista como Pierre Veltz fala, por seu turno, de "novo mundo industrial"⁷, sob o risco de não prever suficientemente as rupturas que acompanham a terceira globalização histórica. De fato, a prevalência dos fluxos sobre os lugares não é um critério de análise suficiente da nova categoria mundial. Só podemos compreender suas principais competências ressaltando paralelamente o papel da "privatização" que, indissociável da liberalização econômica, também afeta a maneira de ser em sociedade. Daí o interesse em examinar o movimento de reterritorialização em curso: a desterritorialização, aquela que está ligada à abertura econômica e à mudança do papel do Estados, é indissociável de uma reterritorialização que empurra, segundo modalidade diversas, os limites espaciais da cidade. Esta exacerba tendências que já foram o motor de um urbanismo, de Haussmann aos engenheiros dos CIAM, marcado por um desejo de racionalização e de regularização. Essas tendências, perceptíveis na genealogia do urbanismo ocidental, inverteram as hierarquias que fundamentavam a experiência urbana — a prevalência do centro sobre a periferia, dos lugares sobre os fluxos, do público sobre o privado — e valorizaram a separação em detrimento da conflitualidade e da heterogeneidade. Se a terceira globalização cria uma ruptura histórica, ela consiste, para além da inversão entre os fluxos e os lugares, em reforçar o movimento da privatização e o processo de separação que o urbanismo já havia posto em movimento.

---

   5. Melvin M. Webber, *L'Urbain sans lieu ni bornes*, pref. e com. Françoise Choay, La Tour d'Aigues: Aube, 1996.
   6. Sobre a transformação das paisagens ligada à técnica, cf. Marc Desportes, *Paysages en mouvement*, Paris: Gallimard, 2005.
   7. Pierre Veltz, *Le Nouveau Monde industriel*, Paris: Gallimard, 2000.

Depois de ter lembrado que nós não estamos vivendo uma globalização como outras no plano histórico, e de ter comparado a atual com as duas precedentes, será preciso examinar as múltiplas faces urbanas da globalização. A terceira globalização histórica acompanha um processo de ilimitação que, se voltando contra a cultura urbana, empurra os limites e não se preocupa com a proximidade. Essa capacidade de empurrar os limites dá lugar essencialmente a duas hipóteses, a duas cidades principais: por um lado, aquela que é ilimitada no plano espacial, uma cidade fora dos muros; por outro, aquela que se limita para melhor encontrar uma relação imediata em um espaço-tempo globalizado, a cidade dentro dos muros. A cidade sem limites se desdobra ao infinito: é a cidade-mundo, a megacidade; a cidade que se limita, se contrai, se fecha para melhor escapar a seus próprios limites: é a cidade global. Mas, a julgar pela evolução rápida das metrópoles e pela variedade de roteiros, o futuro urbano não se reduz a esses dois tipos de cidade.

A terceira globalização

Falar da cidade na era da globalização exige, portanto, uma vez mais, que nos demoremos sobre palavras e que nos esforcemos para avaliar as diversas situações às quais elas remetem. Enquanto é de bom tom caçoar do termo "globalização", enquanto os historiadores sentem um prazer maldoso em evocar o "global-blá-blá-blá", em lembrar que só há rupturas qualitativas e que essa nova globalização não tem qualquer caráter inédito[8], demorar-se sobre as mutações históricas contemporâneas permite compreender por que elas afetam a esse ponto os territórios e os espaços. A que remete a globalização contemporânea? Como caracterizá-la? Quais são os critérios que tendem a melhor qualificá-la? Não seria ela apenas uma nova sequência de um movimento de globalização muito antigo que sempre acompanhou as

---

8. Thierry Dutour, "La Mondialisation, une aventure urbaine: Du Moyen Âge au "Global-blabla", in *Vingtième Siècle – Révolution Urbaine et Mondialisation*, Paris: Sciencies-Po., n. 81, jan./mar. 2004.

relações comerciais? Não seria ela apenas a tradução da abertura do mercado? Não existiria aí somente uma visão comercial ou econômica de um fenômeno profundamente histórico do qual a geografia é hoje o analista privilegiado? Nós vivemos a gênese de uma terceira globalização que as reconfigurações territoriais podem esclarecer em comparação com a organização mais antiga do território.

A primeira globalização histórica foi ligada, no fim da Idade Média e no início do Renascimento, à emergência de economias-mundo capitalistas que Fernand Braudel imaginava num modo ternário — um centro, uma periferia e uma semiperiferia —, e que tinham, portanto, um aspecto territorial. Essa primeira globalização ganha impulso com os grandes descobrimentos no século XV, e ela se baseia em cidades comerciais e marítimas que criam uma "rede" entre si.[9] Daí a antiga noção de cidade-rede" (no sentido em que há redes de cidades, comércio marítimo, ligação entre cidades), que se distingue da "cidade em rede" contemporânea, aquela na qual os fluxos organizam lugares urbanos tornados aleatórios, móveis e flutuantes. Na época da primeira globalização, os armadores organizavam os fluxos (comércio, transporte, informação estocagem de produtos e de informações), eles são seus senhores; o comércio conserva, portanto, uma autonomia em relação a estes.

Se a primeira globalização histórica é um fenômeno econômico indissociável da cidade mercantil, a que acompanha no plano político o desenvolvimento das liberdades comunais, a segunda globalização histórica corresponde por sua vez à emergência, entre 1870 e 1914, da sociedade industrial que é fruto da revolução industrial no plano tecnológico. Dinamizada pelos Estados e pelas nações, ela foi engendrada por políticas industriais e pelo papel motor dos governos. A evolução histórica e geográfica sendo muito pouco homogênea, o contraste é impressionante no plano mundial entre sociedades industriais em vias de metamorfose,

---

9. Em *Les Trois Mondes*, Jacques Attali relacionou cidades a invenções tecnológicas importantes: Bruges e o leme de cadaste, Veneza e a caravela, Antuérpia e a imprensa, Gênova e a contabilidade, Amsterdã e a flauta [um tipo de barco], Londres e a máquina a vapor, Nova York e o automóvel e depois o motor elétrico. Cf. François Ascher, *Métapolis ou l'avenir des villes*, Paris: Odile Jacob, 1995, p. 291.

como a França e a Alemanha, onde a crise dos empregos afeta essencialmente o setor industrial, e um país como a China, que canaliza as tarefas industriais por intermédio de deslocalizações ligadas ao baixo custo de sua mão de obra e à política voluntarista do Estado. Enquanto se acredita que seja impossível erradicá-la das nossas regiões ainda sustentadas pela glorificação enganosa das Trinta Gloriosas, a sociedade industrial se compõe alhures, noutros continentes.

Quanto à terceira globalização, ligada, entre outros fatores, às novas tecnologias e à revolução econômica iniciada nos anos 1960, ela inaugura rupturas históricas importantes fundindo a diversidade "das economias-mundo" em "uma única economia-mundo". É essa fusão que permite qualificá-la como "global". A relação das cidades com o Estado encontra-se, nesse contexto, em frentes inversas em comparação com o contexto da sociedade industrial. De fato, o Estado não possui mais um papel importante e central: ele não é mais o motor de uma política industrial. Se o enfraquecimento do Estado é característico, ele pode reforçar, como é o caso na França, o poder das cidades que foram tradicionalmente aspiradas pela potência do Estado central e pelo poder da grande corporação (*les Ponts et Chaussées*) que deliberava sobre as escolhas urbanas.

Um futuro multifacetado

Mas essa terceira globalização não se reduz, como quer a vulgata, a um fenômeno estritamente econômico (neste caso, o da globalização) e à redução do papel do Estado, consequência última da revolução liberal. Ela tem consequências observáveis em outros planos, que se entrecruzam, mas não necessariamente se superpõem numa lógica causal. Se esses diversos planos — cultural, político, migratório, jurídico e certamente territorial — dependem dos fluxos que lhes correspondem, se eles acompanham a passagem do "social como sociedade" a um "social como mobilidade"[10], eles não exercem a mesma

---

10. A propósito dessa ruptura, cf. John Urry, *Sociologie des mobilités: Une nouvelle frontière pour la sociologie?*, Paris: Armand Colin, 2005.

capacidade de pressão. Daí o interesse em examiná-los separadamente e em especificar, no caso que nos interessa, os fluxos territoriais, chave de compreensão da reconfiguração dos territórios. Como a própria experiência urbana, a terceira globalização é ainda mais desconcertante, difícil de entender, até mesmo caótica, sobretudo porque é estratificada e multidimensional. Se Daniel Cohen reserva o termo "globalização" à única abertura "global" do mercado, ele evoca paralelamente os três outros critérios que acompanham essa globalização econômica: a generalização da economia dos serviços, a revolução pós-fordista no domínio da organização do trabalho e a revolução tecnológica ligada à eletrônica e à internet (aquela que dá sequência às duas revoluções tecnológicas precedentes, a máquina a vapor no fim do século XVIII e a eletricidade no fim do século XIX).[11] Seja qual for o plano considerado, a terceira globalização não se caracteriza por uma articulação hierárquica e piramidal em termos de centro e de periferia, mas por uma oscilação entre ilimitação e limitação. Aqui, a limitação não tem mais o objetivo de criar um quadro político e integrador (urbano ou estatal), mas o objetivo de responder a uma ilimitação primeira, aquela dos fluxos globalizados. Passa-se desse contexto de um mundo marcado pela verticalidade a um mundo que privilegia a horizontalidade, falsamente contínua, criada por descontinuidades, por rupturas, por discordâncias de um tipo inédito.

Um novo regime de crescimento. No plano econômico, o mais frequentemente aventado, uma vez que o termo "globalização" designa primeiramente a globalização econômica, os elementos motores são os seguintes: as infraestruturas que representam as novas tecnologias, um movimento de individualização do assalariado e sua extensão espacial que possibilitaram a transferência de empresas industriais, até mesmo pós-industriais, e a financiarização do capital, o papel da cotação em Bolsa e o nascimento de um acionariado que se afasta do capitalismo fa-

---

11. Cf. Daniel Cohen, *La Mondialisation et ses ennemis*, Paris: Grasset, 2004. A terceira globalização histórica corresponde, portanto, à terceira revolução industrial, caracterizada pela internet e pelas biotecnologias.

miliar associado à grande indústria.[12] No plano histórico, essa revolução econômica acompanha o regime de crescimento que emergiu nos Estados Unidos nos anos 1990. As novas tecnologias, o motor decisivo das mutações em curso, incidem essencialmente sobre os fluxos, aqueles das telecomunicações, dos transportes, que dependem, eles próprios, da evolução rápida da informática e da multiplicação das telas. Longe de corresponder a técnicas abstratas, essas tecnologias individualizam o consumo exagerado e multiplicam ao infinito os meios de provocar desejos. Mas, igualmente longe de ser o motor de um individualismo desenfreado, elas organizam a sociedade de acordo com um modo seletivo e eletivo que se distingue do sistema piramidal específico da grande empresa industrial, marcada pelo fordismo e pelo taylorismo. A rede técnica organiza analogicamente a sociedade em redes e modifica em profundidade a relação com o real, o que não deixa de afetar a própria capacidade de habitar.

Globalização política e enfraquecimento do papel integrador do Estado. A terceira globalização tem igualmente como característica fragilizar o papel do Estado, motor de uma ação pública doravante em vias de privatização. Enquanto a revolução pós-industrial inverte agora as prioridades do centro e da periferia, o Estado central é fragilizado. Mas esse enfraquecimento, indissociável da abertura do mercado e da conexão nas redes da economia mundial, não significa que não haja mais nenhum papel a representar. Suportado durante algum tempo por uma ideologia — o neoliberalismo — e por um catecismo — o consenso de Washington, que ressaltava o desaparecimento do Estado em benefício unicamente dos atores econômicos —, o encolhimento do Estado no plano econômico não impede de definir de outra maneira suas missões. Para Ulrich Beck, assistimos a uma reorganização das ligações entre

---

12. Cf. André Orléan, *Le Capitalisme financier*, Paris: Odile Jacob, 1999; Michel Aglietta e Antoine Rebérioux, *Dérives du capitalisme financier*, Paris: Albin Michel, 2004; Jean-Louis Gréau, *L'Avenir du capitalisme*, Paris: Gallimard, 2005. As duas principais evoluções do capitalismo (a revolução dos direitos de propriedade, que favorece a cotação da criação de valor para o acionário: a desintermediação do financiamento das empresas) transformam essencialmente o regime patrimonial da empresa.

os três níveis do supranacional, do infranacional e do nacional, que as afeta simultaneamente.[13] A sociedade "aberta", em todo caso no sentido dos mercados, que dinamiza a globalização, exige do Estado que ele responda às exigências de segurança, isto é, que ele mantenha um sistema de solidariedade entre os indivíduos por meio da segurança mais que da corresponsabilização dos riscos. O que não deixa de ser paradoxal: enquanto o Estado previdenciário foi inventado para responder solidariamente a alguns riscos, o Estado do qual se exige que assegure a segurança define de outra forma o perímetro dos riscos. À abertura do mercado não corresponde o desaparecimento do Estado e do poder, mas a instauração de um Estado securitário que funciona menos como um Estado disciplinar que como um poder que corresponde às expectativas dos indivíduos.[14] É por isso que se pode falar de um Estado liberal-autoritário, de um Estado cujo enfraquecimento da ação no plano econômico tem como contrapartida a capacidade de fazer respeitar a segurança (nacional e internacional). Mas, ainda mais decisiva, a crise da capacidade de integração está no cerne dessa transformação. À sua maneira, o Estado sofre as consequências do fracasso do modelo piramidal, mas também do insucesso da missão integradora de que a cidade é o símbolo. Enquanto que antes ele associava o poder e a autoridade, doravante ele desenvolve poderes que não têm necessidade de criar autoridade (a segurança tornada consensual) e autoridades (as diversas instâncias de regulação) sem poder.[15] Para além da discussão sobre o papel concedido desde então às cidades e aos Estados, as metamorfoses do urbano consomem hoje o ideal da integração republicana que se baseia num modelo cívico e numa linguagem urbana.[16]

---

13. Ulrik Beck, *Pouvoir et contre-pouvoir à l'ère de la mondialisation*, Paris: Aubier, 2003; Jean-François Bayart, *Le Gouvernement du monde*, Paris: Fayard, 2004.
14. Cf. Michaël Foessel, "Légitimation de l'État: De l'Affaiblissement de l'autorité à la restauration de la puissance", in *Esprit*, mar./abr. 2005.
15. "Raisonner les pouvoirs: du governement à la 'gouvernance'", in Alain Supiot, *Homo juridicus: Essai sur la fonction anthropologique du droit*, Paris: Seuil, 2005.
16. A linguagem da exclusão (os incluídos e os excluídos da cidade) tem uma conotação urbana explícita.

Globalização cultural. Estariam a abertura do mercado e a universalização do capitalismo unificando o planeta na globalização?[17] No plano qualificado de cultural, assiste-se a um duplo processo de unificação e de fragmentação que corta a ligação entre liberalismo e demanda de segurança. A um mercado que unifica os comportamentos dos consumidores, a uma unificação tecnológica que desempenha um papel principal, corresponde uma consideração do fator identitário, um substituto do cultural, que enfatiza o fator comunitário, aquele que recorre à etnia, à religião, à civilização, mas também à nação, para designar modalidades de pertencimento a uma comunidade. Ora, no contexto de um enfraquecimento integrador do Estado e da cidade, assiste-se a reagrupamentos comunitários tanto no Ocidente quanto nos países não ocidentais. Esse fenômeno universal de comunitarização não é separável da dinâmica do entre-si e da lógica de separação que acompanham a globalização. Enquanto a cidade, como o Estado, é *de facto* menos integradora, as comunidades representam um papel importante, podendo levar tanto a retraimentos comunitários, a reivindicações étnicas, quanto a agregações no modo do entre-si das elites globalizadas e cosmopolitas. Nesses diversos casos, a adesão a uma comunidade política pode ser questionada. A universalização cultural suscita indiretamente uma tendência à comunitarização, que oscila entre movimentos de etnização e movimentos de "agregação de pares", entre uma secessão involuntária (os guetos) e uma secessão voluntária (os condomínios fechados). Essa globalização cultural, indissociável de movimentos de população, de diásporas e de dinâmicas migratórias, transtorna uma "gramática das civilizações" até aí percebida numa linguagem hegeliana, ou seja, segundo a ideia de que a Europa e o Ocidente orientam, no duplo plano geográfico e histórico, a história do mundo, até mesmo representando seu resultado. Sistema de fluxos, os movimentos migratórios estão na origem de movimentos de população em que o fenômeno diaspórico torna delicadas as perspectivas de

---

17. A questão foi colocada desde a primeira globalização histórica. Cf. Serge Gruzinski, *Les Quatre Parties du monde: Histoire d'une mondialisation*, Paris: La Martinière, 2004.

integração e privilegia o prisma comunitário.[18] Mesmo que o império americano seja apontado como detentor de um mal universal, aquele que se reduz ao capitalismo globalizado e a seus interesses, uma nova "gramática das civilizações" organiza diferentemente as relações identitárias em um contexto que autores não europeus qualificam de "pós-colonial" ou de "pós-europeu".

Reconfiguração dos territórios. A globalização em curso afeta diretamente os territórios, seja sob a forma das cidades globais (onde domina a lógica do entre-si), das megacidades (onde a dimensão étnica é decisiva) ou de comunidades de caráter inédito. Indissociável da economia (a cidade global), da tecnologia (a cidade virtual), da reestruturação do Estado (as novas formas de governo valorizam as entidades urbanas, as regiões, e fragilizam os Estados centralizadores), o movimento de reterritorialização possui particularidades consideráveis. É absolutamente necessário comparar os lugares, distinguir a singularidade estética e humana de cada um deles, é forçoso entender os movimentos básicos que fundamentam a reconfiguração contemporânea dos territórios. Se o "urbano generalizado" caminha junto com a prevalência dos fluxos, se os lugares estão interconectados, se é possível se conectar a qualquer outro ponto da rede, ceder à ilusão de um mundo unificado e em vias de solidarização é de fato enganoso. Realmente, se a fragmentação em curso pede contra-ataques políticos, o urbano se fragiliza ainda mais à medida que as tecnologias corroem a relação urdida com o real, com o ambiente imediato, em suma, a relação com um mundo que é preciso habitar. Não é um acaso se a geografia e o urbanismo são hoje disciplinas muito procuradas, a despeito de seu papel marginal na vida intelectual francesa.[19] O caráter concreto, físico

---

18. Para Saskia Sassen, a terceira globalização transforma a natureza dos fluxos migratórios em um sentido ao mesmo tempo mais móvel e diaspórico. Cf. "Géo-économie des flux migratoires", in *Esprit*, dez. 2003.

19. Em relação ao que se segue, podemos nos referir a diversas obras: Laurent Carroué, *Géographie de la mondialisation*, Paris: Armand Colin, 2002; Jacques Lévy, *Europe: Une Géographie*, Paris: Hachette, 1997; Michel Foucher (Org.), *Asies nouvelles*, Paris: Belin, 2002; e vários números da revista *Hérodote*: *Géopolitique des Grandes Villes* (n. 101, 2º trim. 2001), *Géopolitique de la Mondialisation* (n. 108, 1º trim. 2003).

e espacial da geografia e do urbanismo tem o mérito de tornar visível o que se passa efetivamente na era da orquestração do local e do global. A época não é, portanto, para a celebração do "fim dos territórios". Longe dos enlevos líricos sobre a revolução fraternal possibilitada pela internet, sobre o espaço-tempo zero e o espaço digital, o que permitiu acreditar num tempo em que o real fosse levado a desaparecer, as novas configurações territoriais, visíveis a olho nu, colocam em cena as metamorfoses de um mundo em forma de arquipélago e do qual a fluidez é uma característica. E por isso não é inútil concluir o exame do caráter multifacetado da terceira globalização ressaltando que a revolução do virtual afeta todas as formas de territórios, não apenas a cidade global e a cidade virtual.

Revolução tecnológica[20], *interferência do real e liberação dos possíveis.* Sob a óptica de uma modificação da relação urdida com o real, com a experiência, territorial ou não, "os novos modos de comunicação instantânea tendem a se desenvolver no campo do virtual".[21] Um puro virtual que não é inédito, uma vez que sempre houve virtual, e isso desde que se coloca a questão: "Como fazer para chegar lá?"[22] se o cálculo das probabilidades revolucionou há muito tempo nossa relação com o mundo, o "puro virtual" contemporâneo tem quatro características: "Nós nos encontramos diante, em primeiro lugar, de um crescimento exponencial das possibilidades de cálculo; segundo: nós nos encontramos diante da possibilidade de realizar modelos aleatórios instantaneamente, num tempo mínimo; terceiro: nós nos encontramos diante de uma transformação completa dos modos de comunicação entre os homens, que são comunicações instantâneas; quarto: esses modos de comunicação instantânea podem se desenvolver, prosseguir e se enriquecer no campo

---

20. Quatro revoluções sucessivas (a informática nos anos 1960, a das telecomunicações nos anos 1970, as diferentes gerações de microprocessadores nos anos 1980, a internet nos anos 1990) estão na origem de um salto qualitativo decisivo. A internet corresponde de fato à conexão da informática, das telecomunicações e do audiovisual (computador, telefone, televisão).
21. Jean-Toussaint Desanti, in Jean-Toussaint Desanti, Dominique Desanti e Roger-Pol Droit, *La liberté nous aime encore*, Paris: Odile Jacob, 2001, p. 306.
22. *Ibid.*

do puro virtual."²³ Mas como interpretar esse "puro virtual", e como avaliar suas implicações sociais? Baseando-se na ideia do hipertexto, um tipo de texto em que cada palavra pertence simultaneamente a vários textos, François Ascher desenvolve a hipótese positiva de uma solidariedade "comutativa" que se opõe à solidariedade exclusiva da sociedade eletiva, aquela que diz respeito apenas aos próximos e se exerce entre si: "Depois da 'solidariedade mecânica' da comunidade aldeã, e da 'solidariedade orgânica' da cidade industrial, emerge uma terceira solidariedade, a solidariedade 'comutativa', que coloca em ligação indivíduos e organizações pertencentes a uma multiplicidade de redes interconectadas. Os campos são de escala variável (do 'local' ao 'global') e mais ou menos abertos. As redes que estruturam esses campos podem ser em estrela, em malha, hierarquizadas. E os indivíduos fazem *code switching*, ou seja, eles se esforçam para fazer malabarismos com os diferentes códigos sociais e culturais para passar de um a outro."²⁴ O que está em jogo para a democracia é então transformar, na linguagem do sociólogo britânico Anthony Giddens, essa solidariedade "comutativa" de fato em uma solidariedade "reflexiva": "ou seja, em uma consciência de pertencimento a sistemas de interesses coletivos".²⁵

Mas, observando que "ninguém está lá" na internet, Jean-Toussaint Desanti duvida da consistência dessa solidariedade comutativa. Ele destaca, ao contrário, o divórcio entre dois tipos de comunicação: aquele tipo que remete ao "puro virtual" e aquele que remete ao "real". Se essa defasagem entre o real e o virtual muda a forma tomada por nossa relação com o mundo, ela não anula por isso o real, mas o desvaloriza em consideração do que nos oferece o puro virtual. "A raiz do que nós denominamos globalização está aí. Nenhum comportamento racional de mercado é possível sem isso [...]. O habitante está sempre ali, mas ele não habita o virtual. Ele não habita o virtual, ele habita sua vizinhança, um real, um mundo de desejos e de necessidades. O virtual

---

23. *Ibid.*
24. François Ascher, *Les Nouveaux Principes de l'urbanisme*, La Tour d'Aigues: Aube, 2001, p. 39.
25. *Ibid.*, p. 37.

não modifica tanto as coisas quanto o modo de acesso às coisas."[26] Distinto daquele da absorção do real pelo virtual, o problema principal é então o da relação entre o real, o mundo próximo (o ambiente, a cultura de proximidade valorizada pela experiência urbana) e o virtual. Para entender todas as consequências dessa pressão do virtual, é preciso superpor ao primeiro par, o do real e do virtual, um segundo par, aquele do real e do possível. Este último permite entender que o virtual é menos um fator de apagamento, até mesmo de desaparecimento, do real do que um acelerador dos possíveis que opera em detrimento de um real que ele enfraquece consideravelmente. Ora, a apreensão desses possíveis baseia-se na capacidade que cada um tem de acessá-los com maior ou menor oportunidade de sucesso: a conquista dos possíveis, que não são mais parte do sonho ou da utopia, altera menos a relação com o real enquanto tal, uma vez que ele não desaparece subitamente, do que leva a desvalorizá-lo, a fragilizá-lo, a enfraquecê-lo. E isso por uma simples razão: saber que nem tudo é possível no real enquanto tudo pode ser no virtual. O desenvolvimento do virtual não visa *a priori* o real, ele não o transforma enquanto tal, ele não o anula, mas o desvaloriza ao liberar ao infinito o campo dos possíveis, ao deixar espíritos e corpos na ilusão de que tudo é possível no virtual. Enquanto o real induz a uma cultura dos limites, a liberação dos possíveis pelo virtual desencadeia uma cultura em que reina a falta de limites. O que não deixa de ter analogia com o que se passa no plano dos territórios: de fato, o urbano se apresenta desde então como contínuo e generalizado, ele é ilimitado, e a cultura urbana dos limites, aquele que qualificava o ideal urbano, é abandonada. A introdução do digital nos escritórios dos arquitetos, a generalização do CAD (*computer aided design*) e da computação gráfica aceleraram esse fenômeno desde os anos 1980. É, portanto, no terreno das possibilidades ampliadas, mas também da interferência do real e do virtual que as novas tecnologias, indissociáveis de telas múltiplas[27], levam ao auge o consumo dos possíveis. Se a conquista dos possíveis exige dispor das capacidades

---

26. Jean-Toussaint Desanti, *op. cit.*, p. 307-208.
27. Sobre as consequências da multiplicação das telas e sobre a liberação dos possíveis, cf. Olivier Mongin, *L'Artiste et la Politique: Éloge de la scène dans la société des écrans*, entrevista conduzida por Philippe Petit, Paris: Textuel, 2004.

de acesso adequadas[28], as relações de força contemporâneas se exercem em grande parte nesse nível. Se é preciso dispor dos acessos aos possíveis, todos os acessos "úteis" deverão ser colocados à disposição daquele que os quer dominar.

Ora, quem diz disposição diz dispositivo, e quem diz dispositivo diz território que favorece o acesso aos dispositivos. E quem diz dispositivo remete à ideia de rede, o que significa que o arquiteto não edifica mais em função de um local, daí esses esplendores fora de lugar concebidos no computador, dos quais o museu Guggenheim de Frank Gehry em Bilbao é a apoteose. A globalização territorial, muito discriminante, afasta assim os territórios que favorecem o acesso aos dispositivos daqueles que não os alcançam, o que se exprime na distinção entre cidades globais e megacidades. A diferença é escancarada em relação ao quadro urbano clássico, onde, por mais desigual que fosse, uma oferta pública comum continuava a ser uma regra de ouro da organização do espaço. Se a experiência da cidade é indissociável de uma experiência efetiva do tempo, o virtual se caracteriza pela própria anulação do tempo, dado que a velocidade da luz é a norma. É, no entanto, menos a relação com o tempo que opõe essas duas concepções do urbano do que a possibilidade ou a impossibilidade de chegar a um domínio do campo dos possíveis. Desde então, a globalização se acompanha igualmente, por causa de uma colocação em rede favorável aos que lhe controlam o acesso, de uma estruturação em escalas. Esta acompanha o fim da sociedade piramidal e fordista, a sociedade industrial e disciplinar. Se a estruturação em escalas permite distinguir os tipos de acesso aos fluxos, a interferência do real e do virtual torna delicada, entretanto, uma apreensão dessa luta nos termos de uma "luta dos lugares" que sucederia à "luta de classes" específica da sociedade industrial. De acordo com a interpretação da sociedade em rede que se privilegia, as consequências sociais da colocação em rede, aquela que qualifica a terceira globalização, são muito opostas.

---

28. Cf. Jeremy Rifkin, *L'Âge de l'accès*, Paris: Pocket, 2002.

Os baldios da sociedade industrial

Entretanto, essa terceira globalização e a reconfiguração territorial que a acompanha não dão lugar a uma paisagem homogênea, a uma geografia territorial unificada. Se a terceira globalização corresponde a uma saída, lenta e progressiva, da sociedade industrial para as sociedades que foram suas pontas de lança, a reflexão arquitetural e urbana é então confrontada com a decomposição dos sítios e territórios da sociedade industrial. Passando da sociedade industrial a um mundo que ainda é difícil nomear, que não basta qualificar de pós-industrial ou reduzir ao "fim dos territórios" ou à "cidade virtual", somos levados a observar ambientes e paisagens colocados entre parênteses. O escritor François Bon descreveu a paisagem industrial que segue literalmente a via férrea Paris-Nancy, as usinas e os lugares "industriais" (hangares, entrepostos, usinas, depósitos...) deixados ao abandono.[29] Uma viagem de trem pelo subúrbio parisiense — entre Saint-Denis, Bobigny e Noisy-le-Sec, graças à linha T1, que liga a periferia à periferia de modo radial — permite ver a desertificação dos espaços industriais, usinas fechadas ou depósitos transformados em ateliês de pintura ou ocupados ilegalmente. Longe da periferia parisiense, o motorista que segue a rota sinuosa que atravessa entre dois flancos de montanha o desfiladeiro dos Hôpitaux, o vale do Albarine, levando de Ambérieu-en-Burgey a Virieu-le-Grand e Culoz, é surpreendido pelas casas operárias e pelas usinas abandonadas ou novamente rebocadas por prefeitos preocupados em atrair os turistas. Ele também se assustará com a presença de "cidades em anel" (assim como se fala de "ruas em anel" em loteamentos), como Argis ou Saint-Rambert-en-Bugey, cidades transformadas em becos sem saída porque encerradas em si mesmas. E o mesmo se passa em vales mais conhecidos, como os da Maurienne ou do Isère. Esse duplo fenômeno do abandono ou da musealização não é fato apenas dos países desenvolvidos subitamente

---

29. François Bon, *Paysage fer*, Paris: Verdier, 1999. Cf. também Jean Rolin sobre o mundo portuário em decomposição-recomposição, *Terminal Frigo*, Paris: P. O. L., 2005. Cf. ainda Marie-Françoise Laborde, *Architecture industrielle: Paris et alentours*, Paris: Parigramme, 2003.

levados a uma aventura pós-industrial: ele é observado concretamente em todos os países da América Latina em que a fase industrial ocorreu, a começar pela Argentina ou pelo Uruguai.

No entanto, é preciso nuançar essa constatação. Antes de mais nada, é inútil concluir que o mundo industrial ficou para trás de nós, a sociedade industrial ainda se mantém por meio da população operária, e nem todas as usinas desapareceram, mesmo que a última mina tenha sido fechada na França em 2004.[30] Em seguida, a transição entre essas duas fases históricas, as dos mundos industrial e pós-industrial, é mal vivida, o Estado previdenciário está fragilizado, a classe média não é mais um cimento sociológico e não assegura mais uma mediação entre o alto e o baixo da sociedade. Enfim, a entrada rápida e violenta em um tempo mundial pós-industrial no caso das sociedades que não conheceram a fase industrial de desenvolvimento não é algo sem consequências. Países como a Índia conseguem benefícios evidentes em apostar nas novas tecnologias e na economia de serviços.

Se o futuro do urbano deve ser diferenciado em função dos países, das regiões, dos continentes, não é mais possível dissociar o que se passa no interior de nossas sociedades do que se passa no seu exterior. A fragmentação em curso acontece em todas as escalas, em todos os níveis; ela coloca questões comuns que têm um sentido na Europa ou no Extremo Ocidente. As convergências nunca foram tão grandes; nesse sentido, a globalização não é uma ficção. A decomposição da sociedade industrial afeta igualmente, como mostra com força o filme de Wang Bing, *Tie Xi Qu* [*O distrito de Tie Xi*], regiões inteiras do continente chinês.[31]

---

30. "O quadro social da França é rapidamente constituído: 31% de empregados, 29% de operários, 21% de profissões intermediárias e 19% de executivos [...]. Entre os operários, as evoluções são consideráveis. Os operários de usina tornaram-se minoria. Há, desde então, 3,3 milhões de operários trabalhando em ambiente de tipo industrial e 3,8 milhões em um ambiente de tipo artesanal. A maioria dos operários trabalha na manutenção mais que como operários clássicos." (Jean Bensaïd, Daniel Cohen, Eric Maurin e Olivier Mongin. "Les Nouvelles inégalités", in *Esprit*, fev. 2004.)

31. Esse filme de 1992 coloca notavelmente em cena o complexo industrial de Tie Xi em Shenyang, no norte da China, uma zona industrial que reunia, antes de 1990, até um milhão de operários.

Uma dupla ilimitação

A emergência de um urbano sem urbanidade é o resultado de um urbano que empurra seus limites num duplo sentido. No sentido em que se desdobra ao infinito, vira-se de dentro para fora, onde cresce desmesuradamente no duplo plano espacial e demográfico (metrópole, megacidade, cidade-mundo). Mas também no sentido em que se dobra e se contrai para melhor criar as condições de um acesso privilegiado ao mundo ilimitado do virtual (a cidade-global). Nesses dois casos, a cidade empurra seus limites, mas ela o faz dentro de quadros espaciais radicalmente diferentes, aqueles da megápole, da cidade-mundo, da megacidade de um lado, aquele da cidade global de outro. O urbano generalizado renuncia, portanto, ao espírito do urbano que a cultura dos limites definia até então, mas ao mesmo tempo ele transtorna a ligação entre um dentro e um fora. Ele pode tanto empurrar os limites para fora (a cidade-massa que se desdobra) quanto para dentro (a cidade que se dobra para dentro sob a forma da cidade global que condensa e contrai).

Que incômodo! A impressão, pouco partilhada pela classe política e pelos arautos de um civismo autoproclamado, de que o urbano se metamorfoseia e que suas mutações afetam nosso modo de vida, nossa relação com o espaço vivido. Eis que isso perturba muito além das discussões sobre a estética urbana ou o patrimônio e até mesmo das polêmicas sobre as proezas de nossos arquitetos. Mas seria preciso, por isso, retomar a velha cantilena anticidade, aquela que irriga as ficções ocidentais em que a cidade é sinônimo de uma violência sempre ampliada, e acreditar que vamos nos refugiar em retiros inéditos? Seria preciso renunciar à *vita activa*, reatar com a *vita contemplativa* e se contentar com a bela casa do arquiteto no estilo "Mies von Wright"? Quando se sugere revalorizar a experiência urbana, por mais enfraquecida que esteja, é a reconquista dos lugares que se torna a linha do horizonte. Doravante, nós sabemos, essa reconquista será dupla: ao mesmo tempo material, arquitetônica, mas também mental, porque o urbano é ao mesmo tempo uma questão de edificação e um vetor de imagens e de ideias. Se, desde há muito, o urbanismo é um fator de fragmentação — a apologia do zoneamento é, por si só, um testemunho disso — estaríamos assistindo hoje a um desejo arquitetural e urbanístico de colar novamente os pedaços, de tecer novamente um tecido urbano que havia sido rasgado ou marcado pela oposição do subúrbio e do centro? Se a preocupação em revitalizar o tecido urbano, aquela que passa por toda uma literatura sobre as paisagens, os jardins, mas também por realizações exemplares, é salutar, a vontade de enfatizar os fluxos e de lembrar sua pressão obriga a compreender que não refaremos a cidade contra os fluxos, mas a partir deles. Proceder à vistoria da condição urbana, entendida em seu segundo sentido, não deve anular a condição urbana entendida em seu primeiro sentido, o de uma experiência multidimensional remetendo a um tipo-ideal que preserva seu sentido. Ela é a condição para isso, e uma não caminha sem a outra.

II

Um urbano generalizado e sem limites
Variações sobre o caos

O paradoxo do urbano generalizado

*Um espaço ilimitado que possibilita
práticas limitadas e segmentadas*

As consequências da terceira globalização sobre o futuro urbano são concretas e, portanto, muito visíveis. Não representando mais um lugar de acolhida e de libertação, o urbano se confunde com espaços que obedecem a exigências externas e se inscrevem nos fluxos. Desde então, o destino de algumas cidades é o de se transformar em "lugar de memória": "É paradoxal", escreve Françoise Choay, "que, ao mesmo tempo em que os estudos urbanos foram admitidos nas universidades e o urbano se tornou um substantivo, nós assistimos ao desaparecimento do tipo de aglomeração que o Ocidente denominou cidade e do qual, a despeito de seus subúrbios, a metrópole da segunda metade do século XIX foi o último avatar, e, ainda que frequentemente ameaçada (ver as capitais hispano-americanas), assim permanece em certos países atrasados."[32] Até há pouco, ao se levar em conta a cidade, e nesse sentido a cidade europeia permanece uma figura exemplar, colocava mais em cena lugares e espaços "abertos" do que redes e interconexões. No passado, a cidade tinha por vocação integrar por dentro o que vinha de fora; a cidade libertava, emancipava, a despeito dos temores que suscitava. Apresentando uma relação privilegiada com seu ambiente imediato, ela

---

32. Françoise Choay, in Georges Duby (Org.), *Histoire de la France urbaine*, t. V: *Croissance urbaine et crise du citadin*, Paris: Seuil, 1985, p. 233-234.

tinha a obrigação de "conter" os fluxos que a atravessavam e de acolher as populações vindas de fora. Hoje, esse mesmo lugar deve se reunir a fluxos que só consegue dominar participando de uma rede de cidades, regionais ou mundiais, ela própria hierarquizada. Levar em conta os enredos da "pós-cidade" convida a nos perguntar sobre as ligações entre as metamorfoses do urbano e o destino da condição democrática.[33]

Sob essa óptica, ajustes semânticos são indispensáveis: depois de ter evocado a cidade genérica, a não cidade indissociável da prevalência dos fluxos sobre os lugares, depois de ter admitido a defasagem histórica da cidade europeia, uma distinção entre a megacidade (a cidade-mundo em extensão espacial e em expansão demográfica), a cidade global (a cidade conectada aos fluxos globalizados) e a metrópole (a cidade fragmentada e multipolar) se impõe. Mas, para além da escolha semântica e da diversidade das hipóteses, a representação do urbano em termos de continuidade, e não mais de descontinuidade, é uma inflexão importante. Se os fluxos são hegemônicos, eles alimentam igualmente a ideia de que o mundo se oferece ao vivo e em tempo real, o que está de acordo com o caráter ilimitado do urbano. Essa "continuidade" espacial, territorial, geográfica, segundo a qual *o urbano está por toda parte*, tem como corolário o desaparecimento da diferenciação entre o urbano e o não urbano, por muito tempo erroneamente simbolizado pelo campo. Consequentemente as representações da cidade oscilam entre essas versões do ilimitado e do informe que têm como ponto em comum empurrar os limites e quebrar a relação com o ambiente próximo.

A expressão "urbano generalizado" não designa uma rede de cidades que coexistem, mas uma rede urbana pré-existente que pesa sobre lugares que devem se adequar à sua velocidade e à sua escala. A constatação dessa ruptura leva a uma dupla direção. Ou então aplaudimos o reino do urbano generalizado, e este se acompanha de uma apologia do caos urbano e da "continuidade caótica". No escritos de Rem Koolhaas ou de Jean Attali, "o urbano generalizado" é a oportunidade para o arquiteto

---

33. Cf. Françoise Dureau *et al.* (Org.), *Métropoles en mouvement. Une comparaison internationale*, Paris: Economica – IRD, 2001, e o dossiê *Gérer la ville: entre global et local*, da revista *Autrepart*, n. 21, 2002.

ou para o urbanista trapacearem com o caótico e dar mostras de uma inventividade qualificada como furtiva. Mas, nos escritos dos outros, esse "urbanismo do caos", apreciado negativamente, exacerba paradoxalmente o imaginário negro da cidade do passado, aquela que alimentou as estratégias anticidade do urbanismo "regularizador". Ontem, a cidade-massa metia medo, e, com ela, a cidade revolucionária; hoje, o urbano generalizado inquieta, uma vez que exaspera o caráter caótico da cidade quando ela não é submetida à disciplina dos urbanistas. Mas os fluxos técnicos sobrepõem-se a um urbanismo que deve obedecer às suas exigências. O caos e a tensão não são mais, portanto, a condição mínima da experiência urbana; eles se tornaram sua norma. Os fluxos urbanos constroem um mundo que pode oscilar entre extremos: entre a total perda de tensão — nós o veremos a propósito das grandes megacidades — ou casos de hipertensão. Entre a perda de tensão e a sobretensão, a cidade, "um ambiente sob tensão" segundo Gracq, volta-se contra si mesma, e, portanto, contra a experiência urbana.

Com o urbano generalizado impõe-se uma representação do caos que suscita interpretações contrapostas, em termos de bom ou mau caos. Entre o ceticismo apocalíptico de Paul Virilio, o caos da cidade informe, e o otimismo de Rem Koolhaas ao falar da "cidade genérica", o urbano "generalizado" e "ao vivo" hesita entre a queda de tensão e a sobretensão, o que alimenta um imaginário esquecidiço da experiência urbana e de suas ligações com a condição democrática. Valorizado (o caos de Koolhaas) ou desvalorizado (o caos da cidade doente, o caos da cidade desastre, o caos que alimenta o imaginário da cidade), o caos favorece uma dupla abordagem em que o imaginário e a realidade podem se confundir.

A cidade genérica e a apologia do caos
(Rem Koolhaas)

Rede, fluxo, esses termos há muito tempo orquestram a linguagem do urbano. Mas, como a terceira globalização e as evoluções tecnológicas aceleraram o processo de urbanização, nós vivemos em um regime marcado pela continuidade e não mais pela descontinuidade. É por isso que a ideologia contemporânea do caos se distingue da ideologia cientificista e modernista. Se os fluxos já eram considerados pelos engenheiros urbanistas da Carta de Atenas como motores potentes, os lugares construídos deviam impedir o caos, privilegiando a regularização e a disciplina pelo viés do "zoneamento". A Cidade Radiosa canalizava fluxos a fim de erradicar todas as espécies de caos.

Hoje, a vontade de compor com o caos urbano adota tendências e formas diferentes. Podem-se considerar três desses enredos: a opção culturalista e patrimonial, a escolha da participação democrática dos habitantes, e uma estética urbana não funcional qualificada de conceitual.

Enquanto a arquitetura culturalista, de que *A arquitetura da cidade* de Aldo Rossi (1966) é uma das obras de referência, reinscreve o espaço urbano em sua história, a arquitetura política tem como desejo alardeado impor a participação democrática dos habitantes e responder a exigências coletivas. A distância dessas duas respostas — a resposta patrimonial, da qual a reurbanização de Bolonha é o exemplo, e o enredo democrático e participativo do "direito à cidade"[34] —, o "moderno-ludismo" representa a tendência que acompanha o mundo chamado "pós-moderno" porque "pós-político". Essa corrente arquitetônica é "ávida de conceitos, de imagens e de sensações novas para consumo imediato."[35] Dinamizada pela temática da sociedade do espetáculo e pelos grandes projetos de urbanismo, ela é sustentada por personalidades como Norman Foster, Richard Rogers, Bernard Tschumi ou Hans Kollhoff. Enquanto os CIAM valorizaram as máquinas celibatárias — as cidades fechadas em si mesmas como navios — e sacralizaram o culto do objeto arquitetural, estes arquitetos defendem a criação de "máquinas celibatárias" em um espaço circundante caótico.

---

34. Henri Lefebvre é o símbolo dessa tendência política. Cf., entre seus numerosos escritos, *La Révolution urbaine*, Paris: Gallimard, 1970.

35. Jean-Pierre Le Dantec, "Vive le Baroquisme! Court traité déclinant les stratégies urbaines et architecturales depuis 1968", in *Lumières de la Ville*, n. 1, Banlieues 89, 1989.

Para produzir o urbano, é preciso desafiar o caos inicial, tapar as brechas, urdir ligações entre os elementos que produzem descontinuidade sem jamais se preocupar com um projeto de conjunto. A estética aqui é conceitual e não funcional. Como a obra arquitetônica não é concebida "em função" de uma cidade autônoma e circunscrita, é preciso "edificar máquinas celibatárias cuja lógica não é mais funcional, mas conceitual: depois encerrá-las em um envoltório cuja virtude primeira é a de causar impressão a fim de ser midiatizável."[36] Isso pode dar o pior (o imbróglio arquitetural de Euralille) e o melhor (a ponte de Millau concebida por Norman Foster, as abstrações do parque de La Villette concebidas por Tschumi).

Esses criadores teóricos querem impor sua marca no mundo dos fluxos urbanos trapaceando e brincando com os baldios e os vazios. Instituindo o processo da cidade densa europeia, eles adoram "os vazios, os quarteirões abandonados e os terrenos vagos". Seus adversários os reprovam por brincar com um espaço urbano carente de urbanização e que eles desfiguram um pouco mais. É esse o defeito do arquiteto--designer, que, não tendo mais a intenção de respeitar um equilíbrio urbano consagrado ao caos, trapaceia com as imagens e multiplica os simulacros. A cidade-espetáculo então se torna tão incontrolável quanto o fluxo das imagens. "Se os políticos", diz por exemplo Hans Kollhoff, "quisessem que Berlim fosse alguma coisa, eles deveriam agir de modo diferente, transformá-la em acontecimento, fazer uma ação para atrair pessoas a Berlim, suprimir os impostos como em Hong Kong, fazer de Berlim um tipo de Hong Kong europeia... Isso seria fantástico."[37] Entre Berlim e Hong Kong, não há diferença e singularidade a ser valorizada: os fluxos destinados a conectar os lugares entre si e os indivíduos a este ou àquele lugar já estão lá, eles preexistem. Baldios, zonas abandonadas, espaços industriais desertados, espaços abandonados e reservados não têm outra saída a não ser se conectar nos fluxos.[38]

---

36. *Ibid.* Cf. também, do mesmo autor, *Architecture en France*, Paris: Ministère des Affaires Étrangères, ADPF, 1999; e *Feuillets d'architecture? Chroniques*, Paris: Félin, 1997.
37. Hans Kollhoff, *apud* Jean-Pierre Le Dantec, *op. cit.*
38. O paisagista Gilles Clément distingue, entretanto, os "espaços abandonados" e os "espaços reservados": "O *abandonado* procede do abandono de um terreno antigamente explorado. Sua origem é múltipla: agrícola, industrial, urbana, turística, etc.

Rem Koolhaas exacerba esse desejo de produzir "máquinas celibatárias conceituais" em um contexto urbano duplamente caracterizado pela continuidade e pelo caos. É um paradoxo esse "caos contínuo", mas uma coisa não caminha sem a outra: é por isso que tudo se apresenta ao vivo e num modo caótico que não possui mais distinção de natureza, mas somente diferenças de grau no espaço urbano. Esse "ao vivo caótico" não é separável de um mundo urbano que oscila entre a ausência de tensão e a sobretensão. Mas desde que o urbano é generalizado e a continuidade, caótica, é a totalidade da paisagem urbana que interessa.[39] No entanto, Rem Koolhaas, arquiteto-designer holandês que tem o hábito das palavras provocadoras, não renuncia ao termo "cidade". Ele evoca a "cidade genérica" para designar a falta de singularidade de cada cidade, a indefinida extensão de espaços sempre parecidos, porque enxertados nos fluxos, e a evacuação do domínio público. "A cidade genérica alcança a serenidade graças à evacuação do domínio público, como quando de um exercício de alerta de incêndio. Doravante, a trama urbana é reservada aos deslocamentos indispensáveis, ou seja, essencialmente ao automóvel. As rodovias, versão superior dos bulevares e das praças, ocupam cada vez mais espaço, seu desenho, que visa aparentemente à eficácia automóvel, é de fato espantosamente sensual: o utilitário entra no mundo da fluidez."[40]

De Roterdã a Haia, passando por Amsterdã e Utrecht, uma zona do norte da Europa particularmente densa, o edificado está "por todo lado" e se caracteriza por elementos estruturais idênticos: aqueles dos nós urbanos dos centros comerciais que combinam o utilitário e a fluidez. Não há mais periferia, margem, fraturas, marcas de descontinuidade, de fronteira, mas o urbano em contínuo, um

---

Abandonado e baldio são sinônimos. A *reserva* é um lugar não explorado. Sua existência é devida ao acaso ou então à dificuldade de acesso que torna a exploração impossível ou cara. Ela aparece por subtração do território antropizado." (*Manifeste du Tiers Paysage*, Paris: Sujet/Objet, 2004, p. 9.)

39. Cf. Gilles Clément, *op. cit.*
40. Rem Koolhaas, *Mutations*, Bordéus: Actar/Arc en Rêve/Centre d'Architecture, 2000, p. 276.

espraiamento sem falhas do urbano. Fora e dentro são categorias que se tornaram insignificantes.[41]

Esse urbano contínuo e generalizado se diferencia apenas em função de seu afastamento ou de sua proximidade com os nós urbanos, que, enquanto permutadores, são os melhores vetores dos fluxos. "Hoje, a cidade é muito mais diferenciada pelas escavações da cidade, pela ausência de cidade, do que pela presença de cidade."[42] É esta a mensagem: criar cidade, criar urbano — esses termos finalmente não possuem mais muito sentido! — lá onde eles ainda faltam, onde eles ainda não são muito visíveis dentro de um contexto global que é o do urbano generalizado.

Nesse contexto, o urbano se caracteriza por "elementos" que têm como papel ativar a "continuidade caótica" e substituir a pedestrização por uma mobilidade ampliada graças ao automóvel. Se as mídias, os serviços e os supermercados são as marcas do urbano generalizado, dois termos anglo-saxões caracterizam a cidade genérica: *junkspace* e *fuck context*. O primeiro, *junkspace*, corresponde ao encontro de três fatores de continuidade: a transparência, a escada rolante e o ar condicionado — outros tantos elementos que fazem do *shopping center* o símbolo de um espaço público onde a civilidade é arrefecida e a cidadania cerceada.[43] Quanto à segunda expressão, *fuck context*, que contrasta com a ideia de que o espaço é nivelado, ela mostra que a cidade genérica acontece "por falha", por incapacidade de pensar de outra forma o futuro do urbano. Tal é o *fuck context*: "Um território de visão confusa, de expectativas limitadas, de integridade reduzida. É o triângulo das Bermudas dos conceitos, a anulação das diferenças, o enfraquecimento das vontades, o declínio das defesas imunitárias, a confusão da intenção e da realização, a substituição da hierarquia pela

---

41. Jean-Pierre Le Dantec distingue os arquitetos que se afinam demais com a semiologia, com o *logos*, e aqueles que respeitam a espacialidade, o *topos*, a rítmica dos cheios e vazios, como Henri Gaudin ou Christian de Portzamparc (in *Feuillets d'architecture? Chroniques, op. cit.*, p. 32; cf. também p. 112).
42. Rem Koolhaas, entrevista com François Chaslin, in *Mutations, op. cit.*
43. "Civilité tiède" e "citoyenneté privée" são expressões emprestadas de Lúcio Kowarick, que as aplica à cidade global no Brasil.

> ### Variações sobre a cidade genérica*
>
> A Cidade Genérica é o que resta, uma vez que amplas faces da vida urbana passaram ao ciberespaço. Um lugar onde as sensações são embotadas e difusas, as emoções rarefeitas, um lugar discreto e misterioso como um vasto espaço iluminado por uma lâmpada de cabeceira. Se a comparamos com a cidade tradicional, a Cidade Genérica está fixada, percebida que é de um ponto de vista fixo. Em lugar de concentração (de presença simultânea), os momentos individuais são extremamente espaçados na Cidade Genérica [...]. Em surpreendente contraste com o afã tido como característica da cidade, a sensação que predomina na Cidade Genérica é a de uma calma irreal: quanto mais ela é calma, mais ela se aproxima da pureza absoluta. A Cidade Genérica remedia os males que eram atribuídos à cidade tradicional até que nos tomemos de um amor incondicional por ela.
>
> A Cidade Genérica é fractal, ela repete ao infinito o mesmo módulo estrutural, elementar. Podemos reconstruí-la a partir da menor de suas entidades, uma tela de microcomputador, até mesmo um disquete.

acumulação, da composição pela adição, um espaço cediço e pouco nutritivo, uma colossal cobertura de segurança que recobre e sufoca a Terra com sua atenção e com seu amor."[44] Para Koolhaas, as propostas humanistas de todo gênero e as profissões de fé democráticas são hipócritas e cegas se não admitem que o desenvolvimento urbano se tornou anárquico, em escala mundial, por causa da destituição dos atores políticos. É inútil contar com utopias. O urbano generalizado e seu caráter *trash* são o preço de uma falta de política. "É o agregado das decisões não tomadas, das questões que não foram enfrentadas, das escolhas que não foram feitas, das prioridades indefinidas, das contradições perpetuadas,

---

44. Rem Koolhaas, entrevista com Patrice Noviant, "Rendre heureux les habitants de la ville générique", suplemento ao n. 516 do *Courrier international*.

> O que afirma a Cidade Genérica não é o domínio público com suas exigências excessivas [...], mas o residual [...]. A rua morreu. Essa descoberta coincide com tentativas frenéticas de ressuscitá-la. A arte urbana está por toda parte, como se dois mortos pudessem somar uma vida. A pedestrização — em princípio a ser preservada — não faz mais que canalizar as torrentes de pedestres condenados a destruir com seus pés o que eles supostamente deveriam reverenciar.
>
> A noção que melhor exprime a estética da Cidade Genérica é a do estilo livre. Como defini-lo? Imaginemos um espaço aberto, uma clareira numa floresta, uma cidade aplainada. Três elementos entram em jogo: as estradas, as edificações, a natureza. Eles mantêm relações flexíveis que não correspondem a nenhum imperativo categórico e coexistem em uma espetacular diversidade de organização. Eles podem predominar alternadamente [...]. A Cidade Genérica representa a morte definitiva do planejamento. Por quê? Não porque ela não é mais planejada [...]. É que a sua descoberta mais perigosa, e ao mesmo tempo mais excitante, é o ridículo de todo planejamento.
>
> *Rem Koolhaas *et. al.*, *Mutations*, Bordéus: Arc en Rêve – Centre d'Architecture, 2000, p. 725, 726, 728, 7330-731.

dos comprometimentos aplaudidos e da corrupção tolerada."[45] É por isso que Koolhaas ironiza as virtudes da cidade europeia, sua idealização no instante em que ela está prestes a se tornar um objeto de museu. Para ele, o futuro do urbano se prepara fora da Europa, ele se desenvolve no contexto das megacidades, e as guinadas da demografia aceleram-lhe o desarranjo. Mas o processo que Koolhaas intenta contra a cidade europeia não é inútil se convida a considerar o que se passa efetivamente "alhures", se ele se apresenta como um chamado à lucidez.

---

45. *Ibid.*

A era das cidades gigantes

A multiplicação das megacidades

A desconfiança de Koolhaas em relação à boa cidade europeia baseia-se em dados demográficos e na multiplicação das cidades-mundo fora da Europa.[46] Uma rápida análise das evoluções demográficas permite nos darmos conta da defasagem que acontece entre o ciclo europeu da cidade — ali onde a destituição do político não é generalizada — e o ciclo globalizado dos fluxos urbanos que se materializa por metrópoles gigantes, megacidades e cidades-mundo, frequentemente fora de qualquer controle. Essa defasagem alimenta um imaginário do caos e uma representação da cidade-massa que se distingue daquela do século XIX. Se, na Europa, a "cidade-genérica" e o "urbano generalizado" levam arquitetos e urbanistas a compor e a trapacear com o caos, fora da Europa, a cidade-caos, a cidade desmesurada e informe, dá corpo a representações negativas da cidade das quais o destino é o de se decompor e se desfazer. Essa constatação de uma degradação do espaço urbano subentende uma "estética do desaparecimento", segundo a expressão de Paul Virilio, que pouco se presta a uma apologia do caos. Se a pressão demográfica está na origem dessas cidades-massa, megacidades e cidades-mundo que não têm mais muita coisa a ver com as grandes metrópoles europeias do final do século XIX e do século XX, ela alimenta um imaginário do caos de uma natureza completamente diversa. Uma vez mais, as interpretações divergem radicalmente entre um Koolhaas que saúda em Lagos, uma das cidades mais importantes da Nigéria, a resistência do corpo sobrevivendo nas piores condições, e um Paul Virilio, para quem a cidade desenvolve a partir do interior o mal que a acua e a condena a desaparecer.

Tal é o paradoxo em torno do qual gravita Koolhaas: ele ataca os defensores ingênuos de uma cidade europeia lembrando que o mal urbano caminha junto com uma retração do político. Ora, se a cidade europeia

---

46. Cf. a primeira seção de *Le Monde des villes* (*op. cit.*, p. 29-30), na qual capítulos são consagrados ao Magreb, ao Machrek (região que se estende do Iraque ao Kuwait, compreendendo também a Síria e o Líbano), à África Negra, ao sudeste da Ásia, à China, ao Japão, à Índia, à América Latina, à Turquia, ao Irã, à Oceania...

O futuro das cidades gigantes

Ao passo que havia onze aglomerações de mais de 1 milhão de habitantes em 1900 e 350 no ano 2000, 35 cidades ultrapassam hoje o patamar dos 10 milhões de habitantes. Enquanto 10% da população mundial vivia em cidades em 1900, hoje é o caso de perto de 55%. Quando da conferência Habitat II (City Summit) em 1996, pesquisadores ligados às Nações Unidas afirmaram que a metade da população do planeta agora era urbana e que o século XXI poderia ser qualificado de forma geral de urbano. De acordo com um relatório originado de um programa das Nações Unidas datando de 2001, 3 bilhões de pessoas vivem nas cidades, segundo a seguinte distribuição: 19 cidades de mais de 10 milhões de habitantes, 22 cidades entre 5 e 10 milhões, 370 cidades entre 1 e 5 milhões, e 433 cidades entre meio milhão e 1 milhão. Mas essa primeira constatação deve ser precisada: 175 cidades de mais de 1 milhão de habitantes se distribuem hoje entre a Ásia, a África e a América Latina, onde se encontram treze das vinte maiores aglomerações do planeta. A progressão das cidades de países emergentes é impressionante: entre 1980 e 2000, Lagos (Nigéria), Daca (Bangladesh), Tianjin (China), Hyderabad (Índia) e Lahore (Paquistão) uniram-se à lista das trinta primeiras cidades do mundo. E Lagos em 2010 será provavelmente a terceira cidade do mundo depois de Tóquio e de Mumbai (Bombaim). Na mesma época, Milão, Essen e Londres talvez não farão mais parte da lista das trinta primeiras cidades do mundo, enquanto Nova York, Osaka e Paris se encontrarão no fim da lista.* De 1950 até agora, Lagos passou de 300 mil habitantes a 5 milhões, e São Paulo de 2,7 milhões a 18 milhões. Uma vez mais, as cifras falam por si mesmas: em 2020, 55% da população subsaariana estará urbanizada; das 33 megalópoles anunciadas para 2015, 27 pertencerão aos países menos desenvolvidos (dezenove se encontram na Ásia), e Tóquio será a única cidade rica a continuar figurando na lista das dez maiores: enfim, a cada hora, há sessenta pessoas a mais em Manila, 47 em Nova Delhi, 21 em Lagos, doze em Londres e duas em Paris.

* *The State of the World's Cities 2001*, relatório do Programa das Nações Unidas para os Assentamentos Humanos (Nairobi).

adota uma dimensão política, se a crítica de uma certa ilusão europeia é legítima, deduzir disso que a cidade política está morta o é menos. Será que o urbano, hoje valorizado ao extremo, o é na medida da "urbanidade das cidades" e do "espírito democrático" que foram suas atribuições nas cidades hanseáticas ou nas cidades italianas do Renascimento? Ou então ele se espalha, como esse urbano generalizado, tal como um rastro de pó, que se impõe de Lagos a Kuala Lumpur. Paul Bairoch já ressaltava, em *De Jéricho à Mexico*, que "a inflação urbana [...] não levou a fazer da cidade do Terceiro Mundo um fator de desenvolvimento econômico."[47] A destituição do político, em escala nacional, regional e mundial, acompanha, portanto, evoluções demográficas consideradas inelutáveis. As cifras são eloquentes, implacáveis: a banalização do fato urbano, o urbano generalizado está na origem de uma multiplicação de cidades muito grandes, que chamamos gigantes juntamente com Paul Bairoch, cidades tentaculares, megacidades ou megápoles...

A Europa à margem

Mas, para além do aspecto demográfico e quantitativo, o fenômeno decisivo reside na defasagem geográfica, no fosso mental e cultural que se cava entre os dois mundos, europeu e não europeu. No plano da urbanização, os contrastes regionais são manifestos: "É na África", escreve Paul Bairoch, "que a explosão futura das cidades será mais forte. O número de cidadãos será quase multiplicado por três entre 1980 e 2000 e por sete entre 1980 e 2025. Em contrapartida, é na América Latina que essa explosão urbana será a mais moderada: multiplicação

---

47. Paul Bairoch, *De Jéricho à Mexico: Villes et économie dans l'histoire*, 2. ed. corrigida, Paris: Arcades-Gallimard, 1996, p. 655. Cf. também Guy Jalabert (Org.), *Portraits des grandes villes: Societé, pouvoirs, territoire*, Toulouse: Université du Mirail, 2001. São consideradas as cidades de Barcelona, Berlim, Buenos Aires, Cairo, Cidade do México, Hanói, Ho Chi Minh, Istambul, Los Angeles, Montreal, Moscou, Santiago do Chile, Toronto, Xangai.

por três entre 1980 e 2025."[48] O que indicam as cifras? Que o futuro do urbano no plano demográfico e quantitativo não está mais intimamente ligado ao destino do Ocidente e que a Europa não é mais considerada como o modelo do desenvolvimento urbano. Mas também que a cidade, europeia ou não, corresponde cada vez menos ao tipo-ideal da experiência urbana evocada anteriormente. Esse tipo de cidade não dá mais o sentido, tanto no plano da significação quanto da orientação histórica, do urbano na escala do planeta. Além de sua oposição com a cidade europeia, as cidades-massa pesam doravante sobre as representações do urbano e da cidade.[49] Elas se tornam a matriz da "cidade pânico" que afeta até as representações e as imagens mentais, uma velha tradição das cidades ocidentais desde Sodoma e Babel.

As megacidades não europeias estariam destinadas à sobrevida, à anarquia política e à insegurança. Eis uma imagística muito contestável e alimentada doravante por representações indissociáveis dos fluxos de imagens visuais. Paris, a cidade-capital do século XIX, era descrita e amada pelos poetas. Mas, à medida que a cidade se espalha, cresce, torna-se obesa, ou então se retrai em seu casulo museal, a megacidade torna-se o objeto privilegiado daqueles que auscultam o destino do urbano. O poeta desaparece então em benefício do etnólogo, do sociólogo ou do pensador. Conseguimos cada vez menos nos perder na cidade, mas ela está condenada à sua própria perda. Impõe-se então "uma estética do desaparecimento" que oscila entre duas representações: a da morte lenta das cidades não ocidentais, e a do urbicida, da execução por guerreiros. Enquanto Claude Lévi-Strauss, por ocasião de uma viagem às megacidades indianas, enfatiza seu caráter mórbido (*Tristes trópicos*), outros sublinham que a cidade está menos abandonada do que na verdade submetida a uma guerra operada do interior ou do exterior. Assim, a cidade transformada em megacidade oscila entre a imagem de uma morte passiva e aquela da execução, ou seja, entre duas formas de guerra que alimentam o imaginário tanto quanto

---

48. Paul Bairoch, *op. cit.*, p. 656.
49. Jerôme Monnet, "La Mégapolisation: Le Défi de la ville-monde", in Y. Michaud (Org.), *Qu'est-ce que la societé ?*, Université de Tous les Savoirs, t. 3, Paris: Odile Jacob, 2000, p. 155-168.

correspondem à realidade. "Tombeau pour New York", de Adonis, contrasta com as fotografias de Alvin Langdon Coburn.[50] A "estética do desaparecimento" é mista, ela mistura o real e o imaginário. Seria então preciso se surpreender com isso, uma vez que a experiência urbana depende ao mesmo tempo do físico e do mental? Se a experiência urbana remete a "um ambiente sob tensão", o urbano generalizado produz lugares onde há sobretensão ou falta de tensão, superaquecimento ou indiferença. Se a megacidade, a cidade-mundo, é marcada pela queda de tensão, outras cidades são, elas, atingidas pela sobretensão.

Cidades informes e caóticas

A indiferença generalizada (Karachi e Calcutá)

Como a queda de tensão poderia caracterizar uma cidade? Claude Lévi-Strauss a evocava já nos anos 1950, quando a temática da pós--cidade ainda não assombrava os espíritos. No curso do périplo que ele narra em *Tristes trópicos*, o etnólogo para em Karachi, onde descobre uma falta de relações humanas que o leva a falar da sua desumanidade enquanto cidade. Ora, essa desumanidade, segundo ele, é criada por uma perda de tensões, pela redução das relações, pelo reino da não relação, e pela impossibilidade de se inscrever em um lugar. Quando mais nada passa, não se passa mais nada. Esse texto da metade do século XX antecipa a reflexão sobre as megacidades atuais e sobre as estratégias de sobrevida que se observam em Lagos ou noutros lugares. A distância da cidade europeia, as cidades-mundo não se reduzem ao único modelo da cidade global. As cidades-mundo também podem corresponder a essas "cidades monstruosas completamente estranhas a um modelo de cidade que organiza uma coexistência harmoniosa."[51]

---

50. Adonis, "Tombeau pour New York", in *Mémoire du vent: Poèmes 1957-1990*, Paris: Gallimard, 1991, p. 91-110.
51. Sandrine Lefranc, introdução ao dossiê *Villes-monde, villes monstre?* de *Raisons Politiques*, n. 15, ago. 2004, Paris: Sciences-Po. Esse conjunto comporta, entre outros, artigos sobre Lima, Johannesburgo e Karachi.

Mas como qualificar melhor essas cidades? Para Claude-Lévi Strauss, a colocação em tensão, isto é, a expressão de relações urbanas que o tipo-ideal da cidade deveria tornar possível, não existe em Karachi. Quando uma cidade não favorece mais "tensões", ela se torna desumana e não merece mais o qualificativo "urbano". Escrevendo há várias décadas, o etnólogo ressaltava essencialmente a defasagem em relação aos valores urbanos europeus e não considerava, à época, que as cidades-mundo já eram o futuro do urbano.[52] "Que se tratasse de cidades mumificadas do Velho Mundo ou de cidades fetais do Novo, é à vida urbana que estamos habituados a associar nossos valores mais elevados no plano material e espiritual. As grandes cidades da Índia são uma confusão: mas isso de que nos envergonhamos como um defeito, o que nós consideramos como lepra, constitui aqui o fato urbano reduzido a sua expressão última: a aglomeração de indivíduos cuja razão de ser é a de se aglomerar por milhões, quaisquer que possam ser as condições reais. Lixo, desordem, promiscuidade, roçadelas; ruínas, barracos, lama, imundície; humores corporais, excrementos, urina, pus, secreções, suor: tudo contra o que a vida urbana nos parece ser a defesa organizada, tudo o que odiamos [...]. Todos esses subprodutos da coabitação, aqui, não se tornam jamais seu limite. Eles formam antes o ambiente natural do qual a cidade tem necessidade para prosperar."[53]

A cidade prospera "organicamente" empurrando todos os limites possíveis. Nada de fronteiras, nada de interdições, nada de limites. A cidade torna-se monstruosa quando empurra assim os limites. Essa situação se traduz pela ausência de relações entre os homens, seja porque existe uma tensão grande demais, seja porque há uma total ausência de tensões. Aqui, o caos não toma a "não forma" da cidade arrasada; a cidade sobrevive por si mesma, ela amontoa os indivíduos, ela é informe. A ausência de tensões significa que não há nem dentro nem fora, que a indiferença

---

52. Para tomar a medida contemporânea, menos culturalista que urbanística, da explosão e da etnização de Karachi, cf. Laurent Gayer, "Karachi: Violences et globalisation dans une ville-monde", in *Raisons Politiques: Villes-monde, villes monstres?, op. cit.*; e Michel Boivin, "Karachi et ses territoires en conflit", in *Hérodote: Géopolitique des Grandes Villes*, n. 101, 2º trim. 2001.

53. Claude Lévi-Strauss, *Tristes Tropiques*, Paris, p. 113.

reinante está na origem de um enredo da sobrevivência. Não sendo um ambiente sob tensão, Karachi é vivida como "informe", ela não tem forma, ela não é uma cidade, ela não permite a libertação que a experiência urbana subentende. À diferença do que o etnólogo pode observar na Amazônia, ele se encontra, em Karachi, enquanto europeu, "aquém ou além do que o homem tem o direito de exigir do mundo, e do homem".

A experiência da esmola generalizada, a que encontramos hoje nas *downtowns*, confirma essa perda de tensão. "Não há", escreve Claude Lévi-Strauss, "nada além da constatação de um estado objetivo, de uma relação natural dele comigo da qual a esmola deveria resultar com a mesma necessidade que aquela que une no mundo físico as causas e os efeitos." Os infelizes que pedem esmola na cidade não querem ser tratados como iguais, "eles imploram que vós os humilheis por sua soberba, uma vez que é da ampliação da distância que vos separa que eles esperam uma migalha tão mais substancial quanto mais arrefecida for a relação entre nós". A análise é implacável: por meio da esmola, que não é aqui um cerimonial, a própria ideia do "afastamento" no espaço público, de uma diferença simbolizável entre um e outro, entre vocês e ele, é arruinada, anulada. Tal é o âmbito de uma indiferença graças à qual o caos urbano pode crescer até o infinito. Os infelizes, continua Lévi-Strauss, "não reivindicam um direito à vida. O simples fato de sobreviver lhes parece uma esmola imerecida". E de oferecer mais sugerindo uma comparação com a urbanidade europeia: "Essa alteração das relações humanas em princípio parece incompreensível para um espírito europeu. Nós concebemos as oposições entre as classes sob a forma de luta ou de tensão. Mas aqui o termo 'tensão' não tem sentido. Nada está retesado. Há séculos, tudo o que podia estar retesado se rompeu. Será que é realmente inconcebível pensar em termos de tensão?" Se quisermos continuar a pensar, na esteira de Julien Gracq, em termos de tensão, o quadro ao qual se chega não deixa de ser sombrio: "porque, então, será necessário dizer que tudo está tão retesado que não há mais equilíbrio possível: nos termos do sistema, e a menos que se comece a destruí-la, a situação se tornou irreversível".[54]

---

54. *Ibid.*, p. 114-115.

Não resta, portanto, senão o enredo da destruição (do exterior ou do interior, por um déspota) ou aquele de uma morte lenta, a de um corpo purulento em vias de decomposição. "O distanciamento entre o excesso de luxo e o excesso de miséria faz explodir a dimensão humana. Resta apenas uma sociedade onde os que exigem tudo não oferecem nada."[55] Essa constatação, que se baseia na vontade de marcar uma diferença em relação à cidade europeia, inscreve-se numa dupla direção: a da morte lenta das cidades e a da autodestruição das cidades. A menos que se evoque, com Derek Walcott, o teatro da pobreza.[56]

V. S. Naipaul continua a reflexão do etnólogo por ocasião de uma viagem que o levou a Calcutá muitos anos depois de uma estadia mais antiga. Uma cidade pode morrer, mas não são as fotografias amareladas das ruínas que testemunham isso. Mumbai não é uma dessas cidades desaparecidas nos desertos do Oriente Próximo, tais como Persépolis, por exemplo. Não, essa cidade não acaba de morrer no presente, de se curvar ao peso de sua própria desumanidade, de sua falta de tensões. É o lento movimento de decomposição que descreve Naipaul a respeito de Calcutá em *L'Inde*: "Durante anos e anos [...] eu tinha ouvido dizer que Calcutá morria, que seu porto estava prestes a se enterrar no lodo [...] e, no entanto, Calcutá não estava morta. Começava-se a dizer que a profecia tinha sido excessiva? Agora, eu me dizia que nós estávamos em presença do que se passa quando as cidades morrem. Elas não sucumbem com grande espalhafato; elas não morrem somente quando sua população as abandona. Talvez elas possam morrer assim: quando todo mundo sofre, quando os transportes são tão penosos que os

---

55. *Ibid.*, p. 116.
56. "Como se os miseráveis, em seus quintais banhados de um laranja chamejante, sentados sob suas árvores poeirentas, ou subindo para suas favelas, estabelecessem muito naturalmente uma encenação, como se a pobreza não fosse um estado, mas uma arte. Assim a falta torna-se lírica, e o crepúsculo, paciente como um alquimista, quase conseguiria transmutar o desespero em virtude. Sob os trópicos, não há nada mais encantador que os quarteirões pobres: não há teatro que seja mais vivo, volúvel — e barato." ("Café Martinique", in *What the Twilight says*, 1998; Mônaco: Anatólia-Éditions du Rocher, 2004). Sob essa óptica, a pobreza não é inelutavelmente uma degradação, uma perda, ela pode favorecer uma "encenação" e participar da experiência urbana (sobre a encenação, cf. a Primeira Parte desta obra). Mas ela é enganadora se reduz a pobreza a um espetáculo e não encontra saída política.

trabalhadores preferem desistir dos empregos de que têm necessidade; quando ninguém consegue água ou ar puro, quando ninguém pode ir passear. Talvez as cidades morram quando terminam de ser despojadas dos atrativos que de ordinário as cidades oferecem, do espetáculo das ruas, do sentimento exacerbado das possibilidades humanas, para se tornar simplesmente lugares superpovoados onde todo mundo sofre."[57]

Naipaul retoma assim, projetando-a dessa vez no plano espacial, a análise esboçada por Lévi-Strauss: se não há mais troca possível, há "indiferença"; se não há um movimento possível, se os transportes são insuportáveis, a gente não se mexe mais; e não há mais colocação em relação espacial do que relações humanas, uma vez que caminham juntas. A indiferença se traduz no tempo e no espaço, e a cidade morre progressivamente dessa falta de movimentos e de tensões. Naipaul afirma, no entanto, algo mais: aquele que é refém desse espaço é "privado" do que a cidade deveria dar "a mais", é privado desse espaço público sem o qual a cidade não tem razão de ser. A libertação não é mais o destino daquele que se aventura na cidade, ela nem sequer é representável. Ora, quando a tensão entre o privado e o público, entre um fora e um dentro é impossível, a cidade morre inevitavelmente. Que as cidades gigantes se multipliquem, que cresçam desmesuradamente, isso não remete às cifras, a um fenômeno quantitativo. A cidade gigante, qualquer que seja o nome que lhe seja dado, pode favorecer formas de experiência urbana, mas os números se voltam contra elas se a cidade é informe.

Autodestruição e dejeção
(Los Angeles e a favela)

Outros escritores se inclinam sobre o "fim da cidade" como um fenômeno inevitável gerado pelo desdobramento ao infinito ou pelo desenvolvimento de uma máquina urbana que, tornada incontrolável,

---

57. V. S. Naipaul, *L'Inde: Un million de révoltes* (1981), Paris: Plon, 1992, p. 387-388. [ed. bras. *Índia: Um milhão de motins agora*. São Paulo: Cia das Letras, 1997]

provoca o horror ou o caos. É a partir do interior que a cidade contemporânea morre. O caos não é produzido pelos fluxos, a cidade é apanhada do interior, ela está hipertensa, pronta para a implosão. Como Los Angeles, essa *City of Quartz*, para retomar o título do livro-reportagem de Mike Davis.[58] Pode-se vê-la como uma terra que treme: a cidade pode esconder o fogo como um vulcão, porque ela queima no interior. Hipertensa, ela pode se metamorfosear ou então se assemelhar a uma favela. Favela, a cidade em forma de sucata, a cidade-sucata! "A Califórnia é uma região de tremores de terra. Não sabemos como iremos morar. Los Angeles torna-se ou volta a ser uma cidade. Outras cidades, por terem sido desejadas demais, cidades nascidas do deserto e de Los Angeles, irão talvez enfim até o extremo da cidade, além de seu 'fim'. Por estremecimento, por fissuras, por desvio ou por cansaço. Porém, mais longe, passada a fronteira do México, outra coisa há muito já começou. Não é mais o desdobramento, nem mesmo a reviravolta da cidade; essa não é mais sua travessia. A favela é a dejeção da cidade, sua violência amontoada na lama. Em certo sentido, será como uma exasperação da desqualificação de Los Angeles, de sua bricolagem e de seu desarranjo. Mas isso não depende mais de nenhuma lógica da cidade. A desabitação prevalece: não aquela do deserto, mas aquela que acompanha a destruição e a expulsão transformadas elas próprias em paródias de lugares. Não é a insignificância, é um excesso de sinais, que a palavra "favela" resume, e que não fala senão da devastação do lugar. A devastação ali se ergue de fato em forma de lugar de vida. Isso não acaba, isso se espalha como por aí se espalham as novas cidades, mas é o contrário de um crescimento. As favelas não param de se afastar de toda 'questão da cidade'. Elas não têm futuro. O que elas podem é apenas concentrar a devastação, e endurecer a exasperação."[59] A inversão de perspectiva é total: não observamos mais a decomposição de uma cidade como em Calcutá, perguntamo-nos sobre sua recomposição a partir dos detritos que ela contém em si, perguntamo-nos

---

58. Mike Davis, *City of Quartz: Los Angeles, capitale du futur*, Paris: La Découverte, 1997. [ed. bras. Cidade de quartzo. São Paulo: Boitempo, 2009]
59. Jean-Luc Nancy, *Temps de la réflexion*, n. 8, Paris: Gallimard, 1987. Cf. também, do mesmo autor, *La Ville au loin*, Paris: Mille et une Nuits, 1999.

se a lava pode endurecer e dar forma a alguma coisa. Mas aqui, a cidade é pura dejeção, um terreno devastado de imediato, ela não pode se exteriorizar por fora senão sob a forma de uma favela. Não há outra escolha além de oscilar entre decomposição e recomposição, entre queda de tensão e hipertensão. Mas se a cidade não morre de si mesma, ela se projeta em magmas informes, espaços insuportáveis. O fim da cidade: é uma vez mais o fim de toda forma de urbanidade. Se Los Angeles ainda pode se reestruturar, se reproduzir, esse não é o caso da zona de fronteira do lado mexicano. Quando a cidade falha em se reinventar, quando ela desmorona sob sinais macabros, ela não é mais que um imenso terreno devastado. O urbano generalizado é marcado pela continuidade, mas a favela, a terra devastada que o simboliza, a desabitação que ele torna manifesta, participam dessa continuidade, aquela da qual Koolhaas elogia as virtudes. O caos tomou corpo, ele não é apenas um vazio a ser preenchido, ele corresponde a um processo de esvaziamento, ele escava o vazio, ele organiza a falta de lugar, a falta de herdeiros. A volta ao deserto. A menos que uma cidade como Las Vegas e os motéis americanos constituam o "lugar comum" onde se inventa uma urbanidade pós-urbana.[60]

Urbicidas: pressões de fora e de dentro

> Diante dos crimes dos destruidores, a defesa da cidade é o único paradigma moral de nosso futuro.
>
> Bogdan Bogdanovic, "L'Urbicide ritualisé", in Véronique Nahoum-Grappe (Org.), *Vukovar, Sarajevo...*, Paris: Esprit, 1993.

Esse não lugar não é, para Paul Virilio, o próprio da favela, mas a própria marca da cidade contemporânea. O urbano contínuo e generalizado é sustentado por uma "estética do desaparecimento". Nesse

---

60. É este o sentido das análises de Bruce Bégout em *Zeropolis* (Paris: Allia, 2002) e *Lieu commun* (Paris: Allia, 2003), dois livros que tratam respectivamente de Las Vegas e da generalização do motel.

caso, isso não é a falta de desenvolvimento, a miséria, o abandono que destrói a cidade. Os espaços urbanos, quaisquer que sejam, estão condenados a se tornar informes, disformes, monstruosos, porque submetidos a uma pressão técnica que dá tanto menos oportunidades quanto mais as indústrias de armamento desempenham seu papel na militarização das cidades. "Terminais de aviação, de trem e portos da anticidade que se abrem sobre a nulidade de um território desaparecido, lugares de ejeção do qual nos servimos para fechar o círculo vazio de uma perambulação acelerada, aspecto terminal, espectroscópio no qual desfilam sombras populares, migrantes, fantasmas em trânsito, à espera da última revolução, a revolução geográfica... Ei-la, a estratégia anticidade, aquela em que o sequestro se produz no conjunto das massas, aquela onde o rapto se torna a essência do jogo político transnacional, além das cidades habituadas com o sequestro, com o gueto e com o enclausuramento nacional."[61] A estratégia anticidade contribui assim para voltar a cidade e seus valores contra ela própria. E não é por acaso que a figura do terrorista acompanha as metamorfoses do imaginário da cidade.

Essas interpretações colocam em cena uma cidade tornada informe de tanto ser a presa de um urbano generalizado mais ou menos anárquico. Se os termos escolhidos são particularmente evocativos — detritos, devastação, dejeção —, eles designam um espaço urbano sacudido entre a perda de tensões, a indiferença e a sobretensão. Um espaço urbano que se confunde com uma prisão à beira da violência paroxística.[62] Por contraste, eles mostram em que se transforma o urbano quando não há mais "colocação em tensões", e que a relação de um dentro com um fora perde seu sentido. Esse recuo é a consequência de uma cidade "energúmena" que empurrou seus limites, de um urbano que rompeu as amarras com "a dupla cultura dos limites e de proximidade" que encarna a cultura urbana na sua história. Essa inversão faz do fora um prolongamento do dentro, uma prótese que

---

61. Paul Virilio, "État d'urgence ou du lieu d'élection au lieu d'éjection", in *Traverses: Ville Panique*, n. 9, Paris: Minuit, 1977.
62. Sobre a cidade como prisão, cf. o livro-culto de Tom Willocks, *Green River Rising*, traduzido para o francês com o título *L'Odeur de la haine* (Paris: Pocket, 1995).

> ## O urbicida
>
> Enquanto os destruidores de cidades eram habitados nos tempos antigos por um "santo medo", um medo regulado e refreado, hoje se trata apenas de reivindicações sem freio do *habitus* mental o mais baixo. O que eu creio detectar nas almas em pânico dos destruidores de cidades é uma resistência feroz contra tudo o que é urbano, ou seja, contra uma constelação semântica completa, composta pelo espírito, pela moral, pela maneira de falar, pelo gosto, pelo estilo... eu lembro que o termo urbanidade designa até hoje nas línguas da Europa o refinamento, a articulação, a concordância entre ideia e palavra, entre palavra e sentimento, entre sentimento e gesto, etc.*
>
> * Bogdan Bogdanovic, "L'Urbicide ritualisé", in Véronique Nahoum-Grappe (Org.), *Vukovar, Sarajevo...*, Paris: Esprit, 1993, p. 36. Cf. também Christian Ruby, "Villes assiégées, villes détruites", in Thierry Paquot (Org.), *Le Monde des villes: Panorama urbain de la planète*, Bruxelas: Complexe, 1996, p. 419-432.

ignora a dialética antiga de um dentro que atraía o fora, de uma experiência de libertação que articulava falta de território e oferta de território, possibilidade de acolhida.

Tanto na realidade quanto na ficção, o urbano é hoje brutalizado, "posto a perder", violentado de fora (o urbicida) ou por dentro (a explosão, a bomba). O urbano faz mal. Por um lado, uma ampla fração das imagens americanas, a partir de *New York 1997* de John Carpenter (1983), narra a história de cidades que, desertadas e transformadas em prisão, voltaram ao estado de natureza. Quando a cidade não é colocada em cena como o lugar da barbárie, ela é a presa do bárbaro que procura destruí-la.[63] Por outro lado, a realidade está aí, violenta, impiedosa,

---

63. Para uma análise dos enredos e dos filmes violentos americanos, cf. Olivier Mongin, *La Violence des images ou comment s'en débarasser?* (Paris: Seuil, 1995). Essa obra também comporta um capítulo sobre os filmes consagrados a Beirute antes e durante a guerra que se iniciou em 1975, "La ville prise en otage: les cinémas de Beyrouth" (p. 156-174).

os fatos falam por si mesmos desde Sarajevo, Grozni, desde que as Torres Gêmeas foram destruídas por terroristas ligados à Al Qaeda. Forçoso é lembrar que o urbicida — um termo forjado por Bogdan Bogdanovic, um arquiteto que foi prefeito de Belgrado — também dita a lei no mundo do urbano generalizado. Em todo caso, desde a guerra de Beirute, cujo desencadeamento remonta a 1975. Como se fosse preciso pôr tudo a perder, arrasar as cidades-refúgios.

Destruída de fora ou por dentro, a cidade acabou; arrasada, ela é dejeção, favela, devastação, ela está esvaziada de si mesma... Todo esse vocabulário, muito contestável, lembra, entretanto, que a cidade desdobrada, massificada, distendida ao infinito, é posta a perder. A ponto de os tiranos continuarem a colocar as cidades à morte e abaixo. Os tiranos de ontem, mas também os terroristas de hoje, esses indivíduos nômades e desterritorializados. Ontem a cidade aspirava ao dentro, ela se queria integradora das gentes de fora; hoje são os agentes do terror que, vindos de fora, querem matar o espírito da cidade por dentro. Tudo isso não é recente, mas da Bíblia, de Babel, de Sodoma; apenas a atualidade dos valores urbanos é mais intensa.

III

O arquipélago megalopolitano mundial e a explosão das metrópoles

A cidade-rede de ontem, as cidades comerciais da primeira globalização não tinham como papel cercar um espaço, fechar um lugar. Bem ao contrário, a cidade-rede, não sem analogia com a cidade-refúgio, assegurava a capacidade de entrar e de sair. Não para confundir as fronteiras e as soleiras, mas para assegurar um equilíbrio instável entre um processo de territorialização e um processo de desterritorialização. Hoje, quase não há outra escolha além de ser desterritorializado ou supraterritorializado, prisioneiro de um fora sem dentro ou refém de um dentro sem fora. Eis, em todo caso, o que ensina a cartografia da rede urbana contemporânea, aquela que participa de uma economia de arquipélago, flutuante e fluida como os espaços marítimos e os fluxos do mundo das finanças.

O global e suas cidades

Seja como for o imaginário que ele suscita e a cidade pânico[64], nós vivemos realmente num mundo do urbano generalizado, aquele que simboliza a cidade gigante, a cidade desmesurada, a cidade informe que empurra simultaneamente os limites do urbano e do humano. Mas outros fenômenos focalizam a atenção de quem observa a evolução dos territórios apoiando-se nos mapas dos geógrafos e se demorando sobre as previsões dos economistas. Por um lado, a colocação dos lugares em rede participa de uma "economia de arquipélago" que remete a

---

64. Para uma crítica da literatura catastrofista, e mais particularmente das teses de Paul Virilio, cf. François Ascher, *Metapolis ou l'avenir des villes*, Paris: Odile Jacob, 1995, p. 293.

diferentes níveis hierarquizados entre si. Sob essa óptica, a economia de arquipélago é uma economia de escala. Por outro lado, o urbano generalizado e contínuo produz em resposta descontinuidades que pesam na configuração dos lugares. É preciso levar em conta a forma específica das "cidades globais", é preciso observar simultaneamente o processo de reterritorialização em curso. Um processo que se traduz por um triplo fenômeno: a fragmentação e a explosão que afetam as metrópoles, a malhagem ligada à reticulação e à multipolarização. O urbano generalizado e a "continuidade" dos fluxos estão na origem de hierarquias e de desmembramentos inéditos de que as duas formas extremas da cidade-mundo, a cidade-gigante e a cidade global, são os principais símbolos.

Entretanto, a reconfiguração dos territórios é hoje inseparável de descontinuidades que não se reduzem a essa oposição entre as megalópoles[65], as cidades gigantes mais ou menos informes, por um lado, e, por outro, as cidades globais, os territórios adaptados ao sucesso econômico. Além da alternativa entre cidades do sucesso e cidades do fracasso e da sobrevivência, que reproduz a diferenciação binária entre os incluídos e os excluídos, a reterritorialização não é separável de uma dinâmica metropolitana que subentende três características que também são aquelas da rede: a extensão indefinida, a multipolaridade e a explosão.[66] Mas antes de evocar sucessivamente o modelo da "cidade global" concebido por Saskia Sassen e a variedade dos futuros metropolitanos, é útil nos determos sobre "a economia de arquipélago" que estrutura ou desestrutura os territórios, uma vez que ela organiza a rede de cidades, globais ou não.

---

65. O termo "megalópole" foi forjado por Jean Gottmann em 1961 para designar a constelação de cidades dispostas entre Washington e Boston, no nordeste dos Estados Unidos, na costa atlântica.
66. Sobre a metropolização, cf. os trabalhos do geógrafo Paul Claval, "Métropolisation et évolution contemporaine des systèmes de communication", in *Historiens et Géographes*, n. 374, maio 2001; "Métropolisation et globalisation", in *Géographie et Cultures*, n. 48, 2003.

Uma economia de arquipélago

Se a "cidade global", que dá uma visibilidade à globalização, vai ao encontro da temática do "fim dos territórios", ela se inscreve em uma economia representada sob a forma de um "arquipélago". Certamente, a dispersão geográfica das atividades econômicas exige que se reconstituam "centralidades", a saber, cidades globais "concentrando funções de comando". Mas essa extensão geográfica passa pela emergência de uma economia de arquipélago cujas características são diversas.

Antes de mais nada, como indica a metáfora aquática, essa economia lagunar introduz um mundo duplamente "líquido", no sentido do mundo das finanças e da água. Um mundo da liquidez que é aquele da mobilidade, do rizoma, e não o da raiz. Essa economia é igualmente líquida no sentido em que é fluida, móvel, sujeita às correntes e às mudanças climáticas, mas também capaz de adaptações rápidas, como o curso de um rio ou uma corrente. A capacidade da cidade global de Nova York em encontrar respostas (deslocamento das sedes das multinacionais para outros bairros...) ao atentado do 11 de Setembro é testemunha disso.[67] Mas, além desse aspecto líquido[68], a economia de arquipélago rompe com o sistema de organização hierárquica que corresponde à sociedade industrial e fordista, e à empresa piramidal. Doravante, ela é indissociável de uma economia policentrada, de uma multipolarização espacial, e de uma ação que se desenrola em vários níveis: nos níveis global, nacional, metropolitano, regional...

O primeiro nível é naturalmente aquele da rede das cidades globais, aquele do Arquipélago Megalopolitano Mundial (AMM) de que fala o geógrafo Olivier Dollfus. O AMM é indissociável de uma globalização econômica que depende da concentração das atividades de inovação e de

---

67. Saskia Sassen, "New York reste la capitale du monde", in *Alternatives Internationales*, set./out. 2002.
68. Em *Coût humain de la mondialisation* (Paris: Hachette Littératures, 2002), Zygmunt Bauman insiste na ligação entre essa "liquidez" (o líquido remete à água e ao dinheiro) e a vontade de retraimento "insular" por um lado e, por outro, a demanda de segurança dos atores da economia globalizada.

comando: "Ali se pratica a sinergia entre as diversas formas do terciário superior e do quaternário (pesquisas, inovações, atividades de direção). O AMM marca conjuntamente a articulação entre cidades pertencentes a uma mesma região e entre grandes polos mundiais. Daí essa emergência de constelações de cidades mundiais."[69] Como as megalópoles que possuem ligações com outras ilhas do AMM são aproximadamente uma dúzia[70], elas também urdem relações hierarquizadas e seletivas com seu ambiente próximo. O Arquipélago Megalopolitano Mundial em vias de constituição tem, ele próprio, ramificações, conexões com capitais regionais — o Cairo, por exemplo, que não é uma cidade global — fortemente hierarquizadas entre si. A horizontalidade da sociedade em rede não deve iludir, ela não é a hierarquia vertical dos poderes e dos Estados, que desapareceu em benefício de uma economia de mercado de característica mais contínua e horizontal. Relações hierárquicas inéditas se organizam entre os diversos níveis interconectados horizontalmente (a rede privilegiada das cidades globais) e verticalmente (a cidade global em relação às cidades que não o são, ou então em relação a seu ambiente metropolitano). Saskia Sassen evoca esse ponto em *La Ville globale*: "Como a globalização da atividade econômica afetou a noção de conjunto das hierarquias urbanas ou sistemas urbanos? Será que Nova York, Londres e Tóquio participam atualmente de duas hierarquias distintas, uma em base nacional e outra implicando uma verdadeira rede mundial de cidades? Cada uma

---

69. Olivier Dollfus, *La Mondialisation*, Paris: Sciences-Po, 1997, p. 25.
70. É o que sugeria Olivier Dollfus em uma obra que remonta a 1997. Ele evocava então seis megalópoles (conjuntos constituídos de metrópoles que são ou não cidades globais): 1º) A megalópole do nordeste dos Estados Unidos (centrada em Nova York, ela se estende de Washington a Boston); 2º) As megalópoles "secundárias" dos Grandes Lagos (de Chicago a Toronto); 3º) "O litoral pacífico de San Diego a Seattle, passando por Los Angeles e São Francisco"; 4º) "O arco que reúne na Europa ocidental as cidades da planície do Pô até a bacia de Londres, tendo, na margem, Paris, a Catalunha e a região de Munique"; 5º) A megalópole japonesa centrada em Tóquio e no centro secundário de Osaka no Kansai; 6º) Uma última megalópole se articula sobre a precedente: "Ela se dispõe sobre o 'grande arco' da Ásia pacífica, de Seul a Cingapura, cingindo ao leste a China continental e seus três conjuntos urbanos de Pequim-Tianjin, de Xangai e de Cantão, que deveriam fazer parte dela no século XIX." (*La Mondialisation, op. cit.*, p. 27-29).

dessas três metrópoles é um centro urbano proeminente em seu país, nenhum, todavia, alcançando o grau de Londres para o Reino Unido. À diferença de Londres ou Tóquio, Nova York pertence a um grupo de cidades que inclui ainda Los Angeles, Chicago, Boston, São Francisco e Washington D. C."[71]

Além da imagem da rede, que evoca as comunicações e os transportes de grande velocidade, o território-rede se caracteriza essencialmente por propriedades de ordem "topológica" que valorizam "relações horizontais" e sua malhagem (polo-polo) em detrimento das relações verticais e piramidais (polo-*Hinterland*). A cidade global está presa em uma rede (*net*) que corresponde a uma organização em rede (*reticulum*), isto é, a uma estruturação que privilegia a horizontalidade e cria hierarquias que não são mais de natureza piramidal. "A rede, um tecido de interseções espaçadas (as malhas), forma uma grade de fios que se cruzam em intervalos regulares segundo dois eixos, o da cadeia e o da trama, e cujo conjunto se mantém primeiramente pelas conexões de cada casa com as outras, mas sobretudo pelo fio que forma a borda."[72] Desde então, a rede é um modelo de distribuição, de descentramento e de interconexão do qual as cidades globais tecem a trama.[73] Se a economia territorial de rede, aquela das cidades mercantis, cara a Fernand Braudel, não é nova, então ela não corresponde a uma economia em rede de hoje. "A verdadeira novidade é que o território das redes dá lugar a um verdadeiro território *em rede*, onde cada polo se define como ponto de entrecruzamento e de comutação de redes múltiplas, núcleo de densidade dentro de um gigantesco emaranhado de fluxos que é a única realidade concreta."[74] Por meio desses elementos constitutivos, da economia e do território globalizados, entende-se que a globalização não corresponde a uma dinâmica igualitária ou unificadora, e que ela

---

71. Saskia Sassen, *La Ville globale*, Paris: Descartes, 1996, p. 447.
72. Marcel Hénaff, "Vers la ville globale: monument, machine, réseau", in *Esprit: La Ville à trois vitesses*, mar./abr. 2004.
73. *Ibid.*, p. 260-261.
74. Pierre Veltz, *Mondialisation, ville et territoires: L'économie d'archipel*, Paris: PUF, 1996, p. 63, 65. Sobre a temática do arquipélago, cf. *La Société d'archipel ou les territoires du village global*, La Tour d'Aigues: Aube, 1994.

contribui, pelo contrário, para moldar hierarquias inéditas onde a questão dos nós, da passagem de um nível a outro, é crucial à medida que a progressão, isto é, a integração à escala mundial nunca está assegurada. A globalização dos territórios está na origem de um processo de marginalização ou de exclusão, uma vez que há lugares conectados entre si (neste ou naquele nível) e lugares à margem, à periferia (uma megacidade reduzida unicamente à inflação urbana, por exemplo). A globalização econômica não deixa outra "escolha além da de ser ou não ser."[75]

A cidade global

Frente à megacidade, a cidade que se estende sem poder "integrar" os migrantes que ali se amontoam, a cidade que acompanha a globalização no plano territorial é a "cidade global". Esse termo, forjado por Saskia Sassen, se aproxima daquele de "cidade mundial" concebido pelo geógrafo francês Jean Friedmann. Longe de se confundir com a cidade do amontoamento anárquico, a cidade global constitui um território bem circunscrito e protegido. Mas como se pode explicar o papel desse tipo de cidade que se impôs a partir do início dos anos 1980 e diz respeito a grandes cidades tradicionais, europeias (Londres) ou não (Tóquio, Los Angeles)? "Essencialmente, responde Saskia Sassen, pelo cruzamento de dois processos principais. O primeiro é a globalização crescente da atividade econômica [...]. O segundo é a intensidade crescente em serviços da organização da economia manifesta nas empresas de todos os setores. O processo-chave na perspectiva da economia urbana é a demanda crescente de serviços nas empresas de todos os setores e o fato de as cidades serem os locais escolhidos para a produção de tais serviços, seja em um nível global, nacional ou regional."[76] A economia globalizada se beneficia dessas "cidades globais" que delimitam um espaço autônomo e seguro quando elas preenchem

---

75. Cf. Daniel Cohen, *La Mondialisation et ses ennemis*, Paris: Grasset, 2004.
76. In Thérèse Spector e Jacques Theys (Orgs.), *Villes du XIXe siècle: Entre villes et métropoles – rupture ou continuité?*, Synthèse du colloque de La Rochelle, Collections du Certu, out. 1998, p. 11.

as principais funções destinadas à sua colocação em rede, à sua interconexão no cerne da economia globalizada: a concentração dos serviços múltiplos exigidos pelas empresas, a formação das elites de alto nível e a presença de campus universitários e centros de pesquisas, a presença de estruturas bolsistas, bancárias e financeiras, as sedes das multinacionais.

Se a presença dessas funções em um mesmo espaço, mais ou menos restrito geograficamente, é a condição da ligação com as outras cidades globais, não se deve concluir rápido demais quanto ao primado exclusivo do econômico. Saskia Sassen, que observa as ligações da metropolização econômica, da demografia e das migrações, ressalta a principal consequência disso: não é a recomposição dos centros de cidade, dos *downtowns* onde coexistem pobreza, populações migrantes e elites globalizadas, e sim a mutação do próprio conceito de "centralidade". Enquanto a reconfiguração dos territórios se acompanha, no contexto da metropolização, de um enfraquecimento do centro, a *centralização* permanece uma característica da economia global contemporânea. Mas a centralidade é doravante de natureza transterritorial: "Desde o aparecimento das novas tecnologias da comunicação, três formas de centralidade parecem se depreender do ambiente urbano. A primeira é constituída pelo bairro central de negócios [...]. O centro também pode se estender em zonas metropolitanas sob a forma de uma grade de núcleos de intensas atividades de negócios articulada em torno de novas rotas digitais [...]. Observa-se enfim a formação de centros transterritoriais constituídos por telemáticas e por transações econômicas que colocam em relação as cidades globais."[77] Em relação ao centro de cidade do passado, quer se tratasse de uma cidade-capital de um país ou não, que atraía sua periferia e seu ambiente, a centralidade se define de maneira contrastada por sua capacidade transterritorial de urdir uma relação com outras centralidades. No mesmo instante em que as relações periferia-periferia triunfam sobre as relações centro-periferia, as relações centro-centro são igualmente a regra.

---

77. Saskia Sassen, "Introduire le concept de ville globale", in *Raisons Politiques: Villes-monde, villes monstre?*, n. 15, ago. 2004.

Espaço seguro e lugar interconectado mundialmente, a cidade global é o símbolo cristalino do "glocal", de um local que encontra um equilíbrio instável com o global. Ela testemunha assim o fato de a globalização se caracterizar essencialmente por uma capacidade de se separar, de criar quadras para se conectar na rede às cidades globais, e não por um movimento de unificação do mundo. Mas o território da cidade global não é sempre circunscrito por grandes cidades do tipo de Londres ou de Tóquio. De fato, o território geográfico pode ser restringido, limitado a um centro de cidade (*downtown*), ou se estender à escala de uma megalópole cujos polos estão interconectados. Ele, portanto, se define essencialmente por sua capacidade de "aglomerar" funções diversas em um espaço particular e de ser um espaço conectado com outras cidades globais, isto é, uma centralidade transterritorial. Indissociável de uma metrópole policentrada da qual ela representa o centro, a cidade global corresponde, dessa forma, a um território mais ou menos artificial que concentra, delimita e circunscreve as instituições indispensáveis ao sucesso econômico global. Com a cidade global, a globalização está na origem de uma geografia inédita da centralidade da qual as ligações entre Estados e capitais não são mais os motores históricos.[78] Se a obra intitulada *La Ville globale* levava em consideração explicitamente três cidades desse tipo — Tóquio, Londres e Nova York —, às quais se pode acrescentar Paris e Los Angeles[79], Saskia Sassen enumera hoje entre trinta e cinquenta. São outras tantas cidades que pertencem todas à tríade Ásia-América do Norte-Europa ocidental e se distinguem daquelas que são quantitativamente as mais numerosas em escala planetária (as megacidades). É nesse sentido que há uma oposição entre as megacidades do sul, as cidades-mundo, e essas cidades globais, o que não permite falar de um único enredo e de se resignar à ideia de um urbano generalizado em vias de homogeneização. A temática da cidade global, primeira demarcação no âmago do urbano genérico, porque globalizado, é particularmente esclarecedora. Graças a ela, é fácil

---

78. Thérèse Spector e Jacques Theys (Orgs.), *op. cit.*, p. 26.
79. Cf. o artigo "La Ville globale: Éléments pour une lecture de Paris", que Saskia Sassen consagrou a Paris em *Le Débat: Le Nouveau Paris*, n. 80, maio/ago. 1994.

entender que o espaço urbano que melhor globaliza é aquele que circunscreve com sucesso um lugar em grande parte indiferente às práticas urbanas e, portanto, às condições da experiência urbana específicas de um tipo-ideal da cidade. E com toda razão: seu objetivo maior sendo o de favorecer a interconexão com as cidades equivalentes na rede de excelência global, a cidade global se volta decididamente para um exterior ao qual ela está conectada, e não para sua periferia imediata.

Entretanto, numerosas restrições vêm ao espírito. A primeira trata da cisão que a cidade global institui com seu fora. Com efeito, se ela valoriza a ligação com os espaços equivalentes, com as outras cidades globais, se ela se afasta tanto de qualquer vontade de integração quanto de seu ambiente imediato, a cidade global é exclusiva do que lhe está próximo. Essa é a inversão mais perturbadora em relação à cidade clássica e responsável pela integração de um ambiente regional, rural ou pós-rural. Mas os comportamentos das populações da cidade global obrigam a nuançar essa constatação: "Se consideramos que as cidades globais concentram os setores dominantes do capital global, mas também uma parte crescente das populações desfavorecidas — os imigrantes, as mulheres em situação precária, as 'pessoas de cor', e, nas megacidades dos países em desenvolvimento, os habitantes de favelas —, fica evidente que essas cidades são um lugar estratégico para toda uma série de conflitos e de contradições."[80] A oposição promovida com a cidade clássica, que se constitui "integrando" aquele que vem de fora, deve então ser nuançada. Mesmo se a cidade global não tem uma função de integração como a cidade europeia de tradição republicana, mesmo se ela é um lugar em rede com outras cidades globais que não tem como função se preocupar como o recém-chegado, ela deve necessariamente coadunar-se com os fluxos migratórios relativos às elites profissionais, mas também com os empregados de serviços. A cidade global deve se entender consequentemente com seus habitantes, com as práticas urbanas, com as escolhas residenciais e com os fluxos migratórios. Nisso ela se afasta da comunidade fechada, dos condomínios fechados: "As grandes cidades não se desenvolvem

---

80. Saskia Sassen, "Introduire le concept de ville globale", *op. cit.*

somente porque são mais eficazes no plano econômico, mas também porque elas constituem polos de atração das populações emigradas em nível internacional. Pode-se mesmo dizer que são as atividades econômicas que seguem as dinâmicas residenciais e não o inverso, como testemunham as evoluções nas localização das empresas e dos empregos que seguem com atraso as mudanças."[81]

A segunda restrição trata do tipo de território que visa a expressão "cidade global": designar as cidades de Londres, Tóquio, Nova York como "globais", considerar que Paris é uma cidade global, não permite distinguir o tipo de espaço exigido, sob um ponto de vista material e físico, para aceder a um espaço global. De fato, há cidades globais que são cidades por inteiro, que ocupam realmente um território e se inscrevem em uma dinâmica urbana já antiga. É o caso de Londres na Europa, por exemplo. Mas há outras que se desligam de seu ambiente metropolitano para privilegiar exclusivamente a rede das cidades globais em escala mundial. A cidade global então se confundiria com a cidade virtual evocada por Manuel Castells ou então exigiria edificações específicas? A cidade global exigiria espaços restritos ou então se inscreveria no contexto urbano das cidades-região cuja história já é antiga? Levar em conta a ambiguidade do território da cidade dita global não é indiferente, uma vez que a economia de arquipélago da qual ela depende é aquática, móvel, aleatória.

O urban sprawl *e os avatares da metrópole*

> Nessa primeira metade dos anos sessenta, começava-se justamente a tomar consciência da distensão urbana, da invasão do campo pela cidade, da dificuldade crescente de reconhecer os limites da cidade, do que se chamava então "città territorio" (a cidade território), e que se tornará, mais de vinte anos depois, a "città diffusa".
>
> Bernardo Secchi

---

81. Thérèse Spector e Jacques Theys (Orgs.), *op. cit.*, p. 11.

O urbano não se resume a uma alternativa entre duas cidades-mundo, entre as duas modalidades segundo as quais ele empurra os limites: aquela da megacidade, da cidade-massa por um lado, e aquela da bunkerização sofisticada da cidade global por outro. É por isso que a maior parte dos especialistas substituiu há tempos uma interrogação sobre a cidade por uma interrogação sobre a metrópole. No contexto de uma economia de arquipélago, onde as cidades globais, e não mais os Estados, representam as novas "centralidades" da rede econômica globalizada, o que é feito dessas metrópoles, dessas áreas urbanas duplamente caracterizadas pela distensão e pela multipolaridade, que não são nem megacidades condenadas à anarquia e à sobrevivência, nem cidades globais, mas conjuntos urbanos que participam, em seu nível, da rede global?

Se a metrópole pode se confundir com uma cidade global quando ela está interconectada com as cidades periféricas e as outras cidades da rede "global", ela se define essencialmente por colocar em relação uma pluralidade de polos urbanos. O fato metropolitano remete à expansão urbana (*urban sprawl* ou *losangelização*), à policentralidade e à presença de cidades-centro onde coexistem as *inner-cities* (os bairros da cidade-centro que reúnem as populações fragilizadas) e o setor de negócios. Tanto quanto a oposição das duas cidades-mundo, ele permite escapar daquela que concerne aos fluxos e aos lugares: "A metropolização tende a substituir a justaposição de territórios intraurbanos e redes interurbanas por espaços metropolitanos que coadunam na mesma área urbana territórios e redes."[82] A metropolização, fenômeno urbano universal que designa a prevalência dos fluxos sobre os lugares, convida a levar em consideração a diversidade dos regimes urbanos, isto é, dos tipos de relações instituídas entre polos heterogêneos, que o contraste da cidade compacta (Amsterdã) e da cidade difusa (Johannesburgo) não resume. Essa diversidade é grande, uma vez que leva em conta tanto as formas de fragmentação e de aglomeração quanto a simples coexistência entre os polos urbanos. Distinta daquela que se refere à cidade global, a análise

---

82. Jacques Lévy, *L'Espace légitime: Sur la dimension géographique de la fonction politique*, Paris: Sciences-Po, 1994, p. 290.

do futuro das metrópoles permite escapar à interpretação binária em termos de dualização e de exclusão, mas também em termos de cidades difusas ou de cidades compactas. Ressaltando a importância das ligações tecidas entre polos suburbanos em detrimento da relação centro-periferia, ela restabelece uma relação com o ambiente espacial e sublinha a importância da relação periferia-periferia. A questão, portanto, não é mais somente aquela dos níveis hierárquicos em função dos quais se organiza o urbano globalizado, mas também a do caráter fragmentário ou unificador de metrópoles cujos subúrbios, periferias, círculos e cinturões sucessivos se desenvolvem mais rapidamente que as cidades-centro.[83] Se a economia de arquipélago funciona em diversas velocidades e em vários níveis, o mesmo acontece com as metrópoles onde a cidade-centro perde terreno em benefício do periurbano e do suburbano.

A dinâmica metropolitana rompe com a lógica urbana clássica: enquanto a cidade clássica atrai a periferia, o seu fora, para o centro, a metrópole simboliza a reviravolta dessa dialética urbana. Não é mais a aspiração do fora para o dentro que é a prioridade, mas o inverso, uma vez que o urbano se volta para o fora. Desde então, a metrópole se distingue duplamente da cidade: por um lado, ela não corresponde mais a uma entidade que delimita concretamente um dentro e um fora; ela não é mais definida essencialmente por sua capacidade de acolhida e por sua vontade, mais ou menos afirmada, de integração. Por outro lado, sua extensão é ilimitada, uma vez que ela não tem fronteiras bem nítidas, o que dá lugar a uma configuração territorial que se inscreve nas áreas urbanas estendidas. Se a dinâmica metropolitana se generalizou, a exemplo do próprio urbano, ela não dá lugar a evoluções idênticas, e dificilmente consegue encontrar um equilíbrio, aquele da "metápolis", por exemplo, uma organização espacial destinada a reaglomerar elementos prestes a se separar e a dominar

---

83. No caso dos Estados Unidos, Cynthia Ghorra-Gobin lembra que "no decorrer da década de 1990, apenas 17 metrópoles de 92 registraram para a cidade-centro uma taxa de crescimento de empregos superior à dos subúrbios". (*Villes et societé urbaine aux États-Unis*, Paris: Armand Colin, p. 153.)

os fluxos de todas as ordens.⁸⁴ Da mesma maneira, pode-se distinguir a cidade-orla de acordo com o modelo da Edge-City americana ou o da *metropolis*, que associa a metrópole e a cidade caracterizada por seu grau de urbanidade.⁸⁵ Levar em conta essa diversidade equivale a renunciar à hipótese de um modelo único do urbano, de um único tipo de cidade-mundo e de uma dinâmica metropolitana homogênea. Entre o *urban sprawl* específico dos Estados Unidos, a evolução das cidades como o Cairo e Buenos Aires, a dinâmica das cidades francesas⁸⁶ e a ilusão de que a cidade média resiste na Europa, observam-se tanto convergências quanto divergências.

Devires metropolitanos nos Estados Unidos e alhures

Como o futuro do mundo é pensado espontaneamente em ligação com a evolução dos Estados Unidos, a cidade americana prefigura em grande medida o futuro urbano da Europa. Mas sendo a civilização americana menos urbana que campestre, essa afirmação é contestável. A colonização americana, de fato, foi marcada por um puritanismo desejoso de criar uma "cidade na colina", uma expressão pronunciada por John Winthrop, pastor e primeiro governador de Massachusetts, quando ele atracou em 1630 com o *Annabella* na costa americana. Desejosos de criar "cidades na colina", os americanos temeram as derivas

---

84. Cf. in François Ascher, *Metapolis ou l'avenir des villes* (*op. cit.*), o capítulo que trata das concepções metapolitanas, aquelas que se esforçam por recriar a cidade em um espaço levado pelos fluxos e marcado pela dispersão metropolitana (p. 299-264).
85. Se a métrica territorial da "cidade-orla" exige vias públicas densas, ela dispõe de uma urbanidade fraca. Ao contrário, "a *metropolis* privilegia as grandes densidades, as métricas pedestres, uma reurbanização dos subúrbios", mas ela tem como ponto fraco sua rigidez. Cf. Jacques Lévy, "Territoires et réseaux", *op. cit.*, p. 386-387.
86. Cf. *L'Atlas historique des villes de France* (Paris: Hachette/CCCB, 1996), que trata das cidades de Paris, Ruão, Lille, Estrasburgo, Marselha, Lyon, Montpellier, Toulouse, Bordéus, Nantes; e A. Jouve, P. Stragiotti e M. Fabries-Verfaillie, *La France des villes: Le Temps des métropoles* (Paris: Bréal, 1994). Armand Frémont opta pelo termo "metrópole" em seu *Portrait de la France: Villes et régions* (Paris: Flammarion, 2001), onde ele privilegia quatro regiões metropolitanas (Norte-Pas-de-Calais, Alsácia, Ródano-Alpes e Provença-Alpes-Côte-d'Azur).

de um mundo urbano percebido em função das penúrias da cidade industrial europeia. Amparada por uma antiga tradição antiurbana (Thomas A. Jefferson, R. Waldo Emerson, H. D. Thoreau, Henry Adams, Henry James, bem como os maiores arquitetos da Escola de Chicago), a crítica americana da Grande Cidade baseia-se em diagnósticos diversos. Aquele da democracia, entendida no sentido "empírico" de Jefferson; aquele do respeito metafísico à natureza, no sentido de Emerson e de Thoreau; ou aquele da auscultação romanesca, a que prosseguiu de Theodore Dreiser a Saul Bellow no caso de Chicago. De maneira quase instituidora, o desejo de se confrontar com o mundo selvagem, a *wilderness*, e de respeitar o espírito rural está na origem de uma "estratégia urbana da dispersão" da qual Gropius é o defensor na Europa contra Le Corbusier, que é partidário da concentração urbana e da densificação do território (aquela da qual o arranha-céu, nisso enganador, no caso dos Estados Unidos, é o símbolo). Paralelamente, o modelo geométrico dito "ortogonal", subjacente à concepção do urbanismo nos Estados Unidos, é objeto de crítica por parte de John Ruskin, teórico de um mundo pré-industrial, mas também de Haussmann, encarregado de "regularizar" a Paris industrial. Nessas condições, a experiência americana não prefigura nem o futuro europeu, nem o do mundo urbano extraocidental. Comparando-as com o Japão, um país que se integrou em duas décadas no sistema da "reticulação planetária", Françoise Choay se recusa a predizer o destino das cidades americanas: "Como as cidades asiáticas ou europeias, [elas] subsistirão de modo fragmentário no seio do urbano, segundo modalidades específicas, unicamente onde não forem engolidas pela globalização."[87]

Além de seu caráter campestre, nos Estados Unidos, a cultura urbana é essencialmente marcada por uma dinâmica de suburbanização. A extensão em direção à periferia distante, primeiramente residencial após a metade do século XIX, depois econômica após o meio dos anos 1970, isto é, depois que os *downtowns* (centros de cidade) deixaram de concentrar a economia e os empregos, extravasa o movimento de

---

87. Françoise Choay, entrevista em *Urbanisme, op. cit.* Sobre a relação dos Estados Unidos com o espaço, cf. também Pierre-Yves Pétillon, *La Grand Route: Espace et écriture en Amérique*, Paris: Seuil, 1979.

periurbanização em proveito de uma suburbanização. Se o processo de "rurbanização" e de "dispersão" evocado a propósito da França corresponde à constituição de um mundo periurbano, este não pode ser qualificado de suburbano.[88] Enquanto o periurbano participa de uma dinâmica onde o centro ainda desempenha um papel decisivo, o que traduz a diferenciação bipolar entre a cidade-centro e o subúrbio, o suburbano remete a uma dinâmica de urbanização em que a cidade-centro é um polo entre outros. Foi na ocasião do recenseamento de 1990 que a sociedade americana se reivindicou como "sociedade suburbana", e não mais urbana, como era o caso após os anos 1920. Isso deve estar correlacionado com a evolução do trabalho que, cada vez mais localizado nos subúrbios e nas periferias, como o habitat, funciona na escala da metrópole e não mais da cidade-centro. "Os americanos qualificam esse contexto inédito de *urban sprawl*, ou seja, uma distensão urbana resultante da convergência de ações conduzidas por autoridades públicas (nível federal e local), o setor privado (empresas) e a sociedade civil (famílias e indivíduos)."[89]

Tendo começado desde o século XIX com a escolha da residência, essa expansão urbana, o *urban sprawl*, acompanhou o desmantelamento da sociedade industrial. Os baldios industriais que se vêem em cidades como Chicago, Detroit, Toledo, Indianápolis e Los Angeles testemunham isso. Foi "no momento da reestruturação da economia industrial, a partir dos anos 1970, que as empresas escolheram deixar a cidade e se instalar nos locais que, mais adaptados às exigências atuais, se localizavam na proximidade do ambiente natural (argumento central para os americanos), dos lugares de moradia dos trabalhadores graduados que se beneficiavam da rede viária e rodoviária para seus deslocamentos."[90] Se a mutação urbana caminha juntamente com as transformações que afetam o regime de trabalho e suas localizações privilegiadas, os serviços e a alta atividade financeira conservam, entretanto, sua sede nos centros

---

88. G. Bauer e J.-M. Roux, *La Rurbanisation ou la ville éparpillée*, Paris: Seuil, 1976.
89. Cynthia Ghorra-Gobin, "L'Étalement de la ville américaine: Quelles réponses politiques?", in *Esprit*, mar./abr. 2004.
90. *Id.*, "Réguler la *Borderless Economy*: Reconceptualiser l'échelle locale", in *Vingtième Siècle*, n. 81, p. 81-92, jan./mar. 2004.

de cidade. O *downtown* americano reagrupa paradoxalmente setores de grande pobreza, aqueles das *inner-cities*, e espaços seguros que formam a estrutura da cidade-global (bancos, sedes de multinacionais, presença massiva de serviços, grandes hotéis). Enquanto a dinâmica econômica abandonou em grande parte a cidade por territórios suburbanos e periféricos "elásticos"[91], assiste-se à criação de novas polaridades. É isso que traduz a proliferação do vocabulário: *exurb, suburban corridors, clusters, urban villages, edge cities, edgeless cities, gated communities...* Enquanto as *edge cities*, entidades urbanas situadas na periferia e que se afastam das antigas *downtowns* (centros de cidade), são polos autônomos que reagrupam centros comerciais, espaços de lazer, lugares de trabalho e residências, as *edgeless cities* designam, ao contrário, polos periféricos onde a baixa densidade dos escritórios e das empresas exige dos habitantes uma mobilidade ampliada. Se é possível encontrar um trabalho perto de sua residência nas *edge cities*, esse não é o caso nas *edgeless cities*. O imperativo da mobilidade, indissociável de uma dependência em relação ao automóvel, desempenha um papel decisivo nos territórios suburbanos: quem que não dispõe de uma capacidade de deslocamento não pode sobreviver em um universo — o mundo frio fotografado por Stephen Shore — que oscila entre espaços de reagrupamento seguros (as *gated communities*, condomínios fechados, ou os bairros da cidade global na cidade-centro), guetos e zonas onde é impossível residir sem se deslocar (*edgeless city*). Se a suburbanização favorece no plano do habitat segmentações espaciais, no estilo dos condomínios fechados, onde os habitantes autofinanciam serviços de qualidade em circuito fechado, a desterritorialização do trabalho em relação à sua concentração clássica coloca tanto a questão da mobilidade quanto a da segurança. Mas o imperativo de mobilidade não concerne unicamente aos habitantes das entidades suburbanas, uma vez que as populações pauperizadas dos centros de cidade — aquelas que não podem ter acesso aos empregos altamente qualificados situados nos *downtowns* — não podem se deslocar até as empresas dos territórios suburbanos por falta de meios

---

91. David Rusk distingue as cidades elásticas das cidades não elásticas, cuja superfície não muda; cf. *Id.*, "L'étalement de la ville américaine", in *Esprit: La Ville à trois vitesses*, mar./abr. 2004.

de transporte. Desde a metade dos anos 1960, a metáfora do *spatial mismatch* (distância espacial em relação aos empregos) proposta por John Kain aponta três dificuldades principais: "as limitações da escolha residencial de populações mais pobres, obrigadas a habitar os bairros centrais das cidades", "a dispersão dos empregos para fora dos centros de cidade em benefício das periferias e dos subúrbios" e "a falta de motorização das populações pobres".[92] Enquanto apenas 10% dos beneficiários da assistência social dispõem de um carro para se deslocar, a economia pós-industrial provoca a emergência de uma *underclass* nos bairros desqualificados dos *dowtowns*. O *spatial mismatch* é indissociável do *skill mismatch*, isto é, da impossibilidade de a *underclass* responder, em razão de sua falta de mobilidade e de qualificação, a uma dupla oferta de trabalho: aquela que exige altas qualificações nos *downtowns*, mas também aquela que não exige, porém é transferida às periferias.

Como os excluídos do mundo do trabalho não dispõem de meios de transporte — nem pessoais, nem públicos, uma vez que os serviços coletivos valorizam a relação centro-centro e não a relação centro-periferia — para chegar aos locais de trabalho, a mobilidade esteve no cerne da mudança política social operada pelo Estado federal em 1996. "O *urban sprawl* da metrópole americana é acusado, por aqueles que o percebem, como responsável pelo declínio da cidade enquanto centro da metrópole e da concentração espacial da pobreza em certos bairros."[93] É por isso que, diante do aparecimento da droga e da violência, e em razão das ameaças de secessão e de guetização, o Estado federal coloca um fim à assistência social clássica, aquela do *welfare state*, e cria medidas destinadas a incitar os indivíduos desclassificados e desprovidos de emprego a voltar ao mercado de trabalho. Essa mudança de política devia levar a privilegiar o critério da mobilidade e a imaginar o *job ride*, o encaminhamento para o lugar de trabalho. Os exemplos de São Francisco, Indianápolis e da metrópole de Minneapolis-Saint Paul (as cidades gêmeas), programas do tipo Bridge to Work contribuíram para legitimar o *job ride*. Longe de corresponder

---

92. *Id.*, "L'étalement de la ville américaine", *op. cit.*
93. *Id.*, "Refonder la ville: Le débat nord-américain", in *Esprit*, nov. 1999.

a um recuo do Estado frente à questão social, essa reforma "permitiu que se desse conta do interesse de uma ação política visando conectar os habitantes das *inner-cities* aos subúrbios e aos territórios periféricos ricos em empregos."[94]

Indissociável da globalização econômica e da economia pós-fordista, a suburbanização é o fenômeno mais marcante da metropolização no caso dos Estados Unidos. "O termo *reverse commuting* designa os fluxos que têm desde então por origem o subúrbio ou a periferia."[95] De fato, a relação centro-periferia ou cidade-subúrbio dá lugar a uma multipolarização na qual coexistem o caráter bifacetado dos *downtowns* (copresença de *inner-cities* fragilizadas e de microcidades globais gentrificadas), os condomínios fechados, as novas municipalidades, os espaços extrarresidência... Essa mutação está na origem de uma prevalência das relações subúrbio-subúrbio ou periferia-periferia sobre as relações centro-periferia. Aliás, essa não é mais uma especificidade dos Estados Unidos, uma vez que na Europa as relações periferia-periferia levam progressivamente a melhor sobre os fluxos centro-periferia.[96]

Mas o que se passa fora dos Estados Unidos? O exemplo americano estaria à margem se o comparamos com outras dinâmicas metropolitanas em outros continentes? No caso das sociedades que tomam o bastão da industrialização (a China com as indústrias transferidas), ou concorrem com a Europa no plano da economia de serviços (a Índia, graças à sua capacidade de gestão da ferramenta informática e das novas tecnologias), o imperativo é "gerar simultaneamente democratização, reajuste social e globalização".[97] A África do Sul é um exemplo disso, uma vez que depois do *apartheid* esse país teve de impedir que seus territórios se transformassem em outros tantos enclaves justapostos. Sob essa óptica, "as seis maiores aglomerações (Pretória, Durban, Port Elizabeth, Johannesburgo, Cidade do Cabo e

---

94. *Id.*, "L'Étalement de la ville américaine", *op. cit.*
95. *Ibid.*
96. Cf. adiante, as cifras relativas à Île-de-France.
97. Cf. os artigos publicados sobre a África do Sul, Brasília ou o litoral do Benim em *Vingtième siècle – Révolution urbaine et mondialisation*, *op. cit.*

o *East Rand*) tornaram-se 'autoridades metropolitanas' por fusão das entidades administrativas que as compunham até então".[98] O fim da metrópole industrial acontecendo ao mesmo tempo que a emergência de uma nova entidade político-administrativa, o caso do *East Rand* na África do Sul mostra bem que "a tendência predominante está na desindustrialização-fragmentação da aglomeração". Esta corre o risco de prevalecer se reagrupamentos administrativos não fornecerem freios ao mercado e se a reconfiguração dos lugares não apresentar um objetivo político. Se a metrópole não forma mais uma cidade, se não forma mais um conjunto, aglomera menos do que separa, uma resposta administrativa sem objetivo político declarado não pode bastar quando a desindustrialização não permitir mais manter equilíbrios entre os espaços industriais e pós-industriais. A resposta à fragmentação não se baseia milagrosamente em decisões de tipo administrativo e jurídico; ela exige uma decisão política.

---

98. Philippe Gervais-Lambony, "Mondialisation, métropolisation et changement urbain en Afrique du Sud", in *Vingtième siècle: Révolution urbaine mondialisation*, op. cit.

IV

Convergências e divergências urbanas
Mudanças de escala e de velocidade

Desigualdades territoriais

Demanda de segurança, demanda de Estado?

"Ser ou não ser?", a interrogação não diz respeito às perspectivas de integração, como era o caso à época da cidade clássica ou da cidade industrial. Aquele que "não é" não apresenta nenhum interesse para os atores da rede globalizada, somente aquele que encontrou seu lugar nas malhas da rede lançada no arquipélago conserva chances de se manter ali. A globalização não conhece o elevador social que conheceu o Estado social do pós-guerra na Europa ou em alguns países da América Latina, e as classe média não fazem mais mediação entre as categorias abastadas e as marginalizadas. As desigualdades territoriais, tanto horizontais quanto verticais, tendem consequentemente a se generalizar em escala planetária. "Metropolização, ascensão das desigualdades: o fenômeno não é próprio da França. Todos os grandes países industriais o conhecem. O Japão, que se beneficia de uma estrutura urbana multipolar, conhece uma extraordinária concentração em torno do superpolo de Tóquio. O sudeste da Inglaterra absorve uma parte enorme do dinamismo britânico. A Alemanha, ela própria um país multipolar por excelência, vê seu crescimento se concentrar em torno dos grandes polos. As desigualdades entre Estados nos Estados Unidos começaram a crescer após uma longa convergência, na base da abertura do leque das desigualdades sociais."[99]

---

99. Pierre Veltz, *Des Lieux et des liens: Politique du territoire à l'heure de la mondialisation*, La Tour d'Aigues: Aube, 2002, p. 30-31.

Sendo a reconfiguração dos territórios indissociável das desigualdades ampliadas, conclui-se frequentemente que o Estado pode responder a isso disciplinando os territórios, garantindo a segurança, em suma, manifestando seu poder. Se o papel do Estado aparentemente se enfraqueceu no contexto da terceira globalização, é preciso, no entanto, distinguir a redução de sua ação no plano econômico e seu reforço no plano da segurança. Em uma sociedade definida pelo risco, e mais ainda pela ameaça, a expectativa em relação ao Estado é sobretudo a da segurança. Segurança em relação aos riscos principais, em relação aos desencadeamentos de violências que alimentam o temor da ameaça: a violência dos marginais dentro e fora de suas cidades, a delinquência, as ações terroristas mais particularmente sentidas após o 11 de Setembro de 2001. Mas seria preciso concluir disso que o Estado exerce um papel disciplinar e reata com o desejo de controle tradicional do Estado policial ou repressivo? Isso seria ignorar que hoje o Estado mais responde a uma demanda de segurança que emana dos indivíduos do que impõe, ele próprio, uma autoridade e um poder colocados em discussão nas sociedades ocidentais. Portanto, é errôneo falar de sociedade disciplinar no rastro de Michel Foucault, ou de Estado securitário; mais vale falar de liberal-autoritarismo, uma expressão que permite entender que os indivíduos são, voluntariamente, solicitantes de um exercício efetivo da segurança. Com o sociólogo Zygmunt Bauman, pode-se ver nesse liberal-autoritarismo o sinal de uma fragilidade, mas também o "custo humano da globalização". Se a demanda de segurança não pode ser interpretada como um exercício disciplinar do Estado, as escolhas territoriais e as estratégias de demarcação elaboradas por indivíduos, longe de serem redutíveis às escolhas exclusivas dos condomínios fechados, são enunciadas diferentemente em função do tipo de habitat e de entre-si "selecionados". O enredo da "cidade de três velocidades" ressalta dessa forma que a relação mantida com segurança não é homogênea e depende da maneira pela qual o indivíduo organiza seu habitat e seu ambiente. A "maneira de ser" do indivíduo importa mais que a potência do Estado como tal, e portanto os enredos que focalizam os modos de habitar são ainda mais esclarecedores a esse respeito.

Do enredo da exclusão à cidade de três velocidades

Apresentada na França, entre outros, pelo sociólogo Alain Touraine, a interpretação dualista em termos de exclusão teve uma função de alerta ao focalizar a atenção sobre as "margens", os grandes conjuntos e as cidades novas dos anos 1960 e 1970. Mas ela apresenta o defeito de distinguir entre duas categorias de população, o cidadão e o não cidadão, aquele que está "dentro dos muros" da cidade e aquele que está "fora dos muros", correndo o risco de valorizar formas de assistência dirigida a um certo público, de privilegiar exclusivamente a ação territorial e de exacerbar o imaginário da marginalização.[100] Daí a vontade, expressa por outro sociólogo, Robert Castel, de enfatizar a precarização que afeta as diversas categorias da sociedade, e não unicamente aquelas que se encontram à margem, os excluídos, os guetizados. Essa segunda abordagem privilegia a continuidade social, e não mais a cisão intransponível, insistindo em uma fragilização crescente. Jacques Donzelot sugeriu a seguir a ideia de uma "cidade de três velocidades", expressão que designa mais uma secessão radical do que espaços em vias de explosão e de diferenciação.[101] Cidades de três velocidades, cidades de várias velocidades! "De fato", escreve Eric Maurin, repetindo, "o 'gueto francês' não é tanto o lugar de um afrontamento entre incluídos e excluídos quanto o teatro em que cada grupo se esforça para evitar ou para contornar o grupo imediatamente inferior na escala das dificuldades. Nesse jogo, não são apenas os operários que fogem dos imigrantes desempregados, mas também os assalariados mais abonados que fogem da classe média superior, as classes médias superiores que se esquivam das profissões intermediárias, as profissões intermediárias que se recusam a misturar-se com os empregados, etc."[102]

---

100. Sobre a política da cidade, cf. Jacques Donzelot, *L'État-animateur*, Paris: Esprit, 1994; Philippe Estèbe, *L'Usage des quartiers: Action publique et géographie dans la politique de la ville (1982-1999)*, Paris: L'Harmattan, 2004; Christine Lelévrier, "Que Reste-t-il du Projet social de la politique de la ville?", in *Esprit: La Ville à trois vitesses*, mar./abr. 2004.

101. Sob essa óptica, cf. também Jean-Paul Fitoussi, Éloi Laurent e Joël Maurice, *Ségrégation urbaine et Intégration sociale*, relatório do Conseil d'Analyse Économique, Paris: La Documentation Française, 2004.

102. Eric Maurin, *Le Ghetto français: Enquête sur le séparatisme social*, Paris: La République des Idées/Seuil, 2004, p. 6. Cf. também Jean-Paul Fitoussi, Éloi Laurent e Joël Maurice, *op. cit.*

As três velocidades: exclusão, periurbanização, gentrificação. Ainda é preciso admitir a ruptura que se operou em relação aos anos 1960 e 1970, quando prevalecia o sentimento de uma continuidade possível entre o burguês do centro da cidade, as camadas intermediárias dos loteamentos residenciais ou dos grandes conjuntos e as classes inferiores que se beneficiavam da habitação social. Na época, a heterogeneidade não era uma ilusão, as camadas intermediárias podiam coabitar com os imigrantes e as populações carentes nos grandes conjuntos, com citadinos tradicionais nos centros das cidades, ou então com os operários nos subúrbios e nos primeiros cinturões periurbanos. Mas "é um momento em que a visão se turva, como se tivessem mudado dissimuladamente a fita no videocassete".[103] Desde que "a sociedade é totalmente urbanizada" e que a globalização econômica se acompanha de uma precarização dos empregos "industriais", o sentimento de continuidade territorial se enfraquece em todas as camadas da população. "À continuidade das condições sociais graças à promoção regular de elementos mais meritórios da sociedade industrial veio se substituir uma lógica de separação que desfaz a unidade relativa da sociedade urbana [...]. Das regiões de habitação social nos 'bons bairros' passando por loteamentos de classe média, existia um caminho que mostrava uma possível passagem de um espaço a outro."[104] Quando o sentimento de "fazer sociedade" em um mesmo espaço urbano se "desfaz", nasce a impressão de que cada universo, cada um dos "regimes de cidade" torna-se estranho um ao outro. Hoje, uma área urbana não se reduz mais a um polo único; ela é multipolar, constituída ao mesmo tempo por um polo urbano (uma ou várias cidades-centro e uma periferia) e por um ou vários cinturões periurbanos.[105]

---

103. Jacques Donzelot, "La Ville à trois vitesses: relégation, périurbanisation, gentrification", in *Esprit: La Ville à Trois Vitesses*, mar./abr. 2004.

104. *Ibid.*

105. Em 1900, 29% dos franceses residiam nas cidades-centro, 31% nos subúrbios e 13% além, nas comunas periurbanas. É preciso lembrar ainda que, num extremo, as comunas de menos de dois mil habitantes ocupavam 81% do território e abrigavam um quarto dos franceses, e que, no outro extremo, 23% dos habitantes viviam nas cidades de mais de 50 mil habitantes em menos de 1% do território. Cf. *Atlas des Franciliens*, t. I: *Territoire et Population*, Paris, INSEE/AURIF, 2000, p. 42.

Mas, para além da fragmentação espacial, do desmembramento do conjunto urbano, uma separação mental triunfa: o social, o espacial e o mental seguem a mesma evolução. "A distância — entre as regiões de habitação social e o periurbano residencial, entre este e os centros gentrificados das grandes cidades — é vivida como rejeição de um universo pelo outro, alimentando o amargor e as fricções, o sentimento de não pertencer a uma mesma cidade, a uma mesma sociedade."[106] Daí o enredo, imaginado por Jacques Donzelot, de uma cidade de três velocidades, de uma cidade separada em três entidades que, ignorando-se cada vez mais e se temendo mais ou menos, alimentam o enredo da fragmentação e da separação. Quais são suas três características? Um movimento de periurbanização que afeta as zonas periféricas compostas de loteamentos residenciais (aqueles que correspondem à "rurbanização" das camadas intermediárias), um movimento de gentrificação e de desqualificação espacial, e um movimento de relegação nas zonas de habitação social (blocos, cidades, cidades novas, grandes conjuntos). Esse cenário permite compreender três mutações decisivas em um contexto geográfico que não é o da metrópole americana: antes de mais nada, o papel decisivo da globalização e da entrada em uma era pós-industrial; em seguida, a ligação entre o habitat e as questões de segurança, emprego e escola que favorece o crescimento do sentimento das desigualdades, e, enfim, a mudança do papel de mediação entre os extremos concedido por um tempo à classe média.

Cidade de três velocidades, cidade pós-industrial. Primeira constatação: as mudanças das quais essa tripartição espacial é a manifestação têm evidentes ligações com a globalização. "Tínhamos, até os anos 1970, uma cidade industrial feita essencialmente de dois polos antagônicos, mas precisamente unidos por uma relação conflitual no lugar de trabalho e pela promoção social individual cuja tradução no plano do habitat espalhava entre essas duas partes as residências de seus beneficiários. O conflito e a promoção forneciam dois princípios

---

106. Jacques Donzelot, "La Ville à trois vitesses", *op. cit.*

de transação."¹⁰⁷ Enquanto o periurbano, composto por núcleos formados por velhas aldeias "novamente rebocadas" e por loteamentos residenciais, era o prolongamento das cidades de habitação social no quadro da cidade industrial¹⁰⁸, a passagem de um espaço a outro ainda se apresentava, à época, como uma possibilidade. Mas a globalização "mudou a situação", a metrópole desde então está dividida entre o alto e o baixo, o que dá lugar ao duplo fenômeno da relegação (isolamento dos espaços de habitação social em relação aos loteamentos habitacionais) e da gentrificação (isolamento das elites globalizadas em relação aos habitantes das zonas periurbanas e dos relegados das cidades). À distância da oposição da cidade e do subúrbio, no mesmo instante em que as mudanças de fluxo de periferia à periferia triunfam sobre os de centro à periferia, a cidade-centro se autonomiza e se afasta cada vez mais das zonas de relegação, ditas de exclusão, e das zonas periurbanas, esse espaço intermediário que ainda deixa pairar a esperança de uma promoção social. "Existe a globalização por baixo, que se traduz pela concentração dessas minorias visíveis nos territórios da relegação. E depois, a globalização pelo alto, que corresponde à classe emergente associada à gentrificação."¹⁰⁹ Segundo um relatório da Association des maires [prefeitos] de grandes villes de france (AMGVF) datado de 2004, cava-se um fosso econômico entre os lares das comunas de menos de 100 mil habitantes (33.962 comunas são levadas em conta de um total de 36.664) e das grandes cidades (à exceção de três cidades da região parisiense: Paris, Boulogne-Billancourt e Versalhes) em favor das primeiras.¹¹⁰ Enquanto as grandes cidades abrigam as populações de alta renda e as populações desfavorecidas que escolhem as cidades--centro onde podem se beneficiar de auxílios sociais mais amplos e mais eficazes, as camadas populares e a classe média abandona as grandes

---

107. *Ibid.*
108. Enquanto na França os grandes conjuntos, com seus blocos e suas torres, datam em sua maioria do período de 1955-1970, as cidades novas, lançadas em 1969, atingiram seu desenvolvimento máximo entre 1975 e 1990.
109. Jacques Donzelot, "La Ville à trois vitesses", *op. cit.*
110. Esse estudo que trata do período 1992-2001 está disponível no site da AMGVF: <www.grandes-villes.org>.

cidades e se instala numa periferia mais ou menos próxima. "As camadas populares esperavam apenas por isso há muito tempo. Elas encontram, com ou sem razão, mais motivos para escolher o modelo de Johannesburgo (aquele da cidade difusa) do que o de Amsterdã (o da cidade compacta): para os carentes, a coabitação com a alteridade é percebida como insuportável porque, pensam eles, ela os puxa inevitavelmente para baixo. Inversamente, constata-se que o modelo de Johannesburgo começa a ser seriamente contestado pelas elites sociais, especialmente pelas elites culturais."[111]

Três formas de entre-si residencial: entre-si obrigação, entre-si protetor, entre-si seletivo. Se a fragmentação não adota uma forma dual, se ela se conjuga em três termos, cada uma das três tendências consideradas remete a "uma maneira de estar 'entre-si'" que concerne, em cada um dos casos, à relação com o habitat, mas também à relação com o emprego, com a segurança e com a escola. No caso dos grandes conjuntos que compõem o essencial das zonas de relegação com as cidades novas, o entre-si assume uma forma restritiva: "Os habitantes estão ali porque não podem estar em outro lugar e não escolhem em nada a sociedade de seus vizinhos."[112] Desde a metade dos anos 1960, o subúrbio foi "colocado em cena", em *Les Cœurs verts* (1966) de Édouard Luntz, por exemplo, como um espaço de relegação. Mas, desde os anos 1970, uma dupla injunção pesa sobre essas populações relegadas, frequentemente compostas de minorias de origem estrangeira: a da obrigação de permanecer entre si sem poder reivindicar um "nós" imediatamente qualificado de comunitarista, sem poder se referir a uma identidade cujo caráter étnico deve continuar oculto. As tentativas de sair das zonas de relegação deram lugar a três episódios simbolizando a evolução dos subúrbios franceses: a marcha dos *beurs*[113] do início dos anos 1980, o

---

111. Jacques Lévy, "Seul le modèle d'Amsterdam accepte et assume le principe d'urbanité", entrevista em *Urbanisme: Villes européennes, quels modèles?*, nov./dez. 2004, n. 339.
112. Jacques Donzelot, "La Ville à trois vitesses", *op. cit.*
113. Os *beurs* são os descendentes de imigrantes árabes das antigas colônias francesas. Em 1983, organizaram uma marcha contra o racismo, pela igualdade e por outras tantas reivindicações sociais e políticas [N.T.].

crescimento dos tráficos ilegais e a delinquência dos anos 1990, e as manifestações islâmicas do início dos anos 2000. Nas zonas de relegação[114], a hiperestesia espacial é indissociável da distância espacial em relação aos empregos disponíveis — o que evoca as temáticas americanas do *skill mismatch* (demarcação no plano da qualificação exigida para os empregos) e do *spill mismatch* (demarcação espacial frente ao emprego). Mas essa falta de mobilidade não favorece mais uma política escolar eficaz. Distância em relação ao emprego, promoção escolar comprometida nas lógicas de gueto, "a natureza restrita do entre-si dos habitantes das cidades produz toda sua nocividade porque ele não permite mais a constituição de ligações fortes entre os habitantes nem ligações eficazes com o exterior".[115] O que se traduz nesses espaços de relegação por um sentimento de insegurança e por uma desvalorização dos espaços públicos. "Entre-si restrito, espetáculo de imobilidade voluntária, insegurança dos espaços comuns: os territórios da relegação bem mereceram seu nome."[116]

Em contrapartida, o entre-si dos periurbanos, os habitantes da cidade emergente, da cidade voluntariamente "escolhida" a uma dupla distância das zonas de relegação e dos centros de cidades[117], é um "entre-si" que exige fluidez e proteção, uma grande mobilidade (a que se opõe à imobilidade do habitante das cidades) e uma exigência ampliada de segurança (a que contrasta com a insegurança das cidades). Trabalhando a maior parte do tempo longe de seu local de moradia, o periurbano é necessariamente muito móvel — no sentido periferia-periferia mais que no sentido periferia-centro — e deve dispor de uma automobilização adequada. Mas ele está ao mesmo tempo em busca de um entre-si protetor que evoque a comunidade aldeã unida pelos serviços mútuos. "Ao entre-si restrito das cidades, o periurbano opõe, de fato, sua busca de um entre-si protetor do qual os habitantes mais necessitam quanto mais se beneficiam do apoio implícito ou explícito

---

114. Para uma descrição de um bairro "relegado" de Marselha, cf. Frédéric Valabrèque, *Les Mauvestis*, Paris: P.O.L, 2005.
115. Jacques Donzelot, "La Ville à trois vitesses", *op. cit.*
116. *Ibid.*
117. Geneviève Dubois-Taine e Yves Chalas, *La Ville émergente*, La Tour d'Aigues: Aube, 1997.

de uma vizinhança reconfortante para poder levar uma vida feita de deslocamentos importantes tanto para seus empregos quanto para suas compras ou lazer, e até mesmo para a educação de seus filhos."[118] A demanda de proteção, aquela que concerne tanto aos espaços privados quanto aos espaços públicos, favorece a construção de um "urbanismo em anel", à semelhança daquele da "rua em anel" que se desenvolveu consideravelmente nos loteamentos. Exigindo fluidez e segurança, o periurbano prefere a lógica do acesso à da propriedade. Essa substituição, que Jeremy Rifkin analisou em *L'Âge de l'accès*[119], vai no sentido de um entre-si protetor que tem uma dupla propensão ao movimento e à segurança dos espaços privados e públicos (em seu território) que não fazem da defesa da propriedade a prioridade, em virtude mesmo da exigência de mobilidade.

Quanto à gentrificação, ela acompanha a constituição de um centro de alto rendimento, aquele que corresponde, em pequena ou grande escala, à cidade global, e uma reorganização dos centros de cidade onde as zonas seguras coabitam com espaços onde se reagrupam as populações precarizadas atraídas pelos lugares de conexão (estações, grandes lojas, lugares turísticos). No caso da gentrificação[120], o entre-si seletivo prevalece, entretanto, sobre o entre-si protetor. "O entre-si seletivo é o produto "natural" do mercado. A relação com a mobilidade muda da mesma forma. "Acabou-se a mobilidade restrita dos habitantes do periurbano, desse movimento permanente do periurbano, esse famoso *commuting* (mobilidade e tempo exigidos pelas distâncias entre os lugares de trabalho, de lazer, de formação e de moradia) onde eles deixam uma parte considerável do seu tempo. [...] Os habitantes dos centros gentrificados não estão nem na imobilidade voluntária, nem na mobilidade

---

118. Jacques Donzelot, "La Ville à trois vitesses", *op. cit.*
119. Jeremy Rifkin, *L'Âge de l'accès, op. cit.*
120. Sobre a gentrificação, cf. Neil Smith, "La Gentrification comme stratégie urbaine globale", in *Esprit: La Ville à trois vitesses*, mar./abr. 2004. Sobre a gentrificação da população parisiense, cf. Bertrand Le Gendre ("Paris embaumé", in *Le Monde*, 1º fev. 2004), que ressalta a surper-representação dos 20-39 anos, a sub-representação dos de menos de vinte anos e o exílio dos casais a partir do primeiro ou do segundo filho; e Michel Pinçon e Monique Pinçon-Charlot, *Sociologie de Paris*, Paris: La Découverte, 2004.

> **A prevalência dos fluxos periferia-periferia sobre os fluxos centro-periferia**
> O exemplo da Île-de-France
>
> O *Atlas des Franciliens* propõe a seguinte análise das evoluções do polo parisiense (9,5 milhões de habitantes dentro de seus limites de 1990) para o período de 1995-1999: "Esse período assiste à colocação em serviço de duas novas ligações subúrbio-subúrbio (a ligação ferroviária Saint--Quentin-en-Yvelines-La-Défense e o bonde T2, que liga La Défense a Issy-les-Moulineaux) e de três eixos leste-oeste parisienses: túnel Gare de Lyon-Châtelet do RER D, linha 14 do metrô (Meteor), túnel Magenta--Haussmann-Saint-Lazare do RER E (Eole). Uma rede de linhas de comunicação e de tangentes se esboça assim, mas é insuficiente para satisfazer as necessidades de deslocamentos mecanizados. Esses deslocamentos mecanizados de subúrbio a subúrbio não param de crescer em razão do contínuo afrouxamento da população e do emprego na Île-de-France. Eles aumentaram 58% entre 1976 e 1998 enquanto, no mesmo período, os deslocamentos mecanizados Paris-Paris aumentaram apenas 2% e os deslocamentos mecanizados subúrbio-Paris, 5,5%.*
>
> Para o ano 2000, os deslocamentos motorizados Paris *intra muros* (deslocamentos compreendendo os transportes coletivos, os automóveis particulares e os sobre duas rodas) representam 14% do conjunto (ou seja, 3,3 milhões de deslocamentos), os deslocamentos Paris-subúrbios, 16% do conjunto (ou seja 3,9 milhões) e os deslocamentos subúrbio-subúrbio, 70% do conjunto (ou seja, 16,8 milhões).
>
> *Atlas des Franciliens*, t. I: *Territoire et population*, Paris: INSEE/AURIF, 2000, p. 14.

obrigatória, mas na ubiquidade."[121] Esse entre-si seletivo leva a um paradoxo: o gentrificado cria um entre-si urbano onde lhe é possível, a despeito da presença dos mais desfavorecidos, fruir a cidade,

---

121. Jacques Donzelot, "La Ville à trois vitesses", *op. cit.*

a cidade clássica, a cidade-museu, todas as cidades que concentram as melhores oportunidades de encontros, os lugares de prazer e os "monumentos" do patrimônio. A cidade de ontem, aquela de uma urbanidade tornada mítica, contempla-se na cidade gentrificada, mas a cidade aqui não é mais que uma paisagem, um quadro imaginário no sentido da "cidade-paisagem" de que fala Michel Conan, uma vez que o habitante dos centros de cidade gentrificados habita o mundo inteiro, o mundo do global, antes mesmo de habitar sua cidade. "A gentrificação é esse processo que permite fruir as vantagens da cidade sem temer seus inconvenientes."[122] O entre-si seletivo é o de uma população cosmopolita e conectada que não é a que habita um lugar. "São principalmente os colarinhos brancos da globalização, as profissões intelectuais e superiores que povoam esses espaços renovados."[123]

O dilema da classe média. Se sublinhamos a incompatibilidade entre as cidades de habitação social e os loteamentos residenciais nas comunas, entendemos que a "cidade de três velocidades torna insegura e penaliza a classe média, aquela que teme ser puxada para baixo, para as zonas de relegação, e que, longe de sonhar com uma volta para os centros de cidade gentrificados, luta para permanecer nos espaços residenciais. Para essa população que não é mais mediadora, a periurbanização corresponde cada vez menos a uma escolha voluntarista e cada vez mais a uma necessidade, uma vez que as obrigações imobiliárias empurram-na para a periferia.[124] "Porque essa população de classe média que constitui a principal parte da sociedade contribui para a relegação tanto quanto se sente rejeitada pelo processo de gentrificação. A classe média constituiu a solução da cidade industrial tanto quanto se

---

122. *Ibid.*
123. *Ibid.*
124. Sobre a evolução da região parisiense, dispõe-se de diversos trabalhos: Martine Berger, *Les Périurbains de Paris: De la Ville dense à la métropole éclatée*, Paris: CNRS, 2004; Edmond Préteceille, "Les Registres de l'inégalité: Lieux de résidence et ségrégation sociale", in *Cahiers Français*, n. 314, 2003; T. Saint-Julien, J.-C. François, H. Mathiau e A. Ribardière, *Les Disparités de revenus des ménages franciliens en 1999: Approches intercommunales et infracommunales, et évolutions des différenciations intercommunales (1990-1999)*, relatório para a DREIF, Paris, 2002.

tornou o problema na cidade globalizada."[125] Sua demanda de segurança ultrapassa então a simples demanda de segurança territorial. Sentindo-se fragilizada, ela privilegia estratégias de "demarcação" [separação] e de "remarcação" [delimitação] espacial, testemunhando assim que o sentimento de desigualdade territorial cristaliza outras desigualdades. A questão urbana torna-se a nova questão social, ela transplanta para o território os problemas de emprego, de segurança e de escola. O enfoque dos territórios permite ver a olho nu como um conjunto metropolitano se desmembra, como processos de separação e de secessão tomam forma e como a unidade política, responsável pela cidade concebida como municipalidade, se desfaz em benefício de zonas mais ou menos conectadas entre si; em suma, permite ver como se passa, ou não, de uma *citypolitics* a uma *metropolitics*. "A dramaturgia francesa da segregação urbana não é a de um incêndio repentino e local, mas a de um bloqueio geral, durável e silencioso dos espaços e dos destinos sociais."[126] Mas os diversos "entre-si" são outras tantas maneiras de ritmar a mobilidade: a questão decisiva no caso do urbano.[127] Diante dos que estão imobilizados (os relegados), dos que se consomem numa mobilidade excessiva (os periurbanos) e dos que desfrutam de uma cidade sem habitá-la, porque são os hipermóveis da globalização, as modalidades do acesso à mobilidade pesam na composição e na configuração dos lugares. Enfrentar o problema da cidade não é encontrar o bom lugar centrado em si mesmo, mas redescobrir que a relação entre um fora e um dentro somente permite escapar da dupla deriva da ubiquidade espacial que supermobiliza e da hiperestesia que imobiliza. Uma dupla deriva que impede de habitar e de permanecer em todos os casos.

---

125. Jacques Donzelot, "La Ville à trois vitesses", *op. cit.*
126. Eric Maurin, *Le Ghetto français, op. cit.*
127. Yves Crozet, Jean-Pierre Orfeuil, Marie-Hélène Massot e Grupo de Batz, *Mobilité urbaine: Cinq Scénarios pour un débat*, Nota do CPVS, Ministère de l'Équipement, des Transports e du Logement, n. 16, dez. 2001.

Buenos Aires e Cairo, quais convergências urbanas?

Se falamos de "cidades de três velocidades" com relação a cidades da França ou a cidades europeias, esse esquema de compreensão pode igualmente esclarecer a evolução de grandes metrópoles em escala mundial. No contexto da globalização pós-industrial, observa-se uma dinâmica que, além da oposição dual entre zonas de relegação e cidade global, também convida a levar em consideração a variedade das dinâmicas da periurbanização.

Com esta dinâmica, a megacidade resolve prioritariamente uma parte de seus problemas demográficos. Testemunha disso é a maneira pela qual novas cidades são construídas, ilegalmente ou pelo viés de promotores imobiliários, na periferia de cidades como o Cairo, Istambul ou Teerã. A fim de fazer frente ao movimento selvagem de urbanização e de favorecer uma contra-urbanização, a cidade central projeta novos espaços de habitação a muitas dezenas de quilômetros de distância, para uma população que, o mais frequentemente, continua a vir trabalhar no centro. Por outro lado, o processo de fragmentação territorial está ligado ao desaparecimento ou à ausência das camadas intermediárias que, no caso das sociedades industriais, asseguraram uma ligação entre os pobres, os excluídos potenciais, os operários fordistas e os ricos. No cerne da globalização territorial, a falta ou o enfraquecimento das camadas intermediárias é um elemento decisivo da reconfiguração dos territórios e de sua fragmentação. Estudos tratando de cidades como Buenos Aires ou o Cairo permitem compreendê-la. "A uma leitura dual do espaço urbano", escreve Marie-France Prévot-Schapira, "convém substituir a de uma 'segregação dissociada', até mesmo a de um 'emparelhamento seletivo', que supõe que se desenvolvem no seio de cada grupo, mesmo no seio de cada vida, tensões que até então eram o apanágio das rivalidades intergrupos. Essa propriedade 'fractal' do fenômeno de desigualdade explica o aprofundamento das desigualdades no seio dos próprios territórios. Nesses bairros, o medo da exclusão acentua as 'lógicas de demarcação'."¹²⁸ A fragmentação territorial se acompanha da vontade expressa por diversas camadas da população de se "dissociar" umas das outras, como já é o caso na cidade de três velocidades. Sempre o mesmo temor de cair, de descer, sempre a vontade de olhar para o alto, tal é o sentido da estratégia generalizada da demarcação, aquela que vai ao encontro de uma representação em termos de progresso e de ascensão social. É o que explica o desenvolvimento já antigo dos bairros na América Latina, por exemplo.¹²⁹

O Cairo, uma metrópole sem classe média?

Buenos Aires e o Cairo, eis duas cidades à beira da fragmentação, mas ainda irrigadas por um sentimento de urbanidade e de pertencimento simbólico a um mesmo lugar. O que não é mais o caso, por exemplo, de uma cidade como Lima.¹³⁰ Buenos Aires e o Cairo: eis duas cidades cujas histórias, de resto muito diferentes, tornam visíveis as dinâmicas de fragmentação em curso. A diferença está no fato de que uma, Buenos Aires, cidade de caráter europeu de 12 milhões de habitantes, é a capital de um país, um dos mais ricos do mundo no período entre as duas guerras mundiais, que instituiu um Estado previdenciário favorecendo a solidariedade entre os grupos sociais no centro das corporações. Quanto ao Cairo, cidade de 8 milhões de habitantes,

---

128. Marie-France Prévot-Schapira, "Buenos Aires entre fragmentation sociale et fragmentation spatiale", in Françoise Navez-Bouchanine (Org.), *La Fragmentation en question: Des villes entre fragmentation spatiale et fragmentation sociale*, Paris: L'Harmattan, 2002. Sobre Buenos Aires, podemos igualmente nos reportar a dois outros textos da mesma autora : "Amérique latine: La ville fragmentée" (in *Esprit*, nov. 1999); e "Buenos Aies, métropolisation et nouvel ordre politique" (in *Hérodote: Géopolitique des grandes villes*).
129. Marie-France Prévot-Schapira ressalta que o fenômeno dos "bairros privados" não data dos anos 1990, mas do início dos anos 1970. No entanto, "durante os anos do transbordamento populacional e da expansão (*urban sprawl*) sem fim das periferias urbanas, esses processos não atraíram a atenção de pesquisadores, que concentravam seus olhares sobre a cidade de maior número, aquela dos marginais". ("Amerique latine: Les Quartiers privés comme objet de recherche", in *Urbanisme*, jul./ago. 2004.)
130. Cf. Ronald Bellay, "L'Informe d'une ville: Lima et sés représentations", in *Raisons politiques: Villes-monde, villes monstre?*, n. 15, ago. 2004.

durante muito tempo considerada a capital política do nacionalismo árabe, ela encarna as dificuldades demográficas e econômicas de uma cidade que por muito tempo foi farol e símbolo do Terceiro Mundo. Por outro lado, uma conheceu a sociedade industrial e entra de marcha a ré no capitalismo pós-fordista, e paga o preço da crise financeira, enquanto a outra não conheceu a fase da sociedade industrial, o que trava a constituição de uma classe média. Mais que as consequências da industrialização, a falta ou o enfraquecimento da classe média representam um fator determinante.

No caso do Cairo, observa-se simultaneamente a construção de cidades novas na periferia e a preocupação em transformar um centro doravante reservado ao turismo. "A fim de drenar liquidez, o regime colocou à venda a principal parte das reservas imobiliárias públicas situadas nas margens desérticas das cidades novas."[131] Mas a venda da periferia desértica se acompanha de uma vontade de tornar mais seguro o centro da cidade e determinada a eliminar os artesãos desprovidos em proveito do turismo internacional e dos comerciantes do bazar. A dinâmica residencial é, portanto, de três velocidades: as categorias abonadas partem para a periferia próxima, os operários instalam-se nas cidades construídas para eles nos subúrbios distantes, enquanto os pobres constroem zonas de habitação na completa ilegalidade. "Bairros como os de Basatin, Imbaba ou al-Salam são, por sua população, de uma dimensão comparável à terceira aglomeração do Egito, Mahalla al-Kubra e seus cerca de 530 mil habitantes, mas eles caracterizam sua participação em um sistema megalopolitano muito mais vasto."[132]

Esse movimento de construção a torto e a direito surpreende o observador, uma vez que as novas cidades, criadas pelas empresas de trabalhos públicos ligadas ao Estado, estão em grande parte vazias, e que se passa

---

131. Éric Denis e Marion Séjourné, "Le Caire, métropole privatisée", in *Urbanisme*, jan./fev. 2003. Cf. também Éric Denis, "Du Village au Caire au village comme au Caire: Villes – Urbains – Métropolisations ", in *Égypte, Monde Arabe*, n. 4, Paris: Complexe, 2002.
132. Eric Denis e Leïla Vignal, "Dimensions nouvelles de la métropolisation dans le monde arabe: Le Cas du Caire – Mondialisation, instabilité et recomposition de la forme urbaine", inédito. Cf. também Leïla Vignal, "Une Metrópole des marges de la mondialisation: L'Exemple du Caire", in *Esprit: la Ville à trois vitesses*, mar./abr. 2004.

o mesmo com as cidades ilegais. A porção das moradias vazias na metrópole cairota é impressionante: "Sem redistribuição dos fluxos de acesso à moradia do setor ilegal para o legal, a reserva de moradias não ocupadas, fechadas ou inacabadas é suficiente para satisfazer a demanda dos próximos anos [...]. Mas a superprodução não está limitada aos bairros planejados e centrais. A metade das unidades ocupadas se situa nos bairros populares ilegais (46% de moradias vazias em 1998)."[133] Se o peso do habitat e da economia informais são decisivos, se a urbanização irregular é crescente[134], um e outro contribuem igualmente para "a privatização da economia": "Assim como a liberalização econômica cria uma dinâmica ascendente no seio do Grande Cairo, a informalidade tende a convergir e a se integrar à matriz metropolitana a tal ponto que no presente sua própria ilegalidade vem sendo questionada."[135] Esse fenômeno está ligado à política deliberada de homens de negócio cuja imobilizações imobiliárias têm por objetivo "fixar o enriquecimento no solo" em um contexto onde "poucos empreendedores confiam no crescimento a longo prazo e temem a inflação".[136] Mas a privatização acelerada é também consequência da falta de uma classe média passível de ter acesso à propriedade imobiliária nas grandes cidades[137], o que explica as relações urdidas entre privatização, liberalização econômica e reforço de segurança. "Não apenas uma classe média não pode emergir, mas a exacerbação da distribuição desigual pela liberalização econômica exige uma manutenção, mesmo um reforço, do controle policial do espaço público e uma um cerceamento territorial da população. Impõe-se assim

---

133. Éric Denis e Marion Séjourné, *op. cit.*
134. Sobre a urbanização irregular, pode-se comparar, um exemplo entre outros, com a capital da Mauritânia. Cf. Philippe Tanguy, "L'Urbanisation irrégulière à Nouakchott – 1960-2000: L'Institution de la norme légal-illégal", in *Revue algérienne d'anthropologie et de sciences sociales: Pratiques maghrébines de la ville, Insaniyat*, n. 22, out./dez. 2003.
135. Eric Denis e Leïla Vignal, *op. cit.*
136. *Ibid.*
137. Daí um movimento de saída da metrópole por parte dos que buscaram se integrar ali, um movimento de volta às cidades medianas por parte dos diplomados formados no Cairo, em Alexandria, em Assiout; em suma, um movimento de contrametropolização para o qual Fanny Colonna nos chama à atenção, em *Récits de la province égyptienne: Une ethnographie sud/sud*, Arles: Sindbad/Actes Sud, 2003.

uma liberalização econômica sem liberalização política, um sistema onde um poder não representativo tendo o monopólio do uso da força conserva tanto o domínio do solo urbano quanto o controle do espaço público. A era da metropolização não liberta."[138] Assiste-se, neste caso, a uma liberação econômica orquestrada por um poder de Estado que deve dar mostras de autoridade. É uma situação inesperada, uma vez que geralmente nos satisfazemos com a ideia de que a globalização liberal funciona em detrimento do Estado. No caso da capital egípcia, um grande poder organiza a privatização baseando-se numa oferta de venda infinita de terreno, já que ele vende o deserto. "Desde então, é corrente ver na articulação globalização-metropolização o fim do território, ou seja, uma desregulamentação que reduz as competências dos Estados em benefício de um mundo em rede. No entanto, levando em conta o que observamos no Egito, seríamos antes convidados a pensar que o Estado gera, explora e promove a metropolização, em associação com os homens de negócios beneficiários da abertura efetiva destes últimos anos."[139]

Observemos o mapa dessa cidade pobre: a relegação é periurbanizada, a periurbanização beneficia aqueles que podem comprar imóveis ou apartamentos nas cidades abastadas dos primeiros cinturões, o centro é progressivamente patrimonializado sem que se possa falar de uma micro-cidade global devido à ausência de centros de ensino superior de alto nível e sobretudo de um mercado financeiro. "Os partidários dos modelos da cidade privada se retiram também de uma cidade cuja política do *containment* não bastou para garantir a integridade [...]. O paradigma da muralha, do Cairo cidade fechada, reaparece, portanto, como durante os anos 1980."[140]

---

138. Eric Denis e Leïla Vignal, *op. cit.*
139. *Ibid.*
140. *Ibid.*

Buenos Aires, da classe média ao abandono

Num contexto muito diverso, o de uma América do Sul severa e repetidamente sacudida por crises financeiras, acontece o mesmo com Buenos Aires. Essa cidade, ainda marcada pelos sinais de sua riqueza passada no plano urbano, é objeto de um replanejamento urbano que exacerba a crise das camadas intermediárias que eram o cimento de uma solidariedade entre as classes sociais. Enquanto observamos a gentrificação de zonas específicas do centro da cidade — as que correspondem às antigas construções simbolizando a idade de ouro da sociedade industrial (portos, usinas desativadas), onde se encontram desde então bancos, hotéis de luxo, escritórios das multinacionais —, dois outros fenômenos chamam a atenção: a multiplicação das zonas de relegação em bairros cada vez mais próximos da zona segura do centro da cidade, e o deslocamento das frações da classe média condenadas a habitar na proximidade dos mais pobres. Aqui, como é também o caso de Montevidéu — situada do outro lado do Rio da Prata, onde o antigo centro portuário, zona onde residem os mais pobres, está em vias de reurbanização rápida —, o mapa é impiedoso: vêem-se *barrios*, bairros, territórios urbanos se separar, se dissociar, em suma, assiste-se ao desmembramento de uma cidade. Mas essa situação, à diferença do Cairo, onde a ausência de uma classe média empresarial é patente, se acompanha de uma desqualificação das camadas intermediárias que foram a ponta de lança da aventura industrial da Argentina. A queda brutal de uma ampla fração da classe média "sem esperança de reascensão social" é um dado fundamental. O estudo das estratégias de demarcação elaboradas pelos empobrecidos a fim de atenuar os efeitos do que não pode mais ser considerado como uma "crise" permite medir a importância do "capital espacial" como elemento de diferenciação: entre os ricos e os pobres, entre os superclassificados e os desclassificados, mas também entre os empobrecidos eles próprios em função de sua localização na cidade. Essa constatação severa que "quebra o esquema bipolar anterior: de um lado, os assalariados, de outro os pobres assistidos"[141], desvirtua o

---

141. Marie-France Prévot-Schapira, in Françoise Navez-Bouchanine (Org.), *op. cit.*, p. 202.

espaço urbano. Uma vez mais, a reconfiguração dos territórios toma a forma de uma explosão surda, mas visível.

Será que esses dois exemplos, do Cairo e de Buenos Aires, que associam fragmentação, explosão multipolar, e dessolidarização são o destino inevitável de todas as metrópoles?[142] Responder positivamente e de maneira contundente daria razão a Rem Koolhaas e à vanguarda estética da globalização. Que se trate da cidade, da metrópole ou da economia de arquipélago, a constatação é, entretanto, violenta, brutal. Observam-se multipolarizações que se organizam horizontalmente — e isso contra toda perspectiva de integração de tipo piramidal — e uma fragmentação das metrópoles análoga à que depaupera as cidades europeias a partir do interior. Os fluxos ligados ao urbano generalizado têm, como efeito, produzir a fragmentação, e não a unificação de um mundo mais solidário.

* * *

Mas devemos nos dar por vencidos, cantar a beleza do morto, ou reencontrar o sentido da experiência urbana em todas as suas dimensões? "O fim dos territórios", palavra de ordem de alguns na aurora "feliz" da terceira globalização, designava uma recomposição espacial que não se organizava mais somente em torno dos Estados, mas em função de uma economia de arquipélago. O urbano generalizado, ou seja, a prevalência dos fluxos própria da sociedade em rede, está na origem de uma reorganização dos territórios que acontece pelo menos em três níveis: o da cidade clássica, o da metrópole e o dos fluxos hierarquizados em função de várias redes, das quais a das cidades globais representa a excelência, o nível supremo. Todas as vezes, uma mesma questão nos é posta: como colocar em relação, como favorecer uma unidade conflitual no âmago de um espaço urbano metropolitano que se afasta do ideal da cidade republicana clássica? Mas também, como evitar que

---

142. Entre outros exemplos: Abderrahmane Rachik, *Casablanca: L'urbanisme de l'urgence*, Casablanca: Fundação do Rei Abdul Aziz, 2004; "Enclaves résidentielles", in *Urbanisme*, n. 337, jul./ago. 2004; Jean-François Pérouse, "Istanbul cernée par les cités privées", in *Urbanisme*, n. 324, maio/jun. 2002.

os fluxos funcionem apenas em um modo horizontal, privilegiando unicamente os polos similares? A cidade tradicional tentou responder ao problema da integração e da reaglomeração em hipóteses diversas, aquelas da cidade-Estado, da cidade-capital ou da cidade-região. Hoje, a globalização territorial inaugura um mundo que quase não se constitui como "mundo", uma vez que, tanto no nível da metrópole quanto no da economia dos fluxos, ele produz a separação e favorece movimentos de secessão.

Por mais urgentes que sejam, essas questões estão diante de nós. Será que ainda é preciso se contentar ingenuamente com a ideia de que a cidade europeia é um bom modelo, capaz de resistir milagrosamente ao "infeliz" futuro do mundo? Talvez ainda seja esse o caso, mas a cidade europeia já foi apanhada nessa *economia em rede* que não é mais a *economia de rede* aventada por Fernand Braudel. A globalização pós-industrial, a nossa, essa que começou durante os anos 1980, não constitui uma etapa suplementar de um processo de globalização em curso desde o Renascimento. Ela cria uma ruptura no plano histórico. Não o admitir condena a ficar para trás.

TERCEIRA PARTE

A CONDIÇÃO URBANA III

O imperativo democrático

Prelúdio

Não existe um terceiro sentido da condição urbana, mas uma urgência mental, semântica e política. É preciso recomeçar, de fato, da situação contemporânea do urbano, aquela que se vê nos mapas, aquela que resulta com insolência de um "urbano generalizado" do qual as deficiências e os magmas informes dão lugar a enredos diversos; aquela que tende, por contraste, a fazer da cidade europeia uma margem, uma exceção, e talvez um museu turístico. De fato, se imaginamos que a democracia não é uma luta garantida de antemão em nome de não se sabe qual milagrosa filosofia da história, forçoso é restituir a "condição urbana", entendida em seu segundo sentido, ao primeiro sentido da "condição urbana", ou seja, restituí-la ao tipo-ideal da experiência urbana, às exigências corporais, cênicas, estéticas e políticas que são suas atribuições e sua matriz. Confrontados que estamos com economias de escala inéditas, em forma de arquipélago, com desigualdades e novas disparidades que escavam e dissolvem a cidade do passado, o convite é carregado de consequências. É preciso reconquistar sucessivamente o sentido do local em um imaginário do não lugar e da cidade virtual que o anula; reconquistar lugares, mas também reconquistar um lugar que se constitua como comunidade política e não seja um espaço de retraimento. A condição urbana não é assegurada, ela passa pela criação de lugares, pela recomposição de lugares e por uma luta por lugares democráticos. E este é todo o sentido do projeto utópico de Alberto Magnaghi.

Essa reconquista caminha juntamente com uma tripla exigência de ordem arquitetural, urbanística e política. Como recoser a cidade fragmentada, a metrópole estilhaçada? Por uma preocupação arquitetural de conceber junturas, de preencher os interstícios inúteis ou, ao contrário, de esvaziar os cheios-demais que paralisam. Por um convite urbanístico para constituir espaços que não se retraem sobre si mesmos, espaços fechados, guetos de ricos ou de pobres, condomínios fechados, unidades residenciais seguras ou espaços de relegação. Por um convite urbanístico para rejuntar os espaços urbanos quando eles se desfazem e se separam uns dos outros. A experiência urbana, mais que nunca, possui um sentido político, mas a questão urbana não se resume apenas ao território. E com razão, a condição urbana exige que a ligação entre um dentro e um fora, exigência tanto mental quanto física, seja sempre reconduzida. O acesso ao território é indissociável de um imperativo de mobilidade que lembra que a experiência urbana não se inscreve em uma barreira, mas que ela é uma libertação que deve tornar possível entrada e saída, superação dos limites...

A evolução contemporânea da cidade obriga, mais que nunca, a encontrar o sentido político da cidade que passa por uma ressurgência dos lugares frente aos fluxos globalizados. Mas não basta ainda conceber cidades felizes para alguns ricaços amantes de arquitetura. Enquanto a globalização é um futuro que se enuncia num presente insaciável, a questão urbana sugere que a ação seja conduzida em outros níveis além daquele exclusivo do espaço de decisão supranacional. Que chamemos comuna, conurbação ou metrópole, qualquer que seja a escala de ação privilegiada, a participação no âmago de um espaço coletivo é uma das condições da ação democrática. Como os gregos, devemos nos lembrar de nossas ações e antecipar um mundo mais justo, o que requer um espaço de pertencimento que não seja nem o da etnicidade, nem o da secessão voluntária. É na comparação com esse terceiro sentido, um sentido político destinado a voltar a juntar o que está em vias de separação, que os dois primeiros sentidos da condição urbana podem se reunir, como se um viesse responder ao outro. A utopia urbana reencontra um sentido, mas ela não se escreve mais por uma única mão, ela não é mais o feito de um único autor, ela corresponde a uma aventura coletiva...

I

O retorno dos lugares

Do global ao local

Ontem, o espaço urbano instituía limites em relação a um ambiente, a um fora, e favorecia uma mistura, uma roçadela, uma heterogeneidade social, até mesmo uma conflitualidade. Essa ainda é a visão um pouco idealizada da cultura urbana que compartilhamos. Hoje, o espaço urbano não tem mais limites, ele não acaba de se estender; a cidade deu lugar a metrópoles, megacidades e megalópoles. Mas o urbano generalizado ao mesmo tempo se acompanha de linhas de demarcação que cedem "lugar" a fragmentações espaciais e a separações sociais. Os lugares não desapareceram com a globalização; a desterritorialização caminha junto com uma reterritorialização, seja o desdobramento infinito e frequentemente monstruoso da cidade--mundo, seja o retraimento da cidade global ou da cidade étnica. No entanto, essa ressurgência efetiva dos lugares não se acompanha, a despeito de manifestações como a Conferência do Rio (maio de 2001) ou a conferência United Cities and Local Government (Paris, maio de 2004)[1], de uma tomada de consciência efetiva do papel de um "local" cujas variantes são múltiplas. De fato, este parece fraco, ético, impotente no contexto de uma globalização que deixa crer que a única saída concebível se situa no nível dos fluxos e não dos lugares. Desde então, a confrontação com a globalização só pode ocorrer no nível "de um planejamento territorial não mais pensado em termos

---

1. Gustave Massiah, "Le débat international sur la ville et le logement après Habitat 2", in Sophie Body-Gendrot, Michel Lussault e Thierry Paquot (Orgs.), *La Ville et l'Urbain: L'état des savoirs*, Paris: La Découverte, 2004, p. 349-358

de centralidade, de limites, de geometria, mas em termos de nós, de interconexões, de topologia, e certamente, de conexão."[2]

Do global ao local. Duas décadas depois, a crítica da globalização pensa nas ações suscetíveis de se desenvolver em termos de uma governança mundial. Ora, essa mobilização, destinada a combater os prejuízos da globalização, dá à luz, a despeito de suas redes militantes e da internet, transformações tangíveis. Lutar contra uma globalização desprovida de instituições *ad hoc* torna difíceis as condições de uma ação política apropriada.

Outro sinal de fraqueza, a dificuldade de avaliar o abalo provocado pela revolução do global e pela atmosfera de violência que acompanha um mundo tornado hipermóvel e inatingível. Esse mundo sem rédeas desencadeia violências inéditas às quais não se pode responder pela revolução fraternal possibilitada pela internet. "Anuncia-se um consenso geral da humanidade sempre que se puder entrar em acordo através das telas e em tempo real, instantaneamente. Mas isso não mudará nada [...]. A internet é um instrumento admirável de comunicação, um instrumento admirável de constituição coletiva de campos de racionalidade, mas isso não basta para constituir um mundo habitável."[3]

Nesse contexto de uma falta de apreensão concreta do real, a ação antiglobalização fica ainda mais frágil, sobretudo porque não conhece com frequência outro nível além daquele da ação global. Mas, nessas circunstâncias, pode-se esperar do Estado que ele responda aos desafios da globalização? Se ele não é mais a instituição que assegura a mediação entre o supranacional e o local, ele é obrigado a conceber ligações inéditas tanto com o escalão local quanto com o escalão supranacional: "A reinvenção do Estado assenta-se em deslocamentos de práticas democráticas para o supranacional, mas ela exige também uma reterritorialização do Estado fundamentada numa reconceituação do nível

---

2. Françoise Choay, "Patrimoine urbain et cyberespace", in *La Pierre d'Angle*, n. 21, out. 1997.

3. Jean-Toussaint Desanti, in Jean-Toussaint Desanti, Dominique Desanti e Roger-Pol Droit, *La Liberté nous aime encore*, Paris: Odile Jacob, 2001, p. 311.

infranacional e da questão urbana."⁴ Mas o erro seria imaginar equilíbrios virtuosos entre esses três níveis do local, do estatal e do supranacional quando a singularidade do local "globalizado" é a de entrecruzar esses vários níveis. Pierre Veltz insiste: "As diversas atividades presentes em um determinado território remetem a escalas de pertinência e de regulação muito variáveis. O local é mais constituído pelo entrecruzamento desses níveis do que definível como um 'estrato' ou um 'nível' coerente por si mesmo."⁵ Um resvalamento da ação do global ao local não consiste em considerar um nível marginalizado, mas em tirar todas as consequências do posto desde então atribuído ao local. A reconfiguração dos territórios, indissociável de uma mudança de escalas e de velocidades, de novas hierarquias e de uma importante crise da integração, incita *de facto* a imaginar modos de agir inéditos. Voltar ao local é levar em conta seu papel específico, mas também apoiar-se nele para construir limites e recompor lugares. Se uma dinâmica de fragmentação está operando, a falta de resposta global, os problemas da "globalização pelo alto" convidam a imaginar de outra forma os níveis da ação no plano territorial e a inventar consequentemente a "globalização por baixo".

Da ressurgência dos lugares à luta dos lugares. A cartografia da terceira globalização coloca a nu tendências que o urbanismo regularizador de Haussmann já havia implementado. Estas, exacerbadas pelo urbanismo progressista dos CIAM, encontraram sua realização na revolução de múltiplas distensões puxada pela globalização econômica. Assim, os fluxos prevalecem, a privatização ganha terreno sobre a vida pública, as lógicas de separação e de secessão são preferidas à conflitualidade democrática. Dessas mutações, não é preciso concluir que os territórios desapareceram, mas que eles dão lugar a novas configurações, a novas tópicas privilegiando escalas, níveis, redes e velocidades, segundo modalidades inéditas. Se compartilhamos a convicção de que o tipo-ideal da experiência urbana ainda possui um sentido, o essencial é não se bater por qualquer lugar.

---

4. Cynthia Ghorra-Gobin, "Regulariser la *Borderless Economy*: Reconceptualiser l'échelle locale", in *Vingtième Siècle*, n. 81, p. 81-92, jan./mar. 2004.

5. Pierre Veltz, *Des Lieux et des liens: Politique du territoire à l'heure de la mondialisation*, La Tour d'Aigues: Aube, 2002, p. 127.

Uma vez que a globalização institui "seus" lugares, é urgente privilegiar tipos de lugares em relação a outros e admitir que a qualidade de um lugar caminha junto com a qualidade da ligação. Não dita, velada pelo imaginário da globalização, a hierarquia dos lugares nunca foi tão bem escondida como pelo culto do "não lugar", um culto compartilhado tanto pelo sobrevivente da cidade-mundo quanto pelo ricaço da cidade global. Um e outro podem estar conectados e acreditar na virtude do virtual, mas as consequências dessa crença não são análogas num ou noutro caso. A interrogação não recai, portanto, sobre o lugar enquanto tal, mas sobre o lugar que seria necessário reconquistar contra os fluxos, isto é, sobre a distinção a operar entre os lugares, sobre a maneira de "constituir lugar", do mesmo modo que se diz "constituir sociedade".

Em vista de marcar a defasagem em relação à sociedade industrial, pôde-se afirmar a propósito da experiência utópica conduzida por Alberto Magnaghi no norte da Itália que "a luta dos lugares substitui a luta de classes". Se essa expressão, "luta dos lugares", substitui de repente a de "luta de classes" que acompanha a sociedade industrial e seu modo de conflitualidade, ela não deve convidar à inocência. Não é preciso responder à fraqueza da ação global com ilusões relativas à ação local, mas imaginar uma "globalização por baixo". Contra uma concepção centrífuga e descendente da globalização, mas também contra uma concepção que se contenta em procurar um equilíbrio entre local e global, Alberto Magnaghi preconiza uma concepção que privilegia o desenvolvimento local em relação ao global, uma concepção centrípeta e crescente que corresponde a uma globalização a partir de baixo.[6]

Nessas condições, as interrogações persistem: será que é possível conceber lugares que não sejam uma simples resultante dos fluxos, mas dos lugares que limitam os fluxos e conseguem encontrar o sentido dos limites? Se for este o caso, de que lugares se trata? De qualquer forma, uma certeza pode ser avançada: a cultura urbana pode encontrar um papel se ela tentar limitar o urbano generalizado e ilimitado. Ontem, o arquiteto tinha de criar um conjunto edificado com pedaços esparsos, ele deveria fazer um com vários; hoje, o cidadão deveria ter como

---

6. Alberto Magnaghi, *Le Projet local*, Bruxelas: Mardaga, 2000, p. 46-47.

preocupação prioritária recriar aglomerações e não se contentar com esses enclaves que têm tendência a se separar uns dos outros. Mas, último desafio, a cidade utópica é honrada no caso da cidade virtual, aquela que não faz caso das condições da própria experiência urbana: a saber, o corpo, o espaço e o tempo, a relação de um interior com um exterior, de um privado com um público, de um fora com um dentro. A entrada no virtual amplia o desequilíbrio entre os lugares e os fluxos: os lugares podem ser apenas o avesso dos fluxos, uma falsa aparência, um simples refúgio existencial, uma célula destinada a retomar seu sopro, um retiro onde a *vita activa* é banida. "As pessoas ainda vivem nos lugares", escreve Manuel Castells. "Entretanto, como em nossas sociedades as funções e o poder se organizam no espaço dos fluxos, a dominação estrutural de sua lógica modifica fundamentalmente o sentido e a dinâmica desses lugares. Ancorada nos lugares, a experiência vivida se encontra cortada pelo poder, e o sentido, cada vez mais separado do saber. Assim, uma esquizofrenia estrutural entre as duas lógicas ameaça romper a comunicação social."[7] O retorno aos lugares é ele próprio uma experiência; estes não são dados, é preciso construí-los. Mas tal construção convida de imediato a nos deter sobre a hipótese de um lugar virtual, o não lugar físico por excelência.

Lugares, não lugares e cidade virtual

Se os lugares formam um mundo paralelo ao das redes e dos fluxos, os lugares onde a experiência urbana ainda é um horizonte são drasticamente separados dos fluxos que os moldam, a começar pelos não lugares e pela cidade virtual. Caso se queira encontrar o sentido de um lugar que não seja um não lugar ou a cidade virtual, é preciso compreender que o espaço que o caracteriza é um "não lugar" no sentido estrito, um "extra-lugar", um "lugar qualquer". E com razão:

---

7. Manuel Castells, *La Société en réseaux*, t. I: *L'Ère de l'information*, Paris: Fayard, 1997, p. 480. [ed. bras. A sociedade em rede, v. I: A era da informação, São Paulo: Paz e Terra, 1900000]

a virtualidade do não lugar o separa da realidade, do ambiente de um mundo sem o qual não há lugar concebível e suportável.

A forma espacial dos fluxos em rede ou o reino do lugar qualquer. A forma espacial da rede e o espaço específico dos fluxos estão na origem de lugares que têm como papel favorecer o acesso aos fluxos. O espaço dos fluxos, segundo Manuel Castells, combina três suportes materiais que são outros tantos estratos. O primeiro estrato se compõe de um circuito de impulsos eletrônicos que é "o suporte material do espaço dos fluxos". Ora, esse suporte material eletrônico é também o suporte de uma "forma espacial", aquela da rede, uma forma espacial como o são a região ou a cidade. Fluxos, circuito eletrônico e rede acompanham e excluem todo lugar no sentido de uma entidade autônoma: "Nessa rede, nenhum lugar existe em si, uma vez que as situações são definidas pelos fluxos. Também a rede de comunicação é a configuração espacial fundamental: os lugares não desaparecem, mas sua lógica e sua significação são absorvidas pela rede. A infraestrutura tecnológica que constitui a rede determina o novo espaço precisamente como as ferrovias definiam as regiões econômicas na economia industrial."[8] O segundo estrato corresponde aos não lugares por excelência, ou seja, a todos os permutadores que atam e desatam o espaço da rede, a saber, os eixos e os nós [*hubs and nodes*]. "Alguns lugares são permutadores, eixos de comunicação, que coordenam a interação em flexibilidade de todos os elementos integrados na rede. Outros lugares são constituídos pelos nós da rede, ou seja, a posição das funções estrategicamente importantes que formam em torno de um papel-chave da rede uma série de atividades e de organizações localizadas. Tanto os *nodes* quanto os *hubs* são organizados hierarquicamente segundo seu peso relativo no centro da rede."[9] Ora, num mundo globalizado, esses nós e eixos não são somente os permutadores submetidos ao espaço dos fluxos eletrônicos, eles podem "dar lugar" a locais que são outros tantos nós privilegiados e inesperados. Os sítios interconectados de Rochester, na Virgínia, e

---

8. *Ibid.*, p. 463-464.
9. *Ibid.*, p. 464.

de Villejuif na região parisiense, os dois nós centrais "de uma rede mundial da pesquisa e dos tratamentos médicos", são um exemplo disso, entre outros. O espaço dos fluxos não é, portanto, sem lugar, mas esses lugares permanecem não lugares no sentido de que eles são aleatórios, provisórios. Quanto ao terceiro estrato do espaço dos fluxos, ele possui um significado sociológico, uma vez que remete à organização espacial das elites. Com sua vontade de viver "em rede" e seu estilo de vida, essas elites se comportam como nômades para os quais o pertencimento a um lugar é aleatório, arbitrário, insignificante, indiferente. "As novas tecnologias da informação e da comunicação fazem explodir esse quadro espaço-temporal, elas apagam a duração e as fronteiras, e elas transportam o homem para um mundo virtual onde não há nem dia, nem noite, nem distância."[10] O nômade não experimenta o lugar como uma experiência mental, o lugar não tem duração, nem história. *Nomada, sigo siendo un nomada*, este é o lema do arquiteto catalão Ricardo Bofill.

A rede como forma espacial, os *nodes* e *hubs* como não lugares, isto é, como simples lugares de articulação da rede, o nomadismo das elites globalizadas: essas três características permitem entender as atribuições da cidade virtual. Esta última é um processo, mais que um lugar; sua hierarquia é modificável, e a menor distância tomada em relação aos imperativos de rede é sinal do declínio. Para Jeremy Rifkin, o caráter aleatório do "acesso" desvaloriza a categoria de propriedade que é indissociável de uma permanência, de uma inscrição no tempo. Se o nômade tem necessidade de uma organização que empurra os limites e lhe permite estar conectado em escala global, então esta escala é feita de não lugares, de lugares aleatórios, de lugares que podem ser lugares quaisquer. Os lugares são outros tantos lugares quaisquer, e a rede do nômade é crivada de buracos. Os sítios de Villejuif e de Rochester não têm garantia de sobreviver, uma vez que sítios mais eficazes serão inevitavelmente colocados em competição. O caráter virtual da cidade do mesmo nome leva ao reino do "lugar qualquer". Porque esses não

---

10. Alain Supiot, *Homo juridicus: Essai sur la fonction anthropologique du droit*, Paris: Seuil, 2005, p. 205.

lugares, esses espaços flutuantes negam toda relação com um ambiente e com limites sem os quais ele não existe nem dentro nem fora, sem os quais não há nem "pele", nem "quiasma", nem "mundo". O espaço dos fluxos globalizados esquece que ele próprio pertence a um único mundo, e que ele tem de lidar com o mundo.

A globalização dos lugares participa, portanto, de uma desrealização do mundo. E com razão: o *homo protheticus* é a regra depois de meio século, uma vez que "a eletrônica e a telemática introduziram — com as memórias artificiais, as redes de transporte de energia, de fluidos, de informação e de pessoas — uma revolução em nosso meio e em nossos comportamentos sem equivalente desde a sedentarização da espécie."[11] Mas o que significa esse reino dos não lugares e das próteses senão que os lugares se tornaram "indiferentes" porque podem ser "qualquer lugar", porque são "lugares quaisquer"? "Não apenas as periferias das cidades se estendem indefinidamente, mas doravante se torna possível nos estabelecermos em um lugar qualquer, ao nos conectarmos nas redes. Essa lógica da conexão significa o desaparecimento progressivo das diferenças entre cidade e campo, em benefício de uma civilização mundial que se pode chamar civilização do urbano."[12]

Mas não é possível confundir, nesse estágio, o não lugar" e o "lugar qualquer". O lugar qualquer não é somente virtual, ele tem uma parte de realidade, a realidade física do lugar qualquer. Coisa que não é indiferente, uma vez que a valorização do virtual esquece que não é possível viver num lugar qualquer. Este é o destino do virtual. Crer que se está indiferentemente num lugar qualquer equivale a renunciar à experiência espaço-temporal, a apagar o tempo e o espaço. "O novo sistema de comunicação transforma radicalmente o espaço e o tempo, dimensões fundamentais da experiência humana. Os lugares perdem a própria substância de seu significado cultural, histórico e geográfico, para serem integrados nos lugares funcionais produzindo um espaço de fluxos que se substitui ao espaço dos lugares. O próprio tempo é apagado

---

11. Françoise Choay, "L'Utopie aujourd'hui, c'est retrouver le sens du local", in *Courrier international* e estação RER [Réseau Express Régional]Luxembourg, abr. 2001.

12. *Ibid.*

quando o passado, o presente e o futuro podem ser programados para interagir uns com os outros em uma mesma mensagem. O espaço dos fluxos e o tempo atemporal são assim os fundamentos materiais de uma nova cultura que transcende e integra a diversidade dos sistemas de representação transmitidos pela história: a cultura da virtualidade real onde o simulacro é a realidade em gestação."[13] A cidade virtual é duplamente vitoriosa em relação a um lugar: cidade, ela pode estar "num lugar qualquer"; virtual, ela triunfa sobre o real. Como a imagem numérica, ela não tem tempo próprio.[14] Uma ressurgência dos lugares, além de um retorno ao local que pode valorizar exageradamente os não lugares, obriga então a reatar com a experiência do tempo e do espaço.

O urbano generalizado, indissociável que é dos fluxos e das tecnologias do virtual, alimenta-se da ilimitação e do descomedimento. Energúmeno, ele desencadeia os possíveis, mas também a agressividade[15]; esquecendo que está situado, ele acredita ter entrado na tela da sociedade global enquanto está apenas sentado diante dela. Mas o que significa essa indiferença ao real mais imediato, ao ambiente, à proximidade? Alguns renunciam à própria ideia de um pertencimento ao mundo, à ideia de mundo, e até se riem. A desespacialização é a matriz de um espaço "isotrópico" que reata paradoxalmente com o modelo utópico de Thomas More, aquele da boa cidade universalizável, aquele que abole os limites e se mostra indiferente às determinações locais, tanto no plano histórico quanto geográfico. "As grandes redes técnicas (de transmissão dos fluidos, de transportes ultrarrápidos, de telecomunicações) que mobilizam, a serviço de sua lógica de conexão, todos os

---

13. Manuel Castells, *op. cit.*, p. 424.
14. "O próprio da imagem numérica é não possuir tempo próprio. Para dizer de outra forma, a imagem virtual nos confronta com um tipo de esquematismo numérico capaz de dar uma forma a um tempo que não tem mais nada de fenomenal, mas que é totalmente artificial [...]. Com a era virtual, o próprio da imagem não é mais colocar entre parênteses o caráter real do fenômeno e manifestar assim a falta da coisa, uma vez que fenômeno e coisa doravante não existem mais. A imagem virtual, a exemplo do simulacro platônico, desenvolve uma lógica antitética: trata-se de produzir um efeito de real (ou seja, um efeito de tempo) e de fazer esquecer a ausência da coisa." (Laurent Lavaud, *L'image*, Paris: Garnier-Flammarion, 1999, p. 45-46.)
15. Cf. Françoise Choay, "Patrimoine urbain et cyberespace", *op. cit.*

progressos da técnica e das técnicas e, em particular, todas as formas de audiência eletrônica, essas redes fazem dos territórios, e depois do planeta inteiro, um imenso espaço isotrópico. A exemplo da antiga malha de More, eles tendem a abolir as determinações locais impostas tanto pela geografia física quanto pela história urbana e rural, ele servem para promover uma liberdade sem precedentes e impõem uma rigorosa normalização."[16] Mas será que essa normalização é um sinal do declínio efetivo do real, de uma vitória do virtual então confundido com a utopia? Isso seria ignorar que "esses espaços reticulados se inscrevem no real, e não no simbólico."[17]

Não haveria então outra escolha além de admitir esse desequilíbrio entre o real e o virtual? Ou seria então possível restituir o sentido da experiência urbana sem pretender reconstruir a cidade de ontem? Ainda é preciso nos convencer de que não se pode suprimir a escala local, e que esta não tem nada a ver no plano urbano com um localismo qualquer, com uma vontade de criar ou recriar raiz. Se admitimos que a relação corporal com um espaço representa um valor antropológico fundamental, daí resultam duas consequências: "Em primeiro lugar, o espaço orgânico local não pode ter um substituto: ele não é substituível pelo espaço operativo do território: esses dois tipos de ordenação são complementares. Em segundo lugar, o espaço em escala humana e a dupla atividade dos que o fabricam e dos que o habitam constituem nosso patrimônio mais precioso."[18] Não nos livramos, mesmo em nome da revolução global em curso, do real, do corpo e do desejo de habitar um lugar, do corpo a corpo com o mundo!

16. Cf. *Id.*, "L'Utopie et le salut philosophique de l'espace édifié", in Lyn Tower e Roland Schaer (Org.), *Utopie: La Quête de la société idéale en Occident*, Paris: Bibliothèque de France/Fayard, 2000, p. 337-343.
17. Jean-Toussaint Desanti, *op. cit.*
18. Françoise Choay, "Patrimoine urbain et cyberespace", *op. cit.*

II

Por uma cultura urbana dos limites

> Esquece-se demais que urbanização não é sinônimo de cidade. Mas será que é preciso, por isso, perder o corpo a corpo com o mundo e com o espaço concreto? Por meio de nossos augmented bodies, como dizem os americanos? Será que é preciso, nessa perspectiva, considerar nosso patrimônio urbano como o precioso vestígio, a ser embalsamado, de um passado para sempre revoluto?
>
> Françoise Choay, "Patrimoine urbain et cyberespace"

Se a falta de limites favorece o informe, a ilimitação, o infinito ruim, a ilusão do virtual, mas também a separação e a fragmentação, então a interrogação que subentende esta obra deve ser novamente conduzida: a experiência urbana, aquela que nós já associamos a um certo número de traços distintivos, a um tipo-ideal, teria ainda um significado e uma oportunidade de futuro? Será que ela ainda é concebível? Se ela não é mais um projeto viável no plano físico e material, teria ela um futuro no plano mental? Será que a experiência urbana, e não mais a boa cidade, ainda está para ser pensada, concebida? Mas então qual dimensão privilegiar? Se a dinâmica dos fluxos tende a triunfar sobre a dos lugares, esse fato reconhecido em escala planetária impediria "lugares" de irrigar ainda, mesmo que pouco, a experiência urbana?

Uma vez que a cidade não é definida unicamente por sua dimensão política e que as variáveis corporais, estéticas e cênicas são determinantes, examiná-las no contexto pós-urbano, que é o nosso, continua a ser indispensável. Mas é preciso igualmente ressaltar o lugar ocupado pelo urbanismo e a arquitetura antes de voltar à dimensão política da cidade. Se a condição urbana, entendida como experiência, conserva seu sentido enquanto tipo-ideal, a volta ao local não pode se resumir à instauração de não lugares. O local exige, ao contrário, reconstituir lugar, criar lugares, transformar territórios em lugares, em espaços que voltaram a ser urbanos no sentido das aglomerações. Esse é o sentido de uma expressão como "luta de lugares": nem todos os lugares se equivalem, nem todos manifestam a mesma indiferença em relação a uma cultura urbana dos limites e da proximidade. Pensar em função do local é a oportunidade de reatar com a experiência urbana, com os estratos que a compõem no seio da paisagem global. Porque é a paisagem, ela própria, que deve dar corpo a uma outra apreensão dos limites. Segundo Gilles Clément, "considerar os limites como uma espessura, e não como um traço, encarar a margem como um território de investigação das riquezas ao encontro de meios diferentes, experimentar a imprecisão e a profundidade como um modo de representação da Terceira Paisagem"[19], eis outras tantas exigências primordiais. O que implica em se debruçar, para começar, sobre o próprio corpo, sem o qual a questão do habitar quase não tem mais sentido.

Em busca da experiência urbana

Diante da tripla tendência exacerbada pela globalização — o primado dos fluxos e da circulação, a reviravolta da relação privado-público, uma dinâmica de separação —, diante dos engodos da cidade virtual, perguntar-se como uma experiência urbana pode contrariar os processos em curso restabelecendo uma cultura dos limites e da proximidade, que vem a ser o ponto nevrálgico da cultura urbana, é a primeira tarefa. Será que o corpo ainda faz limite e consente instaurar limites sem os quais o espaço urbano não é vivido e vivível como um "ambiente sob tensão"? Será que o urbano contemporâneo ainda concorda com os cenários, com os palcos, com uma confrontação entre o privado e o público? Como será que os arquitetos e os urbanistas contemporâneos imaginam o cenário público? Que se trate do corpo ou da cena urbana, uma inversão importante ocorre quando é preciso recriar limites ali onde eles

---

19. Gilles Clément, *Manifeste du Tiers Paysage*, Paris: Sujet/Objet, 2004, p. 65.

foram empurrados, nos não lugares da cidade virtual ou nos espaços indiferentes, anárquicos ou mortíferos. Isso exige de imediato reatar uma relação com o real e fazer parte dele.

"Ter lugar para ser"[20]
ou a capacidade de resistência dos corpos

Se a experiência de um lugar passa por uma antropologia do corpo que é a condição de uma abertura para o mundo, da criação de limiares e da instituição de ligações entre um fora e um dentro, ela não é indissociável da existência de uma edificação e de um sítio.

Reencontrar uma relação com o mundo. A existência de um lugar que se distingue do não lugar no sentido dos *hubs* e dos *nodes* da cidade virtual é a condição inicial de uma experiência urbana. Mas, recordemo-nos da lição de Jean-Toussaint Desanti, a fragilização do real em benefício do virtual, sua expropriação, é menos decisiva que a criação infinita de possíveis próprios do virtual. O real, frágil criador de possíveis, não pode rivalizar com tal desencadeamento. Estamos num mundo dos possíveis desencadeados, num mundo ilimitado que desvaloriza nosso real e o espaço físico por excelência, aquele que corresponde a um espaço corporal que é "meu" lugar. Mas esse lugar é tão pobre e frustrante quanto o real diante da irrupção dos possíveis criados pelo virtual. "Essa rede de virtualidades modifica a forma de nossa relação com o mundo, modifica o que se chama deslocamento, modifica o que se chama distância, modifica até o que se chama tempo, tudo isso é profundamente modificado. Mas tudo isso deve reverter para o habitante. Não é preciso confundir o caminho com o ponto de chegada. Ora, o perigo está em tomar o virtual pelo próprio real. 'É ali que eu vivo.' De modo nenhum! Não é lá dentro! Você vive *de acordo com* isso, mas você não vive *dentro* disso. E é disso que é preciso se

---

20. No original: *avoir lieu d'être*. O autor explora aqui o jogo de palavras, uma vez que a expressão pode ser lida também como "ter motivo para ser/existir". Assim, a riqueza semântica sublinha a importância do "lugar" em sua relação com o existir. [N.T.]

convencer, que viver *de acordo com* não é viver *dentro*."[21] Encontrar o limite passa pela inscrição num lugar, num habitar de natureza corporal, e, portanto, pelo respeito à realidade física circundante. "Mesmo se a noção de limite é necessária à nossa compreensão, nos faz bem distinguir, para evitar a esquizofrenia, o continente do conteúdo; forçoso é reconhecer que nossa tarefa não é somente a de conceder abrigos aos homens, mas a de fazer do mundo sua Habitação. Postulemos então que nós não habitamos somente nosso apartamento, mas o pátio, a rua e a cidade até o horizonte."[22]

O corpo como limiar. A experiência urbana é primeiramente corporal. Em um espaço virtual, escreve Marcel Hénaff, é preciso "manter um espaço concreto para o corpo, um espaço de habitação, de vizinhança, de relações — profissionais e pessoais — e finalmente reinventar o prazer de estar junto; reinventar a rua e a praça, esses espaços de marcha e de encontro."[23] O corpo resiste enquanto corpo, ele não pode se furtar a uma relação com o real, com um mundo; ele não pode viver em um real que se parece com "qualquer coisa", em um lugar que é "qualquer lugar", um "lugar qualquer". Não se habita um lugar qualquer, mas um mundo onde, de imediato, dentro e fora, privado e público, interior e exterior estão em ressonância. É preciso "ter lugar para existir": "Habitar é, a cada instante, edificar um mundo onde ter lugar para existir. Edificar é governar, não administrar. A mesma raiz indo-europeia *bhu* (do grego *phus*: crescer) quer dizer 'edificar' (alemão: *bauen*) e 'ser' (alemão: *du bist*, tu és; latim *fui*: eu fui)."[24] Contra a desrealização ligada às novas tecnologias do virtual, o corpo precisa reconquistar uma relação mínima com um ambiente, com o real, com seu real, com seu

---

21. Jean-Toussaint Desanti, *op. cit.*
22. Henri Gaudin, in Chris Younés (Org.), *Art et philosophie, ville et architecture*, Paris: La Découverte, 2003, p. 276.
23. Marcel Hénaff, "Vers la ville globale: monument, machine, réseau", in *Esprit*, mar./abr. 2004, p. 276.
24. Henri Maldiney, *apud* Henri Gaudin, *op. cit.*, p. 14. A referência a Maldiney permite evocar uma pessoa próxima dele, Gisela Pankow, cuja reflexão de natureza psiquiátrica tratava da constituição do espaço na criança psicótica.

sítio. "A substância, quando se trata da habitação, cria forma. Exterior do interior, ela é o espaço comum, social, público. Ela só o é se sai do informe. Descontinuidade na continuidade da cidade, paradoxalmente ela une. Ela cola o rasgão. Essa substância, esse exterior, é o mundo enquanto habitação [...]. De modo que essa substância que ganha forma é o essencial do espaço que torna possível nossa presença."[25] O privado já experimentou o limiar com o público, o habitar cultiva o entremeio: "É na maior evidência que os contrários coabitam, que o limiar se inscreve na ruptura da alvenaria, lá onde a parede acaba, e é sobre essa fratura que se recebe o convidado."[26]

Um mundo escandido pela relação de um fora com um dentro. Além da des-realização dos lugares pelo virtual, da debilidade de nosso ambiente que interessa muito menos que o resto do mundo, as resistências corporais são significativas de uma falta de espaço, de uma falta de lugar, de uma falha da experiência urbana. Aquela de um lugar que favorece não lugares, percursos, práticas, um lugar "impróprio", e não um lugar próprio e fechado sobre si mesmo ou sobre a rede como o não lugar do espaço virtual. De fato, o corpo "resiste" a um lugar que não o coloca em relação e lhe proíbe toda relação ao lhe impor limites intransponíveis.

Este é o caso desses lugares onde o corpo não pode mais se mexer e caminhar, onde ele entra em conflito com distâncias grandes demais, onde a circulação só pode ser por automóvel. Esses lugares que não são circunscritos, enquanto o próprio jardim já é um "recinto", não um lugar fechado, cercado, um solo do qual se apropriar, mas um recinto que tece ligações com outros lugares para formar uma paisagem. Em Houston, uma das cidades da ilimitação, o corpo caminhante perdeu de antemão. Em Alexandria, cidade da cisão espacial, não é mais fácil caminhar, ali não se pode mais atravessar o passeio à beira-mar para se aproximar do mar desde que uma avenida de dez pistas corre ao longo da frente e encrava a biblioteca. Cortada do mar, Alexandria não consegue se direcionar melhor para o interior, em direção ao delta. Mas por que se

---

25. Henri Gaudin, *op. cit.*, p. 275.
26. *Ibid.*, p. 276.

voltar para o deserto ou para os lagos insalubres? Somente linhas de bonde, em Alexandria, como em Houston, que recentemente optou por isso, percorrem a cidade, como para dizer com nostalgia que a percorríamos no passado. *Alexandria... por quê?* É o título de um filme de Youssef Chahine (1978). Sim! Por que se cortou, cisalhou essa cidade ontem associada ao espírito do cosmopolitismo? Por que a biblioteca, símbolo dos fastos e da cultura de ontem, se encontra encastrada nessa avenida litorânea maluca no meio do barulho e da poluição dos carros? Prisioneiro de um espaço fechado ou ilimitado, o corpo reage, nervosamente ou pelo modo da depressão a essa falta de espaço, a essa falta de um lugar circunscrito que se abre a outros lugares. A depressão vital é a consequência de uma falta de abertura espacial: "A depressão vital corresponde absolutamente ao que Winnicott chamou de *break-down*, a agonia primitiva, onde alguma coisa, um vazio, aconteceu[27] que não encontrou seu lugar, de forma que ele opera sem ser acessível e que cada um só o experimenta na esquiva de si, na impossibilidade de estar consigo, numa ausência total. Mais ainda, ele está na própria incapacidade de sofrer dessa falta, o que me parece caracterizar a depressão geral que se revela por atividades paroxismais de divertimento."[28]

O corpo não se satisfaz com qualquer lugar, ele resiste aos lugares invisíveis, tornados insuportáveis porque ele não consegue incorporá-los. Mas há cidades, as famosas cidades em forma de blocos, onde, se ainda é possível caminhar, é impossível viver, por falta de tempo e de vida coletiva. De acordo com uma expressão dos Altos-Alpes, fica-se "enclausurado" como numa parede na qual não há qualquer ponto de apoio possível. "Vendo essas arquiteturas que desfilam nos subúrbios das cidades, compreende-se que aquele que se pendura numa sacada está enclausurado ali. O enclausurado é prisioneiro de nada. Na rua, o movimento dos automóveis não exige espaço, ali se fecha: translação sem transformação, sentimento da velocidade, um engodo."[29] Essas cidades-blocos são lugares onde não há

---

27. No original: *a eu lieu*, literalmente "teve lugar", ou seja, algo teve lugar mas não teve lugar. [N.T.]
28. Henri Maldiney, *apud* Henri Gaudin, *op. cit.*, p. 16-17.
29. *Ibid.*, p. 19.

mais nem dentro nem fora, espaços que enclausuram imobilizando ou incitando à velocidade extrema, cidades virtuais, cidades "enclausuradas" do mapa onde o único desejo é o de "desenclausurar". A depressão atinge os corpos quando não se lhe oferece o espaço necessário para se mexer, se mover, para se movimentar. "Na criação de uma cidade nova, cuja tipificação é Brasília, o que acontece? Proezas arquitetônicas evidentes num tabuleiro urbano não menos evidente? Em Brasília, onde quer que estejamos, estamos em lugar nenhum. Sem corpo."[30] Alguma coisa aconteceu que não encontrou seu lugar. "A disposição espacial dos grandes conjuntos e das periferias é a oposição radical do fora e do dentro, a separação absoluta da esfera privada e pública, aquela célula, esta não lugar."[31]

"O ritmo não tem limite. Ele é a abertura do espaço." Mas o ritmo urbano não corresponde a qualquer coisa, ele não concorda nem com o qualquer coisa de um lugar sem espaçamento, nem com o qualquer coisa do lugar conectado. Para que haja lugar, é preciso circunscrever limites. O corpo, primeira e última forma de resistência, mas resistência efetiva, uma vez que urde uma relação entre um dentro e um fora e exige espaços que o favoreçam, que o coloquem "em forma" e "à prova". Reconquistar espaços escandidos pela rítmica do fora e do dentro, pelo duplo movimento de interiorização e de exteriorização sem o qual os cenários urbanos são excluídos, é uma exigência. O corpo não pode se retrair num isolamento, ele deve se expor ao fora para renovar a experiência inicial, aquela do limiar, aquela do entremeio, "lá onde se fala" nas soleiras. O arquiteto não deve entrar no íntimo, mas assegurar as ligações entre o privado e o público.[32] O corpo é uma primeira dobra que brinca de desdobrar e redobrar, o espaço público é uma segunda dobra que também brinca com esse duplo movimento de dilatação e de contração. Mas o espaço público exige que um espaço urbano tenha uma forma, que um lugar tome forma para um corpo. Colocar em forma e colocar em cena são experiências simultâneas.

---

30. *Ibid.*, p. 14.
31. Henri Gaudin, *op. cit.*, p. 276.
32. Bernard Huet, "Apprendre aux architectes la modestie", in *Esprit*, dez. 1985.

Patrimônio e nova cultura urbana

Mesmo se uma inversão de tendência é patente, essa de que testemunham políticas municipais que nem sempre são vitrines midiáticas para os prefeitos ou o interesse crescente pela paisagem, a debilidade da cultura urbana na França convida a sair do país e a comparar experiências. "Impõe-se, portanto, aproveitar a experiência de nossos vizinhos europeus e ver o que eles realizaram: a maneira como os ingleses preservaram seu campo, vejam o Kent e o Sussex no rastro do *Greenbelt Act* e comparem com as periferias da Chartres ou de Tours; como os alemães evitaram a periferização, vejam Friburgo e comparem-na com Colmar; como os italianos sabem utilizar seu importante patrimônio histórico de modo contemporâneo, sem desnaturá-lo, vejam a prefeitura de Nápoles ou a universidade de Veneza."[33]

Mas, além das experiências nacionais, a capacidade de recompor lugares, de refazer unidades urbanas é o essencial. Se a "luta dos lugares", eventual substituta de uma "luta de classes" que correspondeu à sociedade industrial, à mina e à usina, é primeiramente uma luta pelo lugar, ela passa também pela constituição de espaços urbanos suscetíveis de reconquistar uma dimensão temporal, uma memória e um futuro. Depois dos anos pós-guerra durante os quais o urbanismo progressista triunfou, impôs-se na França, de qualquer modo, a vontade, tanto por parte dos arquitetos quanto dos urbanistas, de repensar o próprio quadro urbano. Bastaria responder ao urbanismo progressista, o da tábula rasa, com o urbanismo culturalista, aquele que valorizava a tradição e a relação com a natureza? Aparentemente, não. Antecipada na Itália no período entre as duas guerras, arquitetos e urbanistas reimaginaram uma cultura urbana no contexto pós-urbano.

Essa cultura urbana se deu como tarefa prioritária inscrever o espaço urbano em uma duração e respeitar a relação entre o passado, o

---

33. Françoise Choay, "Patrimoine urbain et cyberespace", *op. cit.*, p. 101. Sobre a defasagem francesa em relação à Itália, cf. Jean-Louis Cohen, "Le Détour par l'Italie", in *Esprit: Réveil de l'Architecture?*, dez. 1985; e Jean-Louis Cohen, *La Coupure intellectuels / architectes ou les enseignements de l'italophilie*, Paris: L'Équerre, 1986.

presente e o futuro. Isso faz eco às três idades da cidade colocadas em cena por Christian de Portzamparc: "A primeira cidade, por meio dessas formas diversas, através do planeta e ao longo dos séculos apresenta uma extraordinária constância: um mesmo esquema único e simples sempre a ordenou: aquele da rua. No quadriculado das cidades gregas, bem como nos emaranhados das urbanizações vernáculas, até os traçados parisienses de Haussmann, a cidade é vista, compreendida, percorrida, projetada segundo o vazio dos espaços públicos, vazio definido por suas bordas cheias, construídas: as *insulae*, as quadras [...]. Após a fatalidade da 'idade II', esse espaço foi por assim dizer virado, invertido como uma luva. Os espaços públicos não são mais vistos conforme esse vazio, mas a partir de objetos cheios [...]. A 'idade III' abre-se com um campo de incertezas, de indecisões, de regressão."[34] De fato, o reflexo de um recuo, de um retorno para a cidade da idade I está condenado de antemão, "nós trabalhamos, nós nos encontramos em sítios heterogêneos, contraditórios, marcados ao mesmo tempo pela 'idade I' e pela 'idade II'".

Quanto à terceira cidade, ela não é o resultado dialético das duas cidades precedentes, mas um resultado híbrido, aquele que corresponde a numerosas cidades contemporâneas na Europa. Ora, esse caráter híbrido, indissociável do futuro metropolitano do urbano, exige pensar a cultura urbana em termos de juntura, de costura, entre o antigo e o novo, entre o centro e a periferia, e não voltar à boa cidade clássica.

Desde 1931, quando o urbanismo progressista ainda não tinha produzido em massa, para fins de habitat, suas realizações do pós--guerra, Gustavo Giovannoni antecipa a *post-city age*. Em *Vecchie Città e edilizia nuova*, ele propõe "explorar a via de um planejamento local de escala modesta e de dimensões reduzidas, próprio para induzir à reconciliação com a urbanidade."[35] Sem ignorar os fatores específicos da cidade moderna, a começar por sua policentralidade e pela estrutura anular indissociável da metrópole, um projeto urbano deve, segundo

---

34. Christian de Portzamparc, prefácio a Olivier Mongin, *Vers la troisième ville?*, Paris: Hachette Littératures, 1995, p. 13.
35. Françoise Choay, "Post-urbanité", in Françoise Choay e Pierre Merlin (orgs.), *Dictionnaire de l'urbanisme et de l'aménagement*, Paris: PUF, 1996.

Giovannoni, "associar o que está dividido" no plano espacial, a cidade antiga e a cidade nova, o que Portzamparc chama de cidades 1 e 2.

Nessa óptica, *L'Urbanisme face aux villes anciennes*, de Gustavo Giovannoni, apresenta um triplo aviso. Um aviso contra "a hegemonia conferida às redes técnicas na organização do espaço, com a prevalência das escalas de planejamento mundial e territorial e de sua lógica de conexão."[36] Um aviso contra uma concepção da arquitetura herdeira do Renascimento que privilegia a produção de objetos técnicos autônomos, de "máquinas celibatárias", sem se dar conta do tecido urbano. Enfim, um aviso contra "a musealização do patrimônio urbano e territorial".[37] Diante dessas três tendências, Giovanni não denuncia o desaparecimento de uma estética do belo, como Camillo Sitte[38], mas propõe integrar as cidades e os tecidos antigos na cidade contemporânea.[39] Se existe uma ressurgência dos lugares, não é somente porque lugares "à margem" resistem à normalização imposta pelos fluxos econômicos e tecnológicos de todos os tipos. Depois do período pós-guerra, os projetos urbanos realizados num espírito próximo daquele de Giovanni se multiplicaram. O mais conhecido deles diz respeito à reconstrução de Bolonha, que conjuga as reconstruções do centro antigo e da periferia respeitando os princípios da instituição de uma duração urbana. Essa cultura urbana não corresponde a um simples trabalho de costura entre o antigo e o novo, mas a uma vontade urbanística de circunscrever o desenvolvimento da cidade e de dinamizar-lhe o tecido narrativo que não se reduz à singularidade exclusiva da cidade antiga, a dos turistas e dos museus. Ao contrário, o respeito pelo centro urbano deve valer

---

36. Françoise Choay, "Introdução", in Gustavo Giovannoni, *L'Urbanisme face aux villes anciennes*, Paris: Seuil, 1998. [*Vecchie Città ed Edilizia Nuova*, Roma: UTET Libreria, 1931]
37. *Ibid.*, p. 29. Sobre esse tema, cf. também Françoise Choay, "Sept propositions sur le concept d'authenticité et son usage dans les pratiques du patrimoine historique", *Conférence de Nara (Japon) sur l'authenticité*, Unesco, 1995.
38. O que interessa a Sitte não é a preservação do passado e do patrimônio urbano, mas a criação, desde então impossível segundo ele em razão das escalas próprias aos espaços industriais, de uma nova beleza urbana. Daí seu pessimismo aparente. Cf. Camillo Sitte, *L'Art de bâtir les villes: L'Urbanisme selon ses fondements artistiques*, Paris: Seuil, 2001.
39. Gustavo Giovannoni, *op. cit*, p. 138.

para uma periferia que não é um elemento patrimonial: "A reutilização do patrimônio consiste em aplicar, prática e teoricamente, ao conjunto dos bairros periféricos destinados à destruição no final de sua existência rentável, os princípios da restauração conservadora já adotados para o centro histórico."[40] O mesmo acontece com a importância adquirida pelos projetos destinados a proteger o patrimônio industrial.[41] O mérito dessa nova cultura urbana é o de repensar a cidade como um todo, como um conjunto, projetando para o futuro suas capacidades de desenvolvimento, e o de prolongá-la numa paisagem das dimensões da metrópole.[42] Mas aí, segundo os detratores, haveria o risco persistente de um movimento de patrimonialização e de musealização, aquele que leva diretamente à ideia de "cidade-paisagem". Ontem, a experiência urbana dinamizava a *vita activa*; hoje, a experiência urbana é consumida, patrimonializada, musealizada. A experiência se confunde então com uma paisagem, com o "quadro" que oculta a própria cidade. "O nascimento da cidade-paisagem se realiza muito mais satisfatoriamente que o planejamento do espaço, e os relatos que o envolvem dotam a metrópole e sua região de uma imagem unificadora poderosa, fazendo dela uma paisagem. A cidade antiga, lugar de entrecruzamento de histórias sociais as mais diversas, polo de reunião de contrários, fonte única de todas as diferenças, oferece a figura mítica ideal capaz de criar a diversidade das formas culturais procurada pela pequena burguesia intelectual. Assim, a figura da cidade constitui, talvez, o

---

40. P. L. Cervellati, R. Scannavini e C. de Angelis, *La Nouvelle Culture urbaine: Bologne face à son patrimoine*, Paris: Seuil, 1981, p. 184.

41. Emmanuel de Roux, *Patrimoine industriel*, Paris: Éditions du Patrimoine/Scala, 2000. A obra distingue: 1) as arquiteturas singulares: a usina Meunier em Noisiel (Seine-et--Marne), os Grandes Moinhos em Marquette-lez-Lille no Norte...; 2) as memórias no trabalho: os alto-fornos de Uckange e de Hayez na Moselle, o familistério de Godin em Guise, o mundo da mina, as usinas Renault...; 3) os territórios da indústria: as salinas em Salins-les-Bains, a fiação de Fontaine Guérard em Pont-Saint-Pierre, uma cidade têxtil (Elbeuf na Seine-Maritime), uma cidade produtora de lã (Roubaix), uma cidade de lanifícios (Mazamet, no Tarn)...; 4) habilidades urbanas de alta tecnicidade; olearia, destilaria, cordoaria, fábrica de vidros...

42. Bernard Lassus, *Couleur, lumière... paysage: Instants d'une pédagogie*, Paris: Éditions du Patrimoine, 2004; Jane Amidon, *Jardin Radical: Nouvelles définitions du paysage*, Londres: Thames and Hudson, 2003.

horizonte mítico das grandes metrópoles do início do século XIX, ela convida à transmutação do espaço urbano em cidade-paisagem.[43] No contexto da metropolização e da cidade genérica, a cidade é um mito que mobiliza, uma paisagem que se observa. E é de se espantar que os paisagistas, como os arquitetos, se oponham entre culturalistas e materialistas, entre artistas e realistas, entre aqueles que querem acrescentar arte ao real e aqueles que querem descobri-la no próprio real, livrá-lo de suas escórias.[44]

O futuro da cidade europeia está aí, um futuro incerto e proteiforme: peça de museu, cidade turística, cidade pós-industrial que muda brutalmente graças à construção do museu Gehry em pleno centro de Bilbao, cidade magnificamente repensada em Barcelona por Oriol Bohigas, Nantes redesenhada em função do percurso dos bondes. Oscilando entre a patrimonialização e a invenção de um futuro incerto, a nova cultura urbana marca uma ruptura com o urbanismo progressista; ela não hierarquiza mais a relação do centro com a periferia do que a do passado com o presente. Nesse sentido, ela inverte os princípios do urbanismo ocidental: do mesmo modo que o passado não é mais oposto ao presente (urbanismo progressista contra urbanismo culturalista), o centro não é mais oposto à periferia (o que não é sem ligação com a inversão de tendência que favorece a metrópole aberta ao exterior num modo centrífugo enquanto a cidade clássica aspira num modo centrípeto). Essa dupla oposição, a do passado com o presente por um lado e a do centro com a periferia por outro, deve ser ultrapassada. Isso exige atores. Como sublinham hoje Giuseppe Dematteis ou Alberto Magnaghi na Itália, um projeto urbano deve ser julgado considerando sua capacidade de mobilizar atores na duração. "A conservação da paisagem condiz com a sua destruição, uma vez que ela leva à petrificação de seus atores."[45] Daí a ideia de um "urbanismo de

---

43. Michel Conan, "Les Villes du temps perdu", in *Le Débat*, n. 81, set./out. 1994.
44. Na França, esse conflito opôs dois paisagistas reconhecidos, Michel Corajoud e Bernard Lassus. Cf. Jean-Pierre Le Dantec, "La création de l'École nationale du paysage et le débat Corajoud/Lassus", in *Le sauvage et le Régulier: Art des jardins et paysagisme en France au XX e siècle*, Paris: Le Moniteur, 2002, p. 209-216.
45. Alberto Magnaghi, *op. cit.*, p. 48.

projeto", a continuação contemporânea de uma nova cultura urbana da qual os italianos foram os instauradores. Um urbanismo de projeto que consiste em redefinir limites em ligação com uma concepção inédita da paisagem global.

Derivas arquiteturais e urbanismo de projeto

Giovannoni, portanto, previne desde o entre guerras sobre a hegemonia dos fluxos, sobre a musealização e sobre a tendência ancestral dos arquitetos se comportarem como artistas solitários, de produzir "máquinas celibatárias" ignorando tudo do ambiente urbano onde se inscrevem. O que é feito hoje desse terceiro aviso? Se Gustavo Giovannoni inaugura com Lewis Mumford, Jane Jacobs e alguns outros, na época em que o urbanismo progressista ainda é hegemônico, um antiurbanismo que se serve do urbanismo culturalista de Patrick Geddes, então será que as relações entre os urbanistas e os arquitetos realmente mudaram? Será que a desconfiança em relação ao urbanismo progressista modificou a produção arquitetural e as práticas profissionais? Arquitetos italianos que recorrem do mesmo modo a Brunelleschi, aos textos fundadores de Alberti, mas também a Mies Van der Rohe ou a Gropius, procuraram impor, há não muito tempo, o primado da arquitetura sobre a cidade, na finalidade de opor a arquitetura e o urbanismo. Considerando "a cidade existente como uma estrutura frágil, transitória, modificável"[46], eles queriam criar objetos de arquitetura "autônomos e absolutos". Na França, enquanto eles gozam de um sucesso público manifesto, os arquitetos continuam em sua maioria a se tomar por artistas solitários. Certamente, as acusações aos arquitetos-artistas solitários são antigas. A crítica, de resto muito injusta, do romantismo criativo de Frank Lloyd Wright formulada por Lewis Mumford em *Le Piéton de New York* testemunha isso: "Cada uma das construções de Wright se levanta num isolamento desejado, como um monumento à sua própria grandeza que domina orgulhosamente as obras de seus contemporâneos

---

46. In P. L. Cervellatti, R. Scannavini e C. De Angelis, *op. cit.*, p. 7.

[...]. O que há de incontestável na concepção que Wright possui de seu papel de arquiteto é apenas, afinal de contas, um subproduto desse romantismo byroniano com suas pretensões imoderadas ao culto do eu e o desprezo pelos homens e pelas instituições que não se conformam a isso."[47]

Mas, para Françoise Choay, a oposição entre o arquiteto, artista solitário genial, e o urbanismo racionalizador não é uma questão de conjuntura ou de humor, ela permanece estrutural.[48] Deste modo, ela observa com distância, até mesmo com ironia, as proezas artísticas dos melhores arquitetos contemporâneos, declarando sua admiração pelos verdadeiros inventores de formas, aqueles que apostam nas novas técnicas e nos materiais inéditos. Assim, ela se preocupa com os arquitetos que não mantêm mais "um comércio direto com os terrenos e as águas, os climas e os ventos, as estações e o céu", com esses arquitetos que não conhecem mais "o segredo dos materiais" e que renunciaram à "arte de edificar" (Alberti), separando-se dos artesãos e dos ofícios que contribuíram para uma história da construção — que não se confunde com a da criação arquitetônica.[49] Aos prazeres celibatários de artistas da arquitetura, ela prefere a estética dos grandes engenheiros: "Não apenas a construção de redes técnicas é atribuição dos engenheiros, mas cada vez mais é deles e somente deles que dependem a eficiência, a audácia e a beleza dos grandes objetos técnicos construídos. Os verdadeiros construtores do século XX, aqueles que a história considerará quando se tiverem dissipado as miragens da moda e da publicidade, chamam-se Torroja, Candela, Nervi, Ove Arrup, Nowicki, Lafaille, Buckminster Fuller, Peter Rice, Otto Frei, todos estes sem os cálculos nem a arte que fazem nossas vedetes atuais parecerem o que são: desenhistas de logos."[50]

---

47. Lewis Mumford, *Le Piéton de New York*, intr. Thierry Paquot, Paris: Linteau, 2001, p. 96.
48. Cf. a obra tônica e polêmica de Philippe Trettiack, *Faut-il pendre les architectes?*, Paris: Seuil, 2001.
49. Françoise Choay, *L'Allégorie du patrimoine*, Paris: Seuil, 1992, p. 190. [Ed. bras.: *Alegoria do patrimônio*. São Paulo: Estação Liberdade/Ed. UNESP, 2006.
50. *Id.*, in *Urbanisme, le XXᵉ Siecle: De la Ville à l'Urbain, De 1900 a 1999: Chronique Urbanistique et Architecturale*, n. 309, nov./dez. 1999.

TERCEIRA PARTE — O IMPERATIVO DEMOCRÁTICO   253

Mais ainda, ela concebe um equilíbrio entre a "arte vigorosa dessa obras técnicas" e "uma arte do espaço próximo, esquecidiça de seus antigos encantamentos, mas fiel à sua competência de encantar".[51] Daí uma dupla reprovação formulada a uma arquitetura contemporânea que tende a privilegiar por um lado uma estética do colossal — as realizações de Ricardo Bofill ou o Arco de la Défense, "esse altar singular solitário dedicado ao insaciável deus da técnica", são estranhos à força trágica, aquela de Nova York ou de Chicago, que, segundo Françoise Choay, dissocia e autonomiza os objetos — e, por outro lado, o culto da imagem, a iconicidade. "O reino da imagem consagrado pela era midiática repercute na arquitetura e, por intermédio do desenho, provoca o desinteresse pelo espaço interior e reduz os espaços públicos a imagens, concebidas para a transmissão midiática."[52] Essa tripla fascinação pelo desenho, pelo colossal e pela imagem é paradoxal, uma vez que esses arquitetos renunciam assim a criar o espaço-tempo sonhado pelos CIAM no plano da criação arquitetural[53] que, por outro lado, eles criticam. Mas outros, François Barré, por exemplo, antigo diretor de l'Architecture et du Patrimoine, recusam de imediato definir a cidade e esperam da produção artística que ela vivifique o espaço público contemporâneo.

No entanto, a produção arquitetônica está na origem de interrogações que afetam a opção por um urbanismo de projeto, a relação do privado com o público e nossa concepção de espaço público. Existe entre os arquitetos um debate implícito em torno da noção de projeto. Em oposição às proposições do urbanismo municipal contemporâneo, aquele que depende da vontade política de redefinir um projeto, alguns discutem até sua legitimidade.

---

51. *Id.*, *L'Allégorie du patrimoine*, *op. cit.*
52. *Id.*, "Espace: Espace et architecture", in Françoise Choay e Pierre Merlin (orgs.), *op. cit.* Sobre a colocação do trabalho arquitetural em imagens e sobre o papel das novas tecnologias e do CAD, cf., supra, particularmente as palavras de Jean-Toussaint Desanti.
53. Os CIAM valorizam a revolução cubista, o uso da perspectiva múltipla, enquanto os arquitetos contemporâneos, reconhecidos da vanguarda ou não, chegam em sua maioria, *via* desenho, à perspectiva clássica.

Enquanto a nova cultura urbana e as encomendas contemporâneas, marcadas pelo peso dos prefeitos e dos mercados de definição, apresentam a ideia do projeto[54], ou seja, a de uma inscrição na duração e de uma realização respeitando uma coerência espacial, enquanto o urbanismo de projeto, requalificado *Renovatio Urbs*, dá lugar a realizações que cultivam o respeito — do tipo daquelas da agência Studio de Bernardo Secchi e Paola Vigano[55] —, duas críticas importantes são apresentadas. Para alguns, o projeto já existe sob a forma de um "contexto" que é preciso restabelecer em canteiro; para outros, racionalistas ou adeptos da cidade genérica, não é preciso se preocupar com um ambiente que de toda maneira é impossível de se dominar, o que justifica o pleno exercício da liberdade artística. Se a nova cultura urbana concilia arquitetos e urbanistas, a rejeição do urbanismo de projeto não chega necessariamente a opor, contudo, a regra (arquitetural) e o método (urbanístico). Para Henri Gaudin, a distinção entre urbanismo e arquitetura é infundada, uma vez que pensamos a construção como um entrelaçamento de várias formas e não como a construção de objetos solitários. Para Bernard Huet, o projeto já existe como contexto, e este como projeto: "Um projeto urbano já está potencialmente inscrito no território antes mesmo que ele surja. O papel do criador se limita a ler atenciosamente o contexto existente, a interpretá-lo muito sutilmente para 'revelar' o projeto escondido. É esse tipo de procedimento, repetido de geração a geração, que explica os mecanismos de deformação de projetos urbanos

---

54. As alavancas da ação urbana podem ser tanto o cultural (Bilbao) quanto o econômico e o social (Lille-Roubaix). Cf. *Lille-Roubaix: L'Action urbaine comme levier économique et social*. Direction générale de l'Urbanisme, de l'Habitat et de la Construction, maio 2000, n. 20; Ariella Masboungi (Org.), *Bilbao, La culture comme projet de ville*, Direction Générale de l'Urbanisme, de l'Habitat et de la Construction; *Projet Urbain*, set. 2001, n. 23.

55. Sobre a criação e o espírito da agência Studio, cf. Bernardo Secchi, "J'ai connu des maîtres, petite autobiographie", in Ariella Masbogni (Org.), *Grand prix de l'urbanisme 2004*, Direction générale de l'Urbanisme, de l'Habitat et de la Construction, Paris, 2004, p. 52-65. Fundada em 1990, a agência Studio tem em seu currículo o plano de cidades como Courtrai na Bélgica, Prato, Brescia, Pesaro, Antuérpia, o planejamento do centro da cidade de Malines, do bairro do Petit-Maroc em Saint-Nazaire, a criação do bairro da Courrouze em Rennes, o planejamento de um parque urbano em Antuérpia, etc.

muito célebres. A praça de São Marcos em Veneza, o Palais-Royal em Paris ou o eixo triunfal do Louvre a La Défense são projetos que paradoxalmente nunca foram desenhados como tais. A arte urbana é quase sempre a de acomodar restos, a arte de recoser os fragmentos heterogêneos para reconstituir uma lógica de continuidade urbana. Em Bercy, é esse o método que eu apliquei. O desenho do parque, sua trama, permite unir todos os elementos preexistentes no local, o Parc Omnisports de Paris-Bercy (POPB), o ministério das Finanças, a ZAC[56] concebida pela APUR (Atelier Parisien d'Urbanisme), como se eles tivessem sido pensados em conjunto. O acaso e a necessidade são a lei do projeto urbano."[57] Paradoxalmente, os partidários da cidade genérica poderiam retomar por sua conta essas noções de acaso e de necessidade, mas para eles o contexto existe menos por sua potência implícita que por seu caráter devastado e desfeito. Para Koolhaas, o contexto, aquele do *junkspace*, não autoriza outra intervenção que não seja a do golpe de mestre arquitetural.[58]

Mas essa discussão sobre o caráter "cheio" ou "vazio" do contexto encontra outra interrogação, a que trata do ponto de partida da criação. Não que seja preciso encontrar uma origem, no sentido espacial ou temporal da criação, mas inscrever uma realização num espaço que "faz mundo"[59], no sentido em que um espaço que se oferece faz mundo. Como no caso do corpo individual, a ressurgência do lugar acompanha uma concessão ao mundo do urbano, as reflexões de Christian de Portzamparc e de Henri Gaudin, entre outros, testemunham isso.

---

56. Sigla para Zone d'Aménagement Concerté, que se traduz por Zona Planejada em Parceria. [N.T.]
57. Bernard Huet, in Frédéric Edelmann (Org.), *Créer la ville: Paroles d'architecte*, La Tour d'Aigues: Aube, 2003, p. 102-103.
58. Jean Attali, *Le Plan et le Détail: Une philosophie de l'architecture et de la ville*, Nîmes: Jacqueline Chambon, 2001.
59. No original: *faire monde*, expressão que remete a F. Guattari e G. Deleuze, em *Mil platôs*. [N.T.]

Rítmicas urbanas ou como abrir a matéria
(Christian de Portzamparc e Henri Gaudin)

Para além da oposição, pouco pertinente, entre o urbanista e o arquiteto, a opção decisiva é a de "fazer mundo", de criar espaçamentos que permitam aos indivíduos se manter no tempo e no espaço. "Fazer mundo" levando em consideração as dobras do espaço e do tempo e inscrevendo-as num contexto que corresponde a um local físico. O procedimento é menos "anticontextual" no sentido de Koolhaas, que preocupado em favorecer uma brecha, uma abertura, reencontrando o próprio ritmo que une fora e dentro. Como se fosse necessário voltar a uma estruturação originária, aquela da rítmica urbana que reúne o heterogêneo, no sentido em que Georges Braque afirma: "Construir é reunir elementos heterogêneos." Daí esse comentário de Henri Gaudin: "Os pontos críticos, as articulações heterogêneas são vazios ativos [...]. Então o que vem a ser o essencial? Aquilo que é o dimensional de todas as artes: o ritmo no sentido verdadeiro, não a cadência. O ritmo é imanente à existência nascedoura."[60]

No plano corporal, estético e político, o espaço urbano é marcado pelo ritmo, por oscilações permanentes entre interior e exterior, entre dentro e fora. Toda uma arte do entremeio deve, portanto, tomar corpo em um "edificado". Mas aqui, a matéria edificada é uma maneira de se situar na matéria que se oferece, seja a um grau zero, em um terreno vago, por exemplo, seja num espaço que já possui uma história e se apresenta como um livro ou um palimpsesto. A abertura inicial da matéria é a melhor resposta à fragmentação da matéria edificada. É preciso encontrar a abertura, a saída, o vão, a brecha, o espaçamento, apoderar-se da luz em sua aparição. Como se observássemos a chegada da luz pela manhã. "Vemos o planeta como uma massa cheia, um cheio de matéria que se abre e sobe para a luz. Toda essa matéria se abre enfim; é um núcleo pleno que vai em direção à abertura. E por toda parte essa massa plena da Terra é escavada, trabalhada, formada sem parar, modelada pelo homem, e depois pouco a pouco, mais que modelada,

---

60. *Apud* Henri Gaudin, *Seuil et d'ailleurs: Textes, croquis, dessins*, [s.l.], Ed. De l'Imprimerie, 2003, p. 16. Sobre o ritmo, cf. Philippe Fayeton, *Le Rythme urbain: Éléments pour intervenir sur la ville*, Paris: L'Harmattan, 2000.

ela é fundida, expulsa, transformada em painéis, em substância, em traves, em placas finas rendilhadas, transparentes, estanques. Mas, sempre, é uma abertura da matéria que se produz, e o trabalho que é o meu trata precisamente desse momento em que a matéria se abre, se expande e se junta, o momento em que ela dá lugar a um espaço, a uma aeração, a uma partição de sombra e de luz."[61]

Christian de Portzamparc continua essa reflexão sobre a abertura da matéria ao se interrogar a propósito da economia de escala da Cidade da Música, um local composto por diversos edifícios, antigos ou em vias de construção. Como situar, pergunta-se concretamente, os dois edifícios previstos para cada um dos lados da fonte dos Leões vizinha à porta de Pantin? Nessa primeira escala, seria preciso adotar a simetria ou a dissimetria, a fim de abrir os edifícios que compõem o local para o parque, o que permite evitar a monumentalização da Grande Halle, mas também da Cidade da Música? "Para organizar esse espaço de grandes dimensões, a relação entre a cidade e o parque, eu acentuei o lado do parque. Eu queria retirar desse lugar muito vasto toda ideia de monumentalidade e fazer com que se *pudesse ver* o parque."[62] Mas além dessa primeira escala, a do próprio sítio, o arquiteto concebe outra escala de trabalho para a Cidade da Música, como também fez para a Escola de Dança de Nanterre, onde os três edifícios correspondem a três momentos da formação dos bailarinos. Como organizar uma fragmentação da matéria edificada para um edifício composto ao mesmo tempo de lugares de música fechados por razões de acústica e lugares abertos onde a luz penetra e onde as pessoas podem se encontrar? Uma vez mais, é preciso instaurar uma relação "defasada", um "efeito de balança", no sentido de Gracq, que preserva o duplo excesso de continuidade ou de descontinuidade entre os lugares que orquestram a cidade, mas também entre a cidade

---

61. Christian de Portzamparc, *Le Plaisir des formes*, Paris: Centre Roland-Barthes/Seuil, 2003, p. 70. Sobre o trabalho de Christian de Portzmparc, cf. *Christian de Portzamparc*, *L'Architecture d'Aujourd'hui*, n. 302, dez. 1993; Jean-Pierre Le Dantec, *Christian de Portzamparc*, Paris: Regard, 1995; *Portzamparc*, Birkhaüser: Arc en Rêve/Centre d'Architecture, 1996.

62. Christian de Portzamparc, *Le Plaisir des formes*, op. cit., p. 90.

Do edifício ao monumento, a arquitetura coletiva de Louis Kahn

É apenas quando já vai perto dos sessenta anos, depois de ter fracassado em conseguir aprovar seus projetos de urbanismo para a cidade de Filadélfia, onde se encontra sua agência (criada em 1932), que Louis Kahn impõe seu estilo arquitetônico. Durante todo um período, ele constrói pouco, mas desenha essencialmente edifícios públicos, museus, bibliotecas, um laboratório: a galeria de arte para a Universidade Yale em New Haven (1953), os laboratórios Richards em Filadélfia (1957-1961), a biblioteca Philipps Exeter (Exeter, New Hampshire, 1972), o teatro de Fort Wayne (Indiana, 1973). Esse interesse pelos edifícios públicos em que a ordem ortogonal compõe com formas caóticas dá lugar progressivamente a monumentos cuja leveza e despojamento se valem de uma materialidade mineral. Ao passar do edifício ao monumento, é todo o sentido de um espaço público e coletivo que se afirma e se aprofunda na obra arquitetônica de Louis Kahn.*

Quando uma viagem ao Egito o leva a refletir a propósito do papel da pirâmide, ele se debruça também sobre o sagrado próprio ao habitat e se interessa pelas religiões, por todas as religiões, mesmo se o judaísmo é enfatizado em sua biografia, mas também pela realização do sítio da comunidade judaica de Trenton e pelo projeto (não realizado) da grande sinagoga Huva, que concebe para Jerusalém. Seu interesse pelos espaços públicos toma, portanto, uma conotação política ou religiosa (cf. o projeto não realizado da Igreja unitariana de Rochester, Nova York, 1959). Durante a segunda parte de sua vida, ele percorre o mundo e realiza obras inscritas em culturas e ligadas a populações: o Instituto

e o local de la Villette em seu conjunto. "A matéria então se abre tão bem na escala urbana (fora) quanto no próprio do edifício (dentro), ali onde o espaço se esvazia novamente numa partição de vazios e de plenos, ali onde se desenha uma rede de espaços vazios e luminosos."[63] O movimento de fragmentação da matéria espacial se opõe ao dogma

---

63. *Ibid.*

Indiano de Gestão de Ahmedabab (Índia, 1962-1967), e o centro governamental (Capitólio e Parlamento) de Daca, em Bangladesh, a partir de 1962.

O devir artístico de Louis Kahn é original. Enquanto se vê frequentemente num arquiteto um artista "romântico" pouco preocupado com a cidade, com as dimensões coletiva, religiosa e política, Louis Kahn é um artista cujo individualismo reivindicado progressivamente dá corpo a uma obra em que a relação com o coletivo se intensifica. Uma relação necessariamente artística porque ele coloca em associação os elementos, o céu e a terra, povos e monumentos. Mas também uma relação política que pode remeter a todo um povo. Teria sido por acaso que Kahn atingiu o ápice de sua arte ao construir um monumento que é o símbolo de Bangladesh?

Essa arquitetura é religiosa no sentido em que ela liga, ou ela coloca em relação um mundo, um ecossistema, um ambiente, coletivos, coletividades e monumentos que vão se estender progressivamente. Essa arquitetura não hesitou em reatar com o monumental e não temeu tomar dos elementos esse "elementar" que é a condição de uma construção coletiva. Não é com tanta frequência que a ideia do monumento reencontra todo o seu sentido hoje. Mas esses monumentos não têm nada a ver com "o desenvolvimento de megaconstruções autônomas e descontextualizadas, tanto nos centros antigos quanto sob a óptica de nós dos quais a Eurallile oferece na França o protótipo".**

* Louis Kahn, *Silence et Lumière*, Paris: Linteau, 1996.
** Françoise Choay, "Patrimoine urbain et cyberespace", in *La Pierre d'Angle*, n. 21-22, out. 1997.

da continuidade baseado na transparência e na ausência de rítmica. "Espaços luminosos ladeiam espaços cheios, edifícios dentro do edifício. Por todo lado, nos encontramos ao mesmo tempo dentro e fora, sempre perto de um outro lugar, mesmo dentro das salas de música."[64] Mas uma terceira escala, um terceiro nível de abordagem, intervém:

64. *Ibid.*, p. 92.

a das salas fechadas, sobretudo a da grande sala de concerto. A escolha de uma forma elíptica se impõe a fim de modificar a percepção de dois eixos cujo perímetro é contínuo e que não possuem qualquer ângulo, mas também porque é preciso favorecer a imaginação do ouvinte no espaço da sala.[65] Os nichos da sala de concerto, destinados a garantir uma melhor difusão do som e a evitar sua focalização, são eles próprios "tratados como janelas de luz artificial, com jogos de cor que permitem dar todo o espectro: vermelho, prateado, verde, amarelo, etc."[66] Seja na relação com o local, com a praça dos Leões e com o parque em seu conjunto, seja na disposição dos edifícios, que podem ser fechados ou abertos, seja na organização do espaço fechado, o da sala de concerto, um duplo preconceito arquitetural é afirmado: o de exteriorizar o dentro e o de interiorizar o fora, assim é preciso abrir o parque da mesma forma como é preciso clarear a sala fechada.

É a um exercício paralelo que se entrega o arquiteto quando ele constrói a torre LVMH [torre do grupo Louis Vuitton-Moët Hennesy] em Nova York em 1994. Como o edifício se encontra apertado entre duas outras torres e faz frente a um imóvel em mármore escuro e massivo (a torre IBM), é preciso responder a uma dupla exigência arquitetural: por um lado, fazer existir o arranha-céu entre dois imóveis, respeitar a geometria de conjunto sem se colar àqueles, e, por outro, imaginar reflexos variados para evitar que uma torre transparente demais seja o espelho do pesado edifício que lhe está em frente. Como no caso dos edifícios construídos sobre um local distendido ou nas quadras abertas, o arquiteto concebe alinhamentos descontínuos, imagina formas de desalinhamento e de afastamento que não perturbam o conjunto, isto é, o local formado pelos três imóveis.

O urbanista, o arquiteto e a vida pública

Com arquitetos e urbanistas, o local, seja um edifício, um sítio ou uma quadra aberta, pode voltar a ser um lugar que se inscreve num

---

65. *Ibid.*
66. *Ibid.*, p. 93.

conjunto mais amplo, aquele da matéria ou do contexto. Mas arquitetos e urbanistas acompanham igualmente a experiência urbana em suas diferentes dimensões corporal e cênica. Se o cenário urbano "expõe" as relações do privado e do público através daquelas do dentro e do fora, ele também é confrontado com uma dinâmica de privatização traduzida pela inversão da relação hierárquica entre o centro e a periferia, por um retorno para dentro, e pela ameaça de distensão e de dispersão que o acompanha. "Desde que se abandona o modelo centro-periferia, desde que o centro está por toda parte e a circunferência em lugar nenhum, a implantação local muda de estatuto. Cada ponto é um centro nas interseções múltiplas da rede, cada lugar está em comunicação real ou virtual com o conjunto dos outros lugares. Cada ponto local implica a rede global: reciprocamente, esta não é nada sem a multiplicidade dos sítios singulares. Importa compreendê-la para conceber o novo espaço público que se nos abre, além do paradigma arquitetônico muito antigo, e nos convida a pensar a cidade de outra maneira."[67] Se cada ponto local implica a rede global, implica também todos os outros pontos de um conjunto urbano duplamente marcado pelo "contexto" e pela "matéria". Em que se transformam então o privado e o público quando o centro está em toda parte? Mais que a uma confusão crescente do privado com o público, assiste-se a articulações e a aproximações que anulam as cisões impostas pelo haussmannismo, no caso do urbanismo parisiense, e pelos blocos das cidades. Quando fora e dentro, privado e público se cindem, é preciso reencontrar o sentido dos entrecruzamentos e multiplicar as afinidades eletivas. É preciso pensar, como é o caso do arquiteto finlandês Alvar Aalto, a própria arquitetura como aglutinação e aglomeração — e então o público se abre para o privado nos parques ritmados por "folias', e o privado se abre para o público — ou, inversamente, pelo viés de saliências, limiares e fachadas.

Privado-público. Além das polêmicas que tratam do urbanismo progressista, do antiurbanismo ou do projeto da nova cultura urbana, a prática arquitetural contemporânea convida, quando necessário,

---

67. Marcel Hénaff, "Vers la ville globale", *op. cit.*

a reencontrar o próprio sentido da experiência urbana. Em reação ao urbanismo dos anos 1950-1970, aquele que se confrontava com o problema da moradia de massa durante o pós-guerra, aquele que privilegiou blocos e "cidades" em concreto enquanto destruía em profusão, arquitetos contemporâneos se preocupam em recoser o tecido urbano. Antes de mais nada, voltando ao problema da quadra, ou seja, à forma urbana a ser dada aos limiares, às passagens que fazem resvalar, passar do público ao privado e vice-versa. Exemplos não faltam: de um lado, Aldo Rossi, autor de um livro de referência sobre a cultura urbana, criou uma quadra fechada no 20º *arrondissement* de Paris, enquanto Christian de Portzamparc privilegiou a quadra aberta a fim de reencontrar a universalidade da rua.[68] Em todos os casos, a abertura para o exterior é a questão decisiva. Ainda se deve perguntar se os espaços-limiares são polarizados para o privado ou para o público. Para Louis Kahn ou Henri Gaudin, o ato de construir só tem sentido se permite edificar um espaço coletivo, instituir o coletivo que se mantém na duração.

Público-privado. Para tomar apenas dois exemplos parisienses, um dos defeitos do vão das Halles, antes que se pense em sua renovação, está ligado à sua dificuldade de se abrir para espaços limítrofes, de instaurar uma relação entre o Beaubourg, o Louvre, os jardins do Palais-Royal, as Tulherias, e de passar pelos obstáculos que são a Bolsa do Comércio, a igreja de Saint-Eustache ou as largas artérias difíceis de transpor que são a rua de Rivoli ou o bulevar Sébastopol. O problema das Halles é igualmente devido ao seu caráter subterrâneo, à ausência de ligação entre os níveis, à insalubridade dos jardins, a uma incoerência com os ares labirínticos. Ali, o que triunfa, portanto, é um

---

68. Esse conceito de "quadra aberta" é um híbrido urbano que não corresponde nem à cidade composta de ruas e de quadras fechadas com imóveis comuns, nem à cidade modernista composta de objetos diluídos (torres, blocos e parques). Respeitando a universalidade da rua, ele consiste em unir quadras diversas e imóveis distintos pela "geometria do vazio" própria ao espaço público. Um exemplo disso é a quadra das Hautes Formes, em Paris, cujo criador é Christian de Portzamparc (1986-1995). Do mesmo arquiteto, cf. também os imóveis da rua da Dança em Nanterre, e um bairro de Fukuoka no Japão (1989-1990).

sentimento de restrição e de aprisionamento na superfície que enterra o passante no subterrâneo e quase não lhe dá vontade de sair. Se a falta de abertura é uma falta de horizonte, de luz, de ambiente imediato, então a primeira exigência de um lugar é favorecer os limiares, para os lados, mas também de alto a baixo.

Isso é muito bem entendido num segundo caso, aquele do parque de la Villette, que, reordenado em diversas etapas nas últimas décadas, conhece inegavelmente um sucesso popular. É um lugar público para onde as pessoas vão com prazer. Em um primeiro tempo, a abertura da Cidade das Ciências e da Indústria privilegiou a entrada pela porta de la Villette, mas esta, essencialmente composta por uma ampla escadaria-praça à saída do metrô, é barrada, separada do espaço circundante por edifícios (hotéis ou moradias modernas), o que não favorece o acesso ao parque. O contraste é impressionante em relação à entrada da porta de Pantin, reordenada mais tardiamente, onde o espaço de acolhida que introduz ao parque — mas também à Grande Halle, à Cidade da Música, ao pavilhão Delouvrier, à Escola de Música — é uma imensa praça que se comunica de maneira fluida com os diversos lugares componentes desse espaço de lazer e de animação. Tanto a entrada para a Cidade das Ciências do lado de la Villette se parece com uma fronteira separando uma frente de edificações, o edifício do parque, a Géode e o canal Saint-Martin, como o acesso pela porta de Pantin permite a fluidez. Separações demais, zoneamentos por negligência, por falta de criatividade de um lado, um sentimento de abertura ligado à colocação em correspondência desses espaços múltiplos de outro.

Se cada ponto é um centro, isso não é sem consequências sobre a concepção do parque e de sua animação. "O conceito do novo parque, afirma Bernard Tschumi, consiste em um conjunto de objetos parecidos e neutros, cuja similaridade, longe de ser uma desvantagem, lhes permite toda uma variação e qualificação programática."[69] Esses objetos parecidos, a estrutura de base de "maluquices" indiferenciadas, correspondem a uma primeira escala à qual o parque não se reduz. "O novo parque é formado pelo encontro de três sistemas autônomos,

---

69. In *Urbanisme*, n. 187, 1983.

cada um com suas lógicas, particularidades e limites respectivos: o sistema dos objetos (ou pontos), o sistema dos movimentos (ou linhas), o sistema dos espaços (ou superfícies). A superposição dos diferentes sistemas cria uma série cuidadosamente arranjada de tensões que reforçam o dinamismo do parque."[70]

Se a fronteira entre privado e público não é mais manifesta, o alardeado cuidado em se colocar espaços "em tensão" nos chama mais a atenção do que uma estrita delimitação entre os dois mundos do privado e do público. A menos que se acredite num civismo fervoroso digno do Renascimento, que se imponha a cisão grega entre o privado e o público, as saídas são conhecidas: sejam privatizações ampliadas que vão no sentido de rede, sejam tempos festivos organizados num modo prescritivo porque midiático. Se o acontecimento público não pode ser estritamente programado, se o privado não deve ser a instância de regulação da vida pública, a vontade de uma "recolocação em tensão" não é um luxo inútil. Mas será que esta poderia se eximir do imperativo exigente de uma participação dos habitantes?

O processo escolhido para o restauro do bairro das Halles e da estação RER ressalta as defasagens entre a instância política e a criação arquitetural. Defasagem entre o processo de decisão política e os projetos arquitetônicos apresentados: enquanto o projeto político, que depende do mercado de definição, consiste em inscrever a decisão na duração, os quatro arquitetos (David Mangin, Jean Nouvel, Rem Koolhaas, Willy Maas) entregaram em mãos objetos-chave que quase não se prestam a discussões, estéticas ou não, ao passo que os habitantes manifestaram interesse pelo processo adotado.[71] Defasagem também entre a apresentação arquitetural e um projeto em que a dimensão subterrânea dos Halles, decisiva, contudo, aparece secundária nos projetos apresentados, porque pouco perceptível nas maquetes. Defasagem, enfim, entre os interesses dos habitantes do bairro e aqueles, saídos da periferia, que a estação RER faz transitar na cidade. Em

---

70. *Ibid.*
71. O projeto Mangin foi finalmente escolhido por dar prioridade ao enredo urbano e retardar escolhas arquiteturais tornadas "delicadas". Sobre a concepção do urbanismo de David Mangin, cf. *La Ville franchisée*, Paris: Villete, 2004.

suma, a dificuldade de colar as partes da metrópole parisiense está no centro de um processo de decisão muito delicado que exige reatar uma relação entre privado e público e imaginar formas de consulta que não oscilem entre reivindicações vanguardistas e uma defesa autocentrada da proximidade.[72]

Exigências políticas

Reinstituir a cidade, recriar limites

Se a experiência urbana acompanha sua dimensão corporal e antropológica, se ela passa ainda por cenários, por formas de exposição de si e dos outros, essas duas experiências, corporal e cênica, são hoje separadas da experiência política. Um elogio dos espaços públicos, uma concepção cada vez mais espetacular e globalizada dos acontecimentos (do tipo da organização dos Jogos Olímpicos em Pequim) basta frequentemente para criar a ilusão da cidade como espaço político. Longe de circular do privado ao público, do espaço íntimo ao cenário público, a experiência urbana é fragilizada, e suas atribuições são em parte quebradas. Contrariamente ao que se passava antes, a experiência urbana na era pós-urbana não "forma" mais um "todo multiestratificado", ela está arruinada, mutilada, segmentada. Por um lado, o privado e o público imbricam-se fortemente no mesmo instante em que o movimento de privatização pesa sobre a concepção da vida pública. Por outro lado, essas experiências urbanas podem ocorrer em espaços retraídos sobre si mesmos, em espaços que impedem a relação com um fora. A experiência da cidade, a experiência corporal, a experiência cênica, todas essas experiências podem se tornar uma questão exclusiva dos privilegiados da experiência urbana, a começar pelos gentrificados da cidade-centro que se contemplam no espelho da cidade clássica e de seu patrimônio. Em outras palavras, pode-se fruir a cidade em nível corporal (em todas as cidades do mundo ainda existem caminhantes que não seguem as

---

72. Cf. Thierry Paquot, "Tous derrière Koolhaas", in *Esprit*, fev. 2005.

placas turísticas), pode-se sair à rua e participar dos novos cenários (os parques não são lugares de atração, mas espaços de animação e de encontro). Mas é possível fazê-lo "entre-si", num espaço fechado, em anel, como num clube privado.

O inverso da luta dos lugares, a luta pelos lugares, é sua privatização. A experiência urbana, desde que ela perde seus limites e seu ambiente, passa menos por delimitações de fronteira que a fecham em si mesma que pela criação de espaços que se "retraem" (para o privado) ou se "desdobram" (para o público) simultaneamente. Mas essa experiência deve se inscrever imperativamente em um conjunto político se ela não quiser renunciar ao imperativo democrático. A experiência urbana, desejando-se desfrutá-la no único único do recolhimento, tem uma condição preliminar: a constituição de um conjunto político coerente e legítimo.[73] É esta a condição *a priori* da experiência urbana, uma condição raramente preenchida hoje. Há cidades que formam um conjunto político, mas a dissolução possível dos conjuntos urbanos caracteriza a idade pós-industrial que dá lugar a reagrupamentos em forma de entre-si, sejam étnicos, afinitários ou secessionistas.

Quer se trate da cidade, da metrópole ou da economia de arquipélago, a constatação de elasticidade ou de distensão é brutal, até mesmo irreversível. Observam-se multipolarizações que se organizam horizontalmente no quadro das metrópoles — e isso contra toda perspectiva de integração de tipo piramidal — ou verticalmente — no quadro das relações hierarquizadas entre metrópoles ou megacidades. Nesse estágio, a condição da experiência urbana é necessariamente política porque "constituinte": somente a decisão política é suscetível de apanhar desprevenidos os diversos processos de fragmentação territorial em curso e de aglomerar diferentemente os polos que se afastam uns dos outros. Cynthia Ghorra-Gobin formulou bem o problema: "Caso se considere que os modos de vida não são suficientes para reinstituir uma cidade europeia em vias de musealização ou de patrimonialização, é preciso então se perguntar como rearticular a cidade com o urbano e

---

73. Cf., de Jacques Lévy, *Géographies du politique*, Paris: Sciences-Po, 1991; e *L'Espace légitime*, Paris: Sciences-Po, 1994.

A justaposição ávida e estendida de Londres.

A expansão excêntrica de Paris.

"Uma cidade-boca, uma cidade onde tudo desemboca", Nova York entre dois conceitos do urbano.

A cidade gigante de Xangai, ou a supremacia dos fluxos sobre os lugares.

Buenos Aires, o urbano em várias velocidades.

Calcutá, a cidade que não consegue se emancipar; da indiferença à miséria.

La Villete. Rejuntar o tecido urbano, valorizando suas margens (Adrien Fainsilber, a Cidade das Ciências e da Indústria em Paris).

A cidade projetada em uma edificação, ou a privatização do espaço público (Le Corbusier, a Cidade Radiosa em Marselha).

Criar um espaço que contém tempo
(Christian de Portzamparc, a Cidade da Música em Paris).

Sun City, a cidade em anel (Arizona, Estados Unidos).

Vale do Silício, um espaço cercado que proíbe trajetórias infinitas (Califórnia, Estados Unidos).

como essa articulação pode ser feita fora do campo político."⁷⁴ Rearticular a cidade ao urbano é colocar a questão da cidade (como colocar juntos elementos heterogêneos?) em um nível que não é mais o de uma entidade urbana autônoma, mas o da metrópole ou da megacidade. Os canadenses falam de "amalgamação" para designar uma política de fusão das comunas destinada a desenvolver a oferta de serviços públicos em escala regional. Enquanto o tipo-ideal da experiência urbana levava do privado o público e depois ao político, a prioridade política é a condição de uma experiência urbana que não seja o próprio das populações reagrupadas "entre-si" na "cidade de várias velocidades". É preciso, portanto, reconciliar o urbano generalizado, aquele que empurra os limites retraindo a cidade sobre si mesma ou desdobrando-a ao infinito, às condições da experiência urbana. A condição inicial é a da coerência do lugar criado, da reunificação de um espaço em vias de fragmentação, e a do sentido político da aglomeração. Os níveis do urbano não podem ser apreendidos no modo do tipo-ideal evocado mais acima desde que os limites urbanos não sejam perceptíveis. A dimensão política é prioritária no sentido de que um lugar democrático deve tornar possível a experiência corporal (a colocação em forma) e a experiência cênica (a colocação em cena) que afetam ao mesmo tempo o espaço público ou político.

Reencontrar o local, reencontrar o sentido do lugar, reencontrar a experiência urbana em um lugar! Isso só tem sentido se o urbano, que se apresenta sob a forma do periurbano, do suburbano e da multipolaridade, for novamente articulado à cidade. À cidade que aglomera, que inscreve a cultura do ilimitado em uma cultura do urbano que a limita. Em suma, a relação mínima entre o dentro e o fora instituída pelo corpo e pelo cenário é condicionada por uma relação máxima entre o dentro e o fora da aglomeração. A volta ao local implica uma luta pelos lugares, uma luta entre os lugares, uma luta altamente simbólica pelos lugares onde o espírito do urbano ainda faz sentido. Exigência distante? Certamente não. Refazer lugares consiste em rejeitar as dinâmicas de fragmentação,

---

74. In Thérèse Spector e Jacques Theys (Orgs.), *Villes du XIXᵉ siècle: Entre villes et métropoles – rupture ou continuité?*, Synthèse du colloque de La Rochelle, Collections du Certu, out. 1998, p. 99.

em refazer a unidade, em restituir coerência onde os polos se separam ao se contrair. A experiência política é doravante prioritária, ela permite somente reenquadrar lugares urbanos como lugares que tornam possível a *vita activa*. Uma ação política comum. A luta pelos lugares passa pela luta dos lugares, por uma luta entre os lugares que ainda têm um destino urbano e aqueles que renunciaram a isso. Articular a cidade e o urbano deve convocar as dinâmicas urbanas à ordem da matriz democrática há muito indissociável da cidade. A tarefa mais urgente é a de responder a esta dupla questão: como "amalgamar", "reaglomerar"? E como "reaglomerar" o mais democraticamente possível, isto é, levando em conta as populações e executando a justiça social nas zonas geográficas que não têm as mesmas tradições urbanas? Se "a cidade muda de escala no processo de metropolização", ela "não se limita mais a uma comuna ou a um município, mas engloba vários deles. Será que a metropolização não exige a longo prazo uma metropolização administrativa bem como uma verdadeira representação política na escala da região urbana?"[75] Consequentemente, a metropolização coloca a questão do equilíbrio político de um conjunto urbano multipolar: será que a metropolização e a periurbanização que a acompanha vão endurecer as formas de secessão, segmentar o espaço, ou então, ao contrário, reduzir a defasagem crescente entre a ordem política, as instituições, as evoluções econômicas e as realidades sociais? E qual tipo de governo urbano se poderia imaginar no futuro nos espaços que é preciso delimitar de outra forma?[76]

Passamos, portanto, da *city politics* à *metropolitics*, mas as respostas são diversas. Entre muitas outras, pode-se distinguir algumas hipóteses. Antes de mais nada, o caso norte-americano, aquele que acompanha historicamente o movimento da metropolização, convida a experimentar

---

75. Cf. Cynthia Ghorra-Gobin, "Réguler la *Borderless Economy*", *op. cit.*
76. Cf. as "dix propositions sur le gouvernement urbain", de Jacques Lévy, entre as quais a hipótese de que um governo das cidades passa por uma delimitação das cidades, a instituição de uma autoridade independente destinada a permitir essa delimitação, a recusa da escala territorial única e o respeito à democracia urbana, sobretudo, merecem atenção, in Thérèse Spector e Jacques Theys (Orgs.), *op. cit.*, p. 204-221.

vários enredos que traduzem vontades de secessão ou de aglomeração e apresentam o papel dos Estados (federado e federal). Em seguida, a "refundação megapolitana" focaliza a atenção, num contexto internacional em que o Estado se faz mais discreto, no papel dos Estados no controle do desenvolvimento urbano, na Rússia, na China e alhures. Enfim, a Europa se gaba das virtudes da cidade europeia, da cidade média, como substituta da cidade global e da cidade-mundo, que são as duas protuberâncias urbanas da globalização econômica. Enquanto Guy Burgel destaca que a Europa multiplica as "grandes" "cidades médias", o que lhe permite escapar das derivas das megacidades[77], Patrick Le Galès pensa por sua parte que as cidades europeias médias podem resistir à pressão dos fluxos globalizados.[78] O que quer que seja dos casos considerados, aos quais se poderia acrescentar, por exemplo, a temática francesa da cidade-país[79], a coerência do espaço urbano passa pela instituição de limites, por uma cultura urbana dos limites e da proximidade, em suma, por uma "política". E com razão: se a experiência política da cidade não se limita somente ao território, só ele possibilita as condições de uma libertação para os habitantes. Porque a inscrição em um espaço urbano caminha junto com a mobilidade.

Estados Unidos: entre incorporação e metropolitics

Os Estados Unidos são um laboratório urbano inegável se não resumirmos seu desenvolvimento somente ao parque das grandes *gated communities* [condomínios fechados] que representam apenas 8% do tecido urbano. A dinâmica metropolitana ali é indissociável da expansão urbana (*urban sprawl*), de uma distensão espacial que

---

77. Guy Burgel, in Jean-Luc Pinol (Org.), *Histoire de l'Europe urbaine*, t. 2: *De l'Antiquité au XVIIIe siècle*, Paris: Seuil, 2003, p. 617.
78. Patrick Le Galès, *Le Retour des villes européennes: Sociétés urbaines, mondialisation, gouvernement et gouvernance*, Paris: Sciences-Po, 2003.
79. Sobre o tema das cidades-país, cf., por exemplo, Guy Baudelle (Org.), *De l'Intercommunalité au pays: Les régions atlantiques entre traditions et projets*, La Tour d'Aigues: Aube, 1995; Jacques Beauchard (Org.), *Cités Atlantiques: L'invention de la Ville-Pays, Vers une alternative à la métropolisation*, La Tour d'Aigues: Aube, 1996.

acompanha uma civilização mais campestre que urbana. Esta, porém, leva a uma dupla escolha: seja a de uma anexação à cidade-centro, seja a da constituição de uma entidade autônoma. "A expansão urbana (*urban sprawl*) que se desenvolveu na segunda metade do século XIX se traduzia por duas políticas diferentes: uma política de anexação territorial à iniciativa das cidades-centro, quando os territórios vizinhos desejavam se beneficiar de infraestruturas ou de serviços equivalentes aos da cidade, e uma política de criação de novas entidades municipais (*incorporation*) que consistia em transformar um território não incorporado em uma municipalidade."[80] Termo significativo, "a incorporação" remete às condições da criação de uma comuna autônoma, ou seja, a criação de uma municipalidade por uma dada população.[81] No caso de uma metrópole que se estende desmesuradamente, como Los Angeles, a City of Quartz, um grupo de habitantes a qualquer momento pode ser levado a fazer uma escolha coletiva: seja a de criar novos municípios (a incorporação), seja a de se aglomerar à cidade já existente. Essa distinção entre territórios incorporados ou não se baseia no direito dos cidadãos em decidir democraticamente de criar, ou não, um "corpo comum" pelo viés de um referendo. A obtenção de dois terços dos votos permite de fato a uma comuna não ser anexada pela metrópole e criar um território autônomo.

Como o processo de incorporação é indissociável da vida política local, a criação de uma entidade pode corresponder a uma escolha puramente reativa. Ela pode exprimir uma vontade de secessão destinada a se proteger de uma proximidade mal vivenciada (por razões de origem étnica ou de segurança), ou escolher não querer mais compartilhar os encargos públicos da cidade-centro. Nesses dois casos, a solidariedade social e política é colocada em causa pela escolha da incorporação. Esta aqui apresenta então "o inconveniente de procurar

---

80. Cynthia Ghorra-Gobin. "La Metrópole entre 'balkanisation' et 'metropolitics': Le débat aux États-Unis", in Françoise Navez-Bouchanine (Org.), *La Fragmentation en question: Des Villes entre fragmentation spatiale et fragmentation sociale*, Paris: L'Harmattan, 2002.

81. Cynthia Ghorra-Gobin, *Villes et sociétés urbaines aux États-Unis*, Paris: Armand Colin, 2003.

manter a homogeneidade social, racial e étnica através de um plano de urbanismo e de uma política fiscal à iniciativa de um conselho municipal e de um prefeito."[82] Quando uma associação de habitantes, a de Valley Vote, por exemplo, se separa da cidade de Los Angeles[83], ela privilegia uma escolha que conforta o entre-si e o descompromisso em relação à aglomeração, uma vez que a população incorporada visa a se beneficiar de serviços públicos exclusivos. Quando ela tem por objetivo, confesso ou inconfesso, não ser mais solidária da ação coletiva da aglomeração da qual ela se desincorpora, a prática da incorporação reforça a secessão urbana.

Mas como o Estado federal não tem constitucionalmente o papel de "instituir" a cidade se a opinião pública não a solicita, ele não decide sobre o processo de incorporação e portanto não tem poder de impedir incorporações contestáveis no plano da justiça social. Os Estados federados são os únicos atores políticos que podem, "à iniciativa de governadores ou de seus legisladores", se preocupar "com os riscos ligados à fragmentação, até mesmo à balcanização da metrópole."[84] Como a extensão urbana e a secessão têm tendência a se reforçar, é enganoso não ver na incorporação senão um processo de saída da metrópole e não tomar a medida da significação política dessa vontade instituinte. Como os Estados federados privilegiam frequentemente as municipalidades suburbanas e rurais em detrimento da cidade-centro e dos antigos subúrbios, a principal saída é instituir um outro nível político que não aquele do município, a saber, o quadro urbano da metrópole. No contexto de uma extensão metropolitana onde o processo de incorporação, de criação de municípios, pode corresponder a uma retração política e populista, o Estado federal pode estimular a elaboração de uma outra política urbana diferente da insularização ou da balcanização. Essa política urbana da qual o Estado federal é o aguilhão leva em conta a escala metropolitana, o que permite ultrapassar o confronto entre o município e o Estado federado. "A fundação de uma metrópole política

---

82. Cynthia Ghorra-Gobin, "Refonder la ville", *op. cit.*
83. *Ibid.*
84. *Ibid.*

suscetível de conceder um status de cidadão não pode dispensar a intervenção do Estado [...]. No instante em que alguns, interrogando-se sobre o futuro do Estado, se limitam a ressaltar suas carências frente às vontades multinacionais com a finalidade exclusiva de reivindicar menos Estado, a análise da questão urbana nos Estados Unidos sugere, ao contrário, o peso incontornável do Estado nas mutações em curso. Somente o Estado pode insuflar uma nova visão da vida pública em nível local a fim de regular em condições ideais os fluxos transnacionais."[85] No contexto americano, indissociável do fenômeno metropolitano, o Estado federal pode tornar possível a constituição de novas entidades urbanas com uma dimensão legítima e democrática. Essas entidades correspondem a um tipo de aglomeração política que procura reunir, aglomerar, unidades em vias de cisão. A expressão *metropolitics*, uma área do urbanismo teorizada por Orfield, Downs e Rusk, designa essa meta-cidade. Para estes autores, "somente uma vida política na escala da metrópole, conduzida por políticos eleitos diretamente pelos habitantes e representando as diversidades raciais, étnicas e sociais, estaria em condição de fazer permanecerem juntos territórios pobres e ricos, brancos e negros, enquanto a vida política no seio do Estado federado não para de privilegiar muncipalidades suburbanas e rurais."[86] No caso de Minneapolis-Saint Paul e de Portland, a ação do Estado federal é essencial, porque promove uma cidadania que não se articula exclusivamente no nível local. "Enquanto o princípio de uma ética física global tem dificuldade em ser formalizado fora de toda ancoragem territorial, aquele de uma cidadania metropolitana permitiria responder às expectativas dos indivíduos."[87]

Longe de remeter o global ao local, o *urban sprawl* incita a levar em consideração um nível que não corresponde nem ao nível comunal, nem ao nível supranacional. "Não seria possível conceber um debate explícito em torno da ideia de invenção de um poder político infranacional

---

85. Cynthia Ghorra-Gobin, *Les États-Unis entre local et mondial*, Paris: Sciences-Po, 2000, p. 251.
86. *Id.*, "Refonder la ville", *op. cit.*
87. *Id.*, *Les États-Unis entre local et mondial*, *op. cit.*, p. 252.

paralelamente ao debate sobre o supranacional?"⁸⁸ O Estado federal encoraja, portanto, mudanças decisivas em termos de política urbana: por um lado, ele considera que a cidadania política ocorre em nível da metrópole, da região, e não somente em nível de município, e, por outro, ele lembra os princípios constitucionais de solidariedade e de justiça social.

Os imperativos da conurbação

Fora dos Estados Unidos, as zonas metropolitanas se multiplicam ao infinito. Mais ainda, na maior parte dos casos, as perspectivas políticas convergem. A escolha política privilegiada equivale a passar da *city politics* à *metropolitics*, isto é, a ultrapassar o estágio municipal da cidade política para pensar a ligação entre várias entidades no seio da metrópole. Se uma política de "reaglomeração" em nível da metrópole permite opor as "lógicas de demarcação" e as "políticas de secessão", essa resposta política é ao mesmo tempo territorial (como desenhar limites coerentes?⁸⁹) e democrática (no duplo sentido da representação⁹⁰ e da participação das populações). Mas o resvalamento para a *metropolitics* pode levar a uma ilusão: assim, no caso de Buenos Aires, "as novas autoridades estão embriagadas pelo discurso da *global city*, elas querem, custe o que custar, tirar a cidade da decadência e dos anos de crise."⁹¹ A passagem à *metropolitics* contribui nesse caso para segmentar um pouco mais a cidade ao criar uma "cidade global em miniatura" e não uma metrópole na qual o espírito da cidade política pode reencontrar um sentido. Paralelamente, a preocupação em organizar uma política em nível de metrópole pode favorecer uma volta das reações de retraimento sobre o comunal. Uma política metropolitana não é, portanto, uma garantia

---

88. *Id.*, "Réguler la *Borderless Economy*", *op. cit.*
89. Philippe Estèbe, "Quel avenir pour les périphéries urbaines?", in *Esprit*, n. 303, mar./abr. 2004.
90. Yves Mény, "Territoire et répresentation politique", in *Esprit: Le Pari de la réforme*, mar./abr. 1999.
91. Marie-France Prêvot-Schapira, in Françoise Navez-Bouchanine (Org.), *op. cit.*, p. 205.

contra a tendência à fragmentação e à demarcação entre bairros e zonas urbanas. Ela pode ser contornada pelo alto e por baixo, pela ilusão da cidade global e pelo retraimento sobre o espaço municipal. Como "as autoridades da capital se drapejam num tipo de isolacionismo diante do *conurbano*, formas de insularismo municipal e de direito territorial *de facto* se instauram nas periferias de Buenos Aires, atingidas pelo aumento do desemprego e da pobreza."[92] Ao passo que o Estado federal, preocupado em respeitar o nível metropolitano, pode ser a oportunidade nos Estados Unidos de frear o insularismo municipal, uma política metropolitana pode *a contrario* favorecer noutros contextos e circunstâncias a criação de novos insularismos. Na França, onde se distinguem catorze comunidades urbanas, 162 comunidades de aglomerações e 2.443 comunidades de comunas[93], abundam os exemplos de comunas que procuram sair das comunidades de aglomeração instituídas, isso quando elas não se recusam de imediato a participar, em razão de desigualdades muito grandes entre comunas.

Se a resposta política existe, ela é confrontada em vários níveis de ação (municipal, metropolitano, estatal) que podem se contradizer e frear a dinâmica democrática. Mas a resposta política se desloca da relação centro-periferia, há muito decisiva no contexto francês, em benefício de uma ação que consiste em desenhar conjuntos coerentes no espaço multipolar do periurbano. Frente a esses conjuntos horizontais, o Estado não perde seu papel, como mostra a relação entre os Estados federados e o Estado federal nos Estados Unidos; ele não está condenado, como no caso da França, a observar uma descentralização necessariamente desigual, ele deve, ao contrário, favorecer modos de redistribuição. E isso duplamente: ao mesmo tempo no seio das aglomerações multipolares e entre elas. De mesma forma, como o periurbano não é um espaço homogêneo, conjuntos ou cidades "deficientes" podem dar lugar a ações específicas do tipo dos contratos de cidade (que a política da cidade não conseguiu levar a cabo).

---

92. *Ibid.*, p. 205.
93. As aglomerações são financiadas pelo imposto profissional sobre as empresas, os municípios pelo imposto de moradia (*taxe d'habitation*) e pelo imposto sobre o imóvel edificado (*impôt foncier*).

A refundação megapolitana (da megacidade)

Entre os numerosos enredos existentes destinados a responder à fragmentação multipolar ou à distensão das megacidades, aquele de sua refundação enfatiza o papel do Estado considerado como a instância suscetível de controlar, em certos casos, a extensão espacial ou a desordem urbana.[94] Não se contentando em observar a multiplicação das cidades novas construídas para desafogar as megacidades, como é o caso em Istambul, em Teerã ou no Cairo, não mais se limitando a mencionar complementaridades urbanas em escala regional, como é o caso na China (Tianjin para Pequim, Nanquim ou Wuhan para Xangai, Cantão ou Shenzen para Hong Kong), a hipótese da "refundação" privilegia a opção de uma reunificação possível. Mas esta ocorre sobretudo onde os Estados fortes podem assegurar o controle do desenvolvimento urbano.[95] A refundação das megacidades remete ao centro o papel do Estado sem, portanto, tomar por modelo a cidade-Estado do tipo da cidade global de Cingapura, um dos cinco dragões que simbolizam a primeira onda da última globalização.

Considerando que a megapolização não concerne somente às megacidades que se estendem desmesuradamente, o enredo da refundação recusa a hipótese de um destino anárquico inevitável. Daí a expressão "refundação", que remete a uma configuração territorial inédita. Escapando à alternativa da cidade global e da cidade gigante anárquica, o enredo considera seis grandes metrópoles mundiais: três pertencem à Eurásia pós-comunista (Moscou, Xangai[96], Hong Kong) e três ao Oriente Médio turco, persa e árabe (Istambul, Teerã e Cairo).

---

94. Philippe Haeringer, *La Refondation mégapolitaine, une nouvelle phase de l'histoire urbaine?*, t. I: *L'Eurasie post-communiste, techniques, territoires et sociétés*, n. 36, Direction de la Recherche et des Affaires scientifiques et techniques, 2002.
95. *Villes et États, Les Annales de la recherche urbaine*, Paris: Dunod, junho-julho de 1988.
96. Sobre Xangai, cf., de Marie-Claire Bergère, um artigo que confirma essa tese da refundação: "Le Développement urbain de Shangai, un "remake"?" in *Vingtième siècle, Revue d'Histoire*, Sciences-Po, jan./mar. 2005.

Em todas essas cidades, observa-se a permanência de um "sistema residencial principal", ou seja, de uma matriz histórica que remete a uma ordem urbana remanescente que corresponde a um longo processo de estratificação histórica. Em Xangai, Hong Kong, Moscou e Teerã, mas também no Cairo e em Istambul, "afirma-se a ambição de uma renovação em profundidade do sistema urbano que [...] bem poderia se interpretar como uma nova etapa da história urbana, pelo menos nessa metade oriental do mundo, particularmente interessada nas rupturas dos equilíbrios antigos."[97] Ainda se a expressão "refundação" é preferida à "política urbana autoritária", a escolha de algumas cidades — as cidades orientais, as cidades pós-comunistas e até mesmo as cidades ainda sob a férula do Partido Comunista chinês — é indissociável da ação de regimes autoritários que planejam a reorganização urbana.

A refundação das megacidades passa ainda pela ação de um Estado ou de um poder municipal suscetível de assegurar uma continuidade urbana. A capacidade de "refundar" uma unidade urbana é a atribuição de uma refundação que se apoia em uma matriz histórica por um lado e numa ação de um poder municipal ou de um Estado por outro. "É particularmente irônico que uma ambição refundadora encontre sua área de predileção nas maiores aglomerações [...]. Cinquenta anos de uma megapolização delirante, observada em todos os continentes, nos convenceram que mesmo um procedimento planificador não podia intervir senão a posteriori [...], para escoar no molde de uma urbanização sem fim."[98]

Diferentemente da hipótese de um desenvolvimento anárquico das megacidades, a refundação megapolitana depende de uma capacidade de ação política e urbana de caráter autoritário. Se esta última é a condição para uma "reunificação", para uma "reaglomeração" que pode frear a tendência centrífuga à fragmentação, ela acontece, entretanto, em contextos nos quais a ação de uma liderança política e administrativa, aquela de um Estado ou de uma prefeitura, como a de Moscou, por exemplo, pode se

---

97. Philippe Haeringer, *op. cit.*, p. 6.
98. *Ibid.*, p. 12.

impor. Mesmo se o âmbito não é necessariamente o do Estado, um motor político, um poder, é a condição para uma refundação autoritária que não passe exclusivamente pela ação do mercado.

Permanência das cidades europeias

> O Ocidente é uma espécie de luxo do mundo. As cidades ali adquiriram uma importância que não se encontra em nenhum outro lugar.
>
> Fernand Braudel

A temática europeia do urbano é indissociável, como se sabe, dos valores europeus e de sua genealogia. Enquanto se impõem os modelos da cidade-mundo e da cidade global, enquanto o primado dos fluxos e o movimento de privatização acompanham a dinâmica metropolitana, a cidade europeia se confunde historicamente com a experiência urbana. Eis o que a valoriza de fato. Mas será que isso é um luxo? Seria possível fazer disso um modelo? Não estaria ela própria presa como refém pela globalização? Não seria apenas pretensão da cidade europeia, aquela de que caçoa Rem Koolhaas, acreditar-se preservada de um desenvolvimento urbano anárquico?

A cidade europeia permanece, no entanto, como um mito mobilizador que é objeto de discussões e de polêmicas. Para uns, pelo próprio fato de suas dimensões medianas, ela é um território capaz de frear os processos de globalização. Para outros, as cidades europeias opõem-se menos às outras cidades, às cidades não europeias — cidades globais, cidades-mundo, megacidades, etc. — do que se opõem entre si. Para os primeiros, as cidades médias, especificidade do urbanismo europeu, representam uma garantia contra "a economia de arquipélago". Para os outros, as cidades médias já participam de uma economia em rede que gera hierarquias entre os espaços urbanos, entre as cidades globais, as metrópoles e as cidades médias.

Constatando que as cidades se estendem, se diferenciam, se metropolizam ou já estão desmanteladas para alguns, Patrick Le Galès não adere ao enredo do fim das cidades europeias[99], o que o leva a apresentar diferentes critérios destinados a entender a singularidade das cidades europeias.[100] Antes de mais nada, seu tamanho, entre 200 mil e 2 milhões de habitantes, é considerado um trunfo. Em seguida, suportes de ações políticas se situando a meio-caminho do Estado e das instituições europeias, essas cidades são um fator de integração política e contribuem para a recomposição dos polos infra e supraestatais.[101] Por outro lado, essas cidades médias se europeízam tão mais rapidamente à medida que se colocam em rede entre si e legitimam a ideia de um interesse geral europeu de natureza metanacional. Mas, argumento principal, a cidade europeia tem igualmente a capacidade de impedir a formação de cidades duais graças a uma fragmentação social e cultural, e de escapar assim de uma fragmentação metropolitana que seria privilégio das cidades americanas.[102]

Será que esses argumentos e critérios permitem concluir pela "fundação" de uma política urbana no plano europeu? De um lado, os atores que estão na origem da "volta da cidade europeia" considerada como um modelo urbano original estão a maior parte do tempo já inseridos na rede europeia. Do outro lado, a valorização exacerbada da cidade média europeia, oposta à "grande cidade" perigosa, poluída e insegura, deixa crer erroneamente que a cidade média, subtraída aos acessos de violência, resiste naturalmente à fragmentação espacial. Ora, "a unidade política à base de hegemonia da cidade média pode [...] reproduzir escolhas políticas conservadoras, para além do arranjo técnico eventualmente 'modernista'".[103] Enfim, a cidade média que remete

---

99. Patrick Le Galès, *op. cit.*
100. *Ibid.*, p. 249-255.
101. Patrick Le Galès e Alan Harding, "Villes et États", in Vincent Wright e Sabino Cassese (Org.), *La Recomposition de l'État en Europe*, Paris: La Découverte, 1996.
102. Observando a renovação crescente de cidades industriais como Leeds, Birmingham, Manchester, Lille, Liège, cidades do Ruhr, Patrick Le Galès escreve: "No horizonte de cinco décadas, as coisas podem mudar, mas, por agora, o anúncio do "massacre" das cidades europeias é no mínimo prematuro." (*Le Retour des villes européennes, op. cit.*, p. 251.)
103. Edmond Préteceille, "Ségrégation, classes et politique dans la grande ville", in Arnaldo Bagnasco e Patrick Le Galès (Orgs.), *Villes en Europe*, Paris: La Découverte, 1997, p. 127.

ao tipo-ideal (Amsterdã) da cidade compacta (máximo de diversidade num mínimo de extensão) dá lugar progressivamente a uma dinâmica de "crescimento pela periferia" que é aquela da cidade difusa cujo tipo-ideal é Johannesburgo.[104] Esses são os riscos de um elogio excessivo da cidade europeia: privilegiar a cidade europeia porque ela participa da instituição da Europa (que, de resto, está em baixa) e cantar as virtudes de uma cidade média que não está milagrosamente protegida contra as violências urbanas e os efeitos negativos da reconfiguração dos territórios provocada pela globalização.

Tomando suas distâncias em relação a essa temática da cidade média europeia, Pierre Veltz concebe de outro modo as possíveis ressurgências do local no contexto europeu. Uma primeira ressurgência está ligada ao papel da política e da cultura urbana, que podem ser, em um quadro local, "meios de reconquistar uma identidade que a economia tende a dissolver". Uma segunda ressurgência do local consiste em valorizar as "estruturas históricas e territoriais como recursos competitivos nas redes econômicas de grande envergadura."[105] Se a primeira defesa do local, cultural e identitária, próxima do "projeto local" de Alberto Magnaghi[106], focaliza a atenção, em razão do papel que lhes atribui, sobre a arquitetura e o patrimônio urbano, a segunda antecipa o que poderia ser a ação europeia num contexto de fragilização do capitalismo globalizado. O argumento, que aqui não é urbano, nem político, nem cultural, mas estritamente econômico, baseia-se na ideia de que "a extensão irrestrita da regulação comercial" não pode ser a única via da competitividade. "Se a globalização acelerada da economia desenvolve o mercado em detrimento das especificidades territoriais, a modificação profunda dos modos de competição reforça o papel das interações não comerciais, das instituições sociais, das formas de cooperação, da confiança e da experiência acumuladas e estocadas nos

---

104. Jacques Lévy, "Seul le modèle d'Amsterdam accepte et assume le principe d'urbanité", entrevista em *Urbanisme: Villes européennes, quels modèles?*, nov./dez. 2004, n. 339.
105. Pierre Veltz, "Les Villes européennes dans l'économie mondiale", in Arnaldo Bagnasco e Patrick Le Galès (Orgs.), *op. cit.*, p. 49.
106. Cf. adiante, p. 285-290.

territórios."¹⁰⁷ Se esses fatores constituem a "face oculta" da competitividade comercial, eles exigem um espaço que lhes permita se exercer. Por outro lado, o econômico suscita "em troca" lugares, porque ele não pode se satisfazer com a utopia negativa da cidade virtual. Em suma, a valorização de trocas que se afastam unicamente da troca comercial pode favorecer a criação de espaços urbanos que permitam redefinir o lugar das trocas econômicas.

Mas outros insistem ainda na dependência das cidades europeias em relação à rede das cidades globais, e não unicamente nos casos de Paris e Londres. As mudanças em curso não privilegiam tanto as cidades médias, privilegiam mais frequentemente cidades regionais; antes, escavam um fosso entre as cidades médias e as cidades globais em rede. "Às redes globais, o "ambiente" territorial urbano não oferece mais reais e pertinentes enraizamentos, mas simplesmente ancoragens."¹⁰⁸ Em consequência, os níveis global e local se superpõem mais que se entrecruzam, e a cidade europeia se conjuga no plural, ou seja, em função do local atribuído a cada uma na hierarquia da rede urbana.

Será então que os dois níveis, local e global, vão se separar ou ser unificados em torno de formas de governo inéditas? Eis uma interrogação da qual não seria possível se esquivar, ainda que contentando-se em valorizar os níveis urbanos inferiores, em particular essas "cidades médias" que preservaram melhor que outras um papel de coordenadoras territoriais, locais e regionais. Para não se confrontar diretamente com a dinâmica metropolitana, arrisca-se a deixar crer que as cidades médias europeias "podem escapar à catástrofe da globalização metropolitana."¹⁰⁹ Entre o projeto local de Magnaghi e o urbanismo globalizado, o destino da cidade média europeia permanece frágil e incerto.

---

107. Pierre Veltz, *op. cit.*, p. 50.
108. Giuseppe Dematteis, "Réprésentations spatiales de l'urbanisation européene", in Arnaldo Bagnasco e Patrick Le Galès (Orgs.), *op. cit.*, p. 81.
109. *Ibid.*, p. 90-91.

III

Recriar comunidades políticas
Da luta de classes à luta dos lugares

Se o retorno ao local passa por um ressurgimento dos lugares, estes têm como condição uma política passível de circunscrever um espaço legítimo de representação, mas também uma "consciência metropolítica" sem a qual a participação é inexistente.[110] Mas a experiência política da cidade não se resume à colocação de um lugar em coerência democrática. De ordem multidimensional (deliberação, igualdade, liberdade, representação democrática, hospitalidade), ela não é, portanto, redutível ao exclusivo território da representação, e a diversidade das escalas proíbe considerar que uma boa métrica urbana pode corresponder a uma boa métrica política. Daí a ilusão de uma idealização do nível local, que nem sempre representa o melhor exercício da democracia.[111] O urbano, sempre orquestrado por uma relação entre um dentro e um fora, não pode ser reconduzido apenas ao território. A experiência urbana da política evoca a boa lembrança da dimensão mental da cidade, mas também os valores extraterritoriais dos quais ela se alimenta, a começar pela dimensão da mobilidade, e a da relativização que irrigava a rede das cidades no passado. Se a experiência política contemporânea convida a instituir lugares inéditos, a refazer lugares, a repensar uma política da cidade, seja qual for, não se pode reduzir política urbana e urbanidade a um território singular. Um território se fecha quando ele se encerra em si mesmo, o que não pode ser o caso da experiência urbana, que articula sempre

---

110. Cf. as análises de Jacques Lévy em *L'Espace légitime, op. cit.*
111. Para Jacques Lévy, "a democracia urbana constitui em muitos países o elo mais fraco da democracia". (*L'Espace légitime, op. cit.*, p. 295.)

o território e o extraterritorial, o fora e o dentro, o pertencimento e a possibilidade de se libertar, a identidade, o exílio e a distância. Assim, a experiência política da cidade exige uma representação territorial que dá acesso a uma participação efetiva da qual o direito ao voto é uma das atribuições. Reencontrar o território, o lugar, o local para melhor devolver sentido à política, duplamente entendida como quadro territorial e como espaço de participação, não exclui nunca o apelo externo, porque um lugar urbano exige uma dupla mobilidade: uma mobilidade em seu cerne, uma mobilidade em relação ao exterior. Esse é o imperativo do urbano: inventar lugares que permitam reencontrar o sentido dos limites. Mas esses territórios "limitados" não devem se confundir com antecâmaras da morte, serem tomados como reféns por políticas territoriais que se satisfazem com a constituição de guetos. Um lugar deve responder à exigência de integração, de participação política, favorecer a mobilidade para o trabalho, para a escola e para o emprego, sem o quê ele renuncia a libertar e a formar... O urbano deve tornar possíveis espaços que libertam, e não lugares que encerram.

Lições de uma comparação França-América

A "política da cidade": esta expressão está prestes a se transformar, na França, num espelho da ação da República, que sucessivamente propôs contratos de planejamento, um pacto de reativação e uma política apostando na heterogeneidade social (lei Borloo de 1º de agosto de 2003). Se a política da cidade tem por finalidade recoser a cidade republicana que se dilacera na França, se ela apresentou o princípio de uma discriminação positiva territorial, ela é sempre oposta às políticas conduzidas nos Estados Unidos que, em nome da discriminação positiva (*affirmative action*), valorizam, diz-se, a étnica ou o gueto. Em suma, enquanto a França republicana luta contra os guetos, os Estados Unidos teriam tendência a criá-los. Muito frequentemente, a comparação entre a França e os Estados Unidos dá lugar a essa oposição caricatural entre políticas de discriminação que contribuem para criar guetos étnicos e uma política da cidade marcada por uma vontade de integração republicana baseada no ideal de igualdade de oportunidades. Ora, essa constatação é enganosa, uma vez que "esse não é o objetivo de igualdade das oportunidades que dá à heterogeneidade urbana uma posição preponderante na ordem das políticas da cidade, mas a luta contra o 'gueto.'"[112] Essa caricatura, que diz tudo sobre o estado das relações transatlânticas, traduz sobretudo a ignorância das experiências urbanas conduzidas nos Estados Unidos, que diferentemente do que se passa na França, valorizam a igualdade das oportunidades e não se polarizam exclusivamente sobre o território.

Divergências e convergências. Uma comparação pertinente exige colocar em cena as divergências e as convergências entre três políticas.[113] A política da cidade na França, de um lado, e, de outro, duas estratégias distintas nos Estados Unidos: as experiências da *affirmative action*, que remetem à discriminação positiva, e as experiências de desenvolvimento comunitário. Com base na lei sobre as *empowerment zones*, que em 1933 reabilitava "o princípio da despesa federal em favor dos bairros pobres", experiências de desenvolvimento comunitário foram implantadas em seis *empowerment zones* e 65 empresas comunitárias.

Essas experiências comunitárias permitem especificar os métodos e as finalidades de uma estratégia política original e diretamente polarizada sobre os territórios. Enquanto elas não criam uma "obrigação de resultado" exclusiva para as minorias étnicas (é o caso da *affirmative action*), elas conseguem, no entanto, assim como as políticas de discriminação positiva, elevar a condição dos mais pobres elaborando objetivos comuns às organizações ditas comunitárias e aos poderes locais. "Se

---

112. Thomas Kirszbaum, "La Discrimination positive territoriale: de égalité des chances à la mixité urbaine", in *Pouvoirs: Discrimination positive*, n. 111, Paris: Seuil, nov. 2004.

113. Nessa sequência, eu me baseio no esclarecedor artigo de Thomas Kirszbaum, "Discrimination positive et quartiers pauvres: Le Malentendu franco-américain", in *Esprit: La Ville à Trois Vitesses*, mar./abr. 2004. Cf. também, do mesmo autor, "La Discrimination positive territoriale", *op. cit.* Sobre a política urbana nos Estados Unidos, cf. Jacques Donzelot *et al.*, *Faire société*, Paris: Seuil, 2003. Sobre a política da cidade na França, cf. Christine Lelévrier, "Que Reste-t-il du projet social de la politique de la ville?", in *Esprit: La Ville à Trois Vitesses*, *op. cit.*; e Philippe Estèbe, *L'Usage des quartiers: Action publique et géographie dans la politique de a ville* (1982-1999), Paris: L'Harmattan, 2004.

ele difere quanto ao seu método de ação — a mobilização da sociedade civil política local, mais que uma incitação jurídica compensando os desfavorecidos definidos por critérios etnorraciais —, o desenvolvimento comunitário nem por isso deixa de dividir uma finalidade comum com a *affirmative action*: obter resultados imediatos em termos de promoção socioeconômica das pessoas pertencentes a grupos em desvantagem."[114]

Uma vez definidos o método (os objetivos comuns a diversos atores) e as finalidades (a promoção socioeconômica dos pobres), a comparação caricatural entre as experiências conduzidas na França e nos Estados Unidos voa em pedaços. Por um lado, a política da cidade se aproxima, do ponto de vista do método, da *affirmative action*, uma vez que trata uma comunidade — urbana na França, etnorracial nos Estados Unidos — em função de seus desfavorecidos e portanto pratica, a princípio, a discriminação positiva. Por outro lado, a política da cidade não visa a resultados diretos, o que é o caso tanto da *affirmative action* quanto do desenvolvimento comunitário. Mas por que a política da cidade não leva mais diretamente a resultados concretos? Antes de mais nada, diferentemente das *empowerment zones* e de experiências de desenvolvimento comunitário, ela não atribui uma prioridade aos atores, não procura associar atores privados e atores públicos, administração e empresa, porque permanece muito ligada à ação unilateral do Estado e da administração que privilegia o território (*place*) em detrimento das pessoas e de sua capacidade de ação (*people*). Enquanto o projeto é o de dinamizar ligações entre instituições públicas carentes de ajustes, essa política antes focaliza o tratamento específico de territórios do que coloca em movimento formas de ação inéditas que impactem as populações concernidas. Em seguida, a polarização da política da cidade sobre o econômico, no caso das zonas francas formadas por governos de direita, ou sobre o social, no caso de contratos de projetos privilegiados pelos governos de esquerda, exacerba a retração sobre o território e territorializa em excesso as modalidades da ação.

Ao contrário, o procedimento norte-americano, nos casos das *empowerment zones*, consegue associar múltiplos atores com o objetivo de

---

114. Thomas Kirszbaum, "Discrimination positive et quartiers pauvres", *op. cit.*

abrir o território e impedir que a comunidade seja identificada com um território fechado obrigado a resolver por conta própria suas dificuldades. Por contraste, o mal-estar francês é duplo: por falta de uma política de emprego adaptada, a França não consegue ligar o econômico e o social; por falta de voluntarismo democrático, ela não procura envolver os atores concernidos. Nessas condições, o procedimento discriminatório, aquele que leva em conta um desfavorecimento territorial, pode fechar um pouco mais os habitantes num território-desfavorecimento que se torna então um gueto, o que se chama bizarramente de cidade. O desenvolvimento comunitário favorece, portanto, a emergência de um interesse comum ao associar diversos atores, a começar pelos representantes do mundo empresarial. Se a formulação de um interesse comum é indissociável de um duplo postulado — o social e o econômico caminham juntos, de um lado; o acesso ao emprego é uma condição do sucesso do projeto, por outro —, ele não tem oportunidade de tomar forma senão num contexto geográfico amplo onde o lugar não é fechado sobre si mesmo, autocentrado, autorreferencial. A dinâmica urbana que acompanha o desenvolvimento comunitário não é identificável a um "lugar", a um bairro-território, que é preciso tratar em sua singularidade, sob o risco de estigmatizá-lo e de guetizá-lo; ela se baseia em um movimento de abertura para o exterior. A mobilização aqui caminha junto com a mobilidade. Sem essa dinâmica, ela não pode reabsorver os dois problemas já evocados a propósito da suburbanização norte-americana: o *skill mismatch* — a defasagem entre o tipo de empregos especializados oferecidos nas cidades-centro e as competências dos habitantes dos guetos — e o *spatial mismatch* — a distância geográfica entre os bairros desfavorecidos das cidades-centro e os empregos localizados na periferia das aglomerações. Se o habitante das *inner cities* (guetos de cidades-centro) tem de se deslocar para encontrar um emprego, abandonar os bairros do centro, esse também é o caso daquele que se encontra em um gueto da periferia na França. Uma política favorecendo uma mobilidade que possibilite o acesso aos empregos deve se basear em uma representação dos atores entendidos como "móveis" e "mobilizáveis", e não como vítimas imóveis. "Apanhando desprevenida a abordagem conservadora, as *empowerment zones* não culpam a vítima, a que vive num bairro onde as oportunidades de enriquecer são limitadas e onde se acaba por interiorizar a ideia de que o não trabalho (legal) é a norma. Daí a insistência do programa sobre a criação de oportunidades econômicas para os habitantes."[115] A fim de reabsorver o *spatial mismatch*, mas também de reduzir o *skill mismatch*, o desenvolvimento comunitário responde prioritariamente ao problema social e econômico, desenvolve formas de participação originais e igualmente concebe soluções relativas a zonas e não apenas àquela do lugar de residência. A mobilização dos atores de um lugar passa pela abertura do lugar a seu ambiente; os limites geográficos de um espaço não são o motor de uma política urbana.

Tratamento pelo lugar e participação democrática. Na França, o duplo tratamento, social — ao modo clássico de um Estado previdenciário redistribuidor — e econômico — ao modo da zona franca — não tendo suscitado uma dinâmica que implicasse o ambiente da empresa e os respectivos atores fez com que se concluísse que alguns habitantes da cidade eram menos cidadãos que outros. Sob essa óptica de uma ação pública que não consegue criar as condições de participação, que não consegue envolver a população, a política da cidade, nascida contudo da constatação das dificuldades próprias à ação pública, terá contribuído para reforçar a lógica administrativa e para opor a cidade republicana aos guetos. Daí a expressão polêmica de François Ascher: "A República contra a cidade."[116] Enquanto que, no quadro do desenvolvimento comunitário norte-americano, um lugar é um território aonde se pode chegar, um espaço onde se pode entrar e de onde se pode sair, um espaço que caminha junto com uma mobilidade, a política administrativa francesa vê a cidade por meio da opção *place*, aquela do lugar, e não por meio da opção *people*, a da participação democrática. Isso não é algo sem consequência nas trajetórias dos indivíduos que ocupam esses lugares: "O sujeito da igualdade na discriminação

---

115. *Ibid.*
116. François Ascher, *La République contre la ville: Essai sur l'avenir de la France urbaine*, La Tour d'Aigues: Aube, 1998.

positiva territorial é o próprio território, mais que os indivíduos que o compõem. Essa prevalência do território só tem se reforçado desde que existe a política da cidade — sem dúvida em razão da politização da questão da imigração — na França, há vinte anos."[117]

Na França, assim como nos Estados Unidos, há somente três maneiras de reduzir os problemas sociais, políticos e econômicos num território: seja repartir o fardo das populações em dificuldade com outros (estratégia de dispersão), seja atrair as riquezas externas (estratégia da atratividade), seja mudar a condição dos habitantes já assentados (estratégia de promoção individual). Ora, essa última opção é a única que assegura vantagens aos habitantes. Esta é a essência do mal-estar: a política da cidade valoriza os lugares porque não faz da promoção e da elevação da condição social sua prioridade. Mas por que ela não o faz? Basicamente porque se imagina que os habitantes têm vocação para permanecer no lugar, porque uma política territorial se baseia no postulado de que tudo deve ser resolvido no lugar. Enquanto as estratégias de atração e dispersão são o indício de uma mobilidade indispensável, de uma impossibilidade de se voltar a se fechar sobre o lugar, elas não podem ter êxito sem uma estratégia de promoção que exija participação e implicação. "A política francesa da cidade privilegia uma fórmula de integração pelo urbano pensado como alavanca da troca de todos com todos, contra a lógica do 'gueto'. É forçoso constatar o paradoxo da situação francesa, a de um país marcado pela cultura marxista que doravante desejaria transformar a vida pela cidade negligenciando a participação dos pobres na troca produtiva."[118]

Se a ressurgência dos lugares é um ponto de partida, ela não determina em nada a possibilidade de reencontrar o sentido da emancipação urbana. Esta passa também, num mundo em rede, onde os lugares estão interconectados e demarcados por seu ambiente, pela possibilidade de mudar de lugar. Consequentemente, a relação de um dentro com um fora permanece decisiva, mas essa relação não é mais enunciada como era no passado. Entretanto, a ideia de cidade-refúgio, de cidade-acesso,

---

117. Thomas Kirszbaum, "La Discrimination positive territoriale", *op. cit.*
118. *Ibid.*

continua a ser o motor dessa relação, até mesmo um ideal, mas que sempre tem um sentido. Se a luta dos lugares não se confunde com um slogan, ela significa que é preciso criar lugares que não sejam fechados em si mesmos, lugares em anel, como há cidades em anel ou ruas em anel. A menos que se decida "fechar" espaços em que os habitantes não podem senão "calar a boca"! A mobilização caminha junto com a mobilidade, com a possibilidade de entrar em um lugar e dele sair.

A dupla exigência do acesso e da mobilidade

> A universalidade é o local sem muros.
>
> Manuel Torga

Se uma política efetiva da cidade deve concordar com o imperativo da mobilidade, a experiência utópica lembra, por sua vez, que a constituição de um lugar é de natureza coletiva. Lugar, mobilidade e mobilização coletiva caminham juntos. A questão urbana leva então a este triplo imperativo: constituição de um lugar, exigência de mobilidade a fim de escapar ao cercamento de um território, ação coletiva remetendo à participação dos habitantes. Essa tripla exigência de caráter político contrasta com a dinâmica contemporânea do urbano que superpõe uma hipermobilidade (a lógica dos fluxos) e uma retração sobre um lugar ou sobre um local (o entre-si obrigado e inseguro, o entre-si seletivo e seguro), o que exprime o desequilíbrio do "glocal" que valoriza ao mesmo tempo o nível do global e o do local. A luta dos lugares, a luta pelos lugares, não tem por objetivo defender uma localidade (lugarejo), um lugar retraído sobre si mesmo para melhor responder aos fluxos e ao seu aspecto vertiginoso. Entre hipermobilidade globalizada e retraimento num local, uma política urbana exige, portanto, valorizar a "instituição" de um lugar, a instituição de uma edificação arquitetural no sentido em que evoca Louis Kahn, uma prática de participação (a que favorece mudanças de palavra) e uma mobilidade que permitam responder aos desafios do emprego, da educação, da formação e da segurança. Sem uma prática da mobilidade-mobilização, o lugar e a prática democrática que subentende a experiência urbana levam inevitavelmente a um fechamento territorial. Enquanto mobilidade, mobilização coletiva e lugares caminham juntos, o risco é de criar hoje espaços coletivos que são outras tantas soluções de retração, de ordem étnica ou de segurança. Do mesmo modo que o tipo-ideal da condição urbana remete à multiplicidade das relações que se tecem entre um fora e um dentro, entre forças centrífugas e centrípetas, um projeto urbano digno desse nome deve criar infinitamente desequilíbrios instáveis, desenhar dobras, retrações e desdobres. A exigência de mobilidade, aquela que se opõe tanto à hipermobilidade quanto à imobilidade, é a condição de um espaço urbano concebido como um "lugar praticado", aquele cujos limites "dão lugar" a práticas comuns. Ele acompanha uma visão política que se baseia mais nas pessoas do que nos lugares, um urbanismo para o qual as relações sociais não são dedutíveis dos lugares construídos, não são redutíveis à ideologia espacialista que acredita deter a regra da boa relação entre os lugares e o viver-junto. Mais que os lugares, as pessoas são geradoras da cidade.

Não se trata mais da arquitetura ou do urbanismo, mas de práticas que um e outro tornam possíveis. Práticas que exigem que os indivíduos possam ter acesso a isso, ou seja, que eles tenham a capacidade. A justiça social não é mais somente pensada em termos de redistribuição e de mutualização dos riscos, esses ingredientes do Estado previdenciário; ela tem como condição que os indivíduos possam fruir dos instrumentos e das instituições que lhes permitam exercer sua liberdade. Isso passa pelo acesso ao emprego, pela capacidade de participação coletiva, mas também pelas ferramentas da formação.[119] Isso exige uma oferta de bens no mercado urbano em termos de habitação, de emprego, de transportes, de formação profissional, de escolaridade, de saúde, de segurança, uma oferta que os contratos de projeto não conseguiram concretizar porque sua ação, polarizada sobre os territórios, não favoreceu trajetórias individuais destinadas a dinamizar a igualdade das oportunidades. Ora, essa capacidade é inseparável, numa sociedade aberta, da possibilidade de

---

119. Sobre as noções de capacidade e de capabilidade, eu posso somente remeter à obra de Amartya Sen. Para uma abordagem de conjunto desta aqui, cf. Monique Canto-Sperber, "Choix de vie et liberté: Sur l'œuvre d'Amartya Sen", in *Esprit*, mar./abr. 1991.

se mover, de não esperar tudo de um lugar, de um único lugar que não pode ter como papel responder a todas as exigências. A condição urbana é, ela própria, uma condição da capacidade democrática entendida em duplo plano, individual (a equidade) e coletivo (a responsabilização). No contexto não europeu, Amartya Sen ressaltou o papel crucial da mobilidade a fim de responder a situações de fome e de se mobilizar contra ela.[120] Não ser imobilizado, poder se mover, sair dos lugares da fome onde se está imobilizado, poder "ter acesso" aos estoques de alimentos, é uma condição de sobrevivência nesse caso. Daí a necessidade de implementar políticas urbanas que privilegiem lugares abertos para o exterior e ofereçam as perspectivas de uma ação possível. *O que remete a um último paradoxo, o da mobilidade: não há lugares sem mobilidade.* Num espaço dos fluxos caracterizados pela hipermobilidade, é decisivo favorecer a mobilidade de indivíduos entre lugares a fim de não alienar sua relação com a moradia, com o trabalho e com a formação. Hipermobilidade, lógica do encerramento e dinâmica de fragmentação, mobilidade crescente entre os lugares: estas são as três sequências da experiência urbana quando os fluxos triunfam.

Condição da "capacidade", a condição urbana o é em virtude da própria natureza de uma experiência urbana que associa inscrição num lugar e movimento entre lugares. Esta, nós sabemos, orquestra as ligações do dentro com o fora, do privado com o público, ela participa de diversas formatações e configurações de cenário. O lugar não dá tudo, ele não pode bastar à ação, à *vita activa*, se não fornece oportunidade de tecer ligações com outros lugares, se não torna possível uma colocação em movimento.[121] Além do debate sobre a heterogeneidade social, a questão da mobilidade, da relação entre um fora e um dentro, é decisiva.[122]

---

120. Cf. Amartya Sen, *Poverty and Famines: An Essay on Entitlement and Deprivation*, Oxford University Press, 1981; *Hunger and Entitlement*, World Institute for Development, Helsinque (Finlândia), 1987.

121. Cf. Sylvain Allemand, François Ascher e Jacques Lévy, *Le Sens du mouvement: Modernité et mobilités dans les sociétés urbaines contemporaines*, Paris: Belin, 2005.

122. Num artigo de referência, Jean-Claude Chamboredon e Madeleine Lemaire se perguntam sobre os efeitos *a priori* positivos da heterogeneidade social e espacial e sobre os efeitos negativos da homogeneidade social e espacial dos bairros operários ou pobres

Esse é sentido do paradoxo da condição urbana em um contexto onde os lugares, longe de serem preservados e autônomos, instituem uma relação, até mesmo um vínculo de força, com os fluxos: constituir lugares onde é possível permanecer, mas dos quais é igualmente possível sair, partir, se libertar. A literatura produzida pela geração que vem dos bairros mostra que a cidade se torna praticável quando se pode transpor a barreira. Mas transpor a barreira, se libertar, exige a instituição de um limite, físico e mental, aquele que simboliza justamente a cidade, e através dele a experiência urbana. "É preciso dar a possibilidade de sonhar com outros lugares, de desejar ir para outros lugares, de se recolocar em movimento. Mas como o outro lugar só é realmente acessível e proveitoso quando se tem forças próprias, também é preciso ter a possibilidade de ficar."[123] Na linguagem de Robert Putnam, é necessário encontrar um equilíbrio entre ligações fortes e ligações fracas: não se transpõem barreiras, não se temem as ligações fracas que exigem contatos com o exterior, as procuras de emprego e de formação, a não ser se "se têm retaguarda, ligações fortes". Voltando ao próprio espírito da cidade, esse espaço orquestra uma relação entre um dentro e um fora que acontece entre os dois sentidos: de fora para dentro e de dentro para fora.

À hipermobilidade que acompanha o primado dos fluxos, a resposta não é a retração sobre um sítio, um sítio da internet ou aquele da cidade-gueto, mas a possível articulação de um lugar onde se urdem ligações fortes com um dentro e ligações fracas com um fora. Se a condição urbana orquestra relações entre as diversas figuras do dentro e do fora, se ela multiplica os efeitos de limiar e de entremeio para escapar à dupla tentação da retração (o lugar cercado ou guetizado) e do desdobre (os fluxos, as ligações entre elites globalizadas, as viagens dos internautas), ela tem uma condição: preservar um espaço onde as ligações são muito protegidas, aquele do lugar-sítio, para melhor

---

de forte caráter comunitário. Cf. "Proximité sociale et distance spatiale: Les Grands Ensembles et leur peuplements", in *Revue française de sociologie*, vol. XI, I, 1970.

123. Jacques Donzelot. "La Ville à trois vitesses: relégation, périurbanisation, gentrification", in *Esprit: La Ville à trois vitesses*, mar./abr. 2004.

se confrontar com outros lugares, lugares fluidos e flutuantes onde as ligações fracas podem mais. O enfraquecimento da condição urbana é dramático se ele obstrui esse equilíbrio entre lugares de ligações fortes e fluxos de ligações fracas. Em suma, "todo projeto territorial de sociedade deve levar em conta os limites de seus limites."[124] Se é preciso reatar com uma cultura urbana dos limites, frear a ilimitação do urbano generalizado, esta ilimitação nem por isso deixa de ter limites, a começar por aquele que consiste em não se fechar em seus próprios limites... dentro de limites "próprios" demais. Não há lugar senão o "impróprio", em todo caso, para aquele que deseja, quer e deve se mover no seio de um lugar do mesmo modo como se desloca entre vários lugares. Não existe lugar a não ser o "impróprio", porque embora sempre no limiar, jamais no centro, ele na verdade se baseia num equilíbrio instável entre ligações fortes com o dentro e ligações fracas com o fora. Sempre no limiar, aquele que simboliza a entrada da cidade, lá mesmo onde se faz justiça na tradição bíblica. A cidade como limiar, a cidade à flor da pele...

A utopia urbana como enredo coletivo
(Alberto Magnaghi)

A constituição de um lugar favorecendo participação e mobilidade relança a interrogação a propósito da criação de espaços suscetíveis a recorrer à inspiração utópica. Mas será que é concebível reatar com essa inspiração enquanto a matriz utópica contribuiu para modelar o urbanismo e para tipificar as cidades idealizando-as?[125] Enquanto o processo da utopia urbana, que acompanha a crítica do urbanismo progressista, é corrente, a situação atual devolveria ou não um sentido à utopia urbana?[126] Certamente, se não a considerarmos mais como o enredo

---

124. Jacques Lévy, *L'Espace légitime, op. cit.*, p. 388.
125. Cf. acima, primeira parte, p. 105-108.
126. Nesta sequência, eu me baseio no texto de Françoise Choay já evocado, "L'Utopie et le statut philosophique de l'espace édifié", in Lyman Tower Sergent e Roland Schaer (Orgs.), *Utopie: La quête de la société idéale en Occident, op. cit.*, p. 337-343.

que corresponde à escrita de um autor de gênio, artista ou engenheiro, mas como a atribuição de um projeto coletivo que se inscreve ao mesmo tempo numa duração histórica e nos limites espaciais. "O enredo que eu proponho, e que se refere à visão utópica da região de *Ecopolis*, visa à reconstrução das fronteiras da cidade, à criação de uma nova centralidade, à colocação em rede de centros urbanos e ao estabelecimento de novas hierarquias regionais."[127] Criar um lugar utópico não condiz mais com a aplicação de um modelo, mas sim com tornar possível uma duração pública, com "colocar em ação" um lugar no duplo plano do espaço (preocupação com o ambiente e relação com o fora) e do tempo (respeito pela memória e preocupação com o futuro).

De fato, as três características da utopia de Thomas More — a crítica da sociedade existente, o enredo de uma boa sociedade alternativa, a concepção de um "espaço edificado modelo" — perderam muito de seu sentido hoje. Uma utopia contemporânea não pode mais corresponder a um "espaço edificado modelo", ela deve levar em conta um equilíbrio ecológico e antropológico fragilizado pelo urbano generalizado e colocar em cena ligações entre os corpos, a terra e a natureza. "A questão que uma utopia atual colocaria seria a das reconciliações com a terra, com o mundo natural e concreto ao qual nós pertencemos enquanto seres vivos. Isso significa reconciliações corporais com os lugares por intermédio de uma edificação articulada e diferenciada, para servir de suporte à identidade humana e "societal", já que também não é possível se transformar em cidadão do mundo ou se tornar plenamente homem senão sob a condição de pertencer a um lugar."[128] Se a utopia urbana deve privilegiar uma ecologia, uma relação nova com o ambiente, ela, entretanto, não pode se construir contra as técnicas. Ela deve orquestrar ritmos diversos, aqueles que se harmonizam com a natureza, mas também os que acompanham a fluidez das redes, uma vez que também o lugar utópico deve ser concebido numa relação com os fluxos e as técnicas, e não contra eles. A utopia é uma réplica dos fluxos, e não a oportunidade de um exílio fora do mundo e de suas

---

127. Alberto Magnaghi, *Le Projet local*, op. cit., p. 89.
128. Françoise Choay, *op. cit.*, p. 337-343.

técnicas. "Não é questão nem de ecologia defensiva nem de conservação patrimonial; nem mais de procurar entre o global e o local um equilíbrio ('o glocal') que supõe a subordinação do segundo aos imperativos do primeiro. O desenvolvimento local e sua reterritorialização impõem-se como uma alternativa estratégica ao desenvolvimento global."[129] Patrimônio natural e patrimônio cultural local então caminham juntos: "Nada de preservação coerente do patrimônio natural e do patrimônio construído local sem práticas sociais que lhes sejam solidárias e respondam às escalas e às diferenças dessa herança."[130] O projeto utópico não volta as costas ao real, ele não tem o objetivo de se instalar fora ou à distância das redes técnicas, ele tem o papel de controlar seu caráter hegemônico e não sua eficácia.

O segundo critério que permite especificar a utopia urbana contemporânea é seu caráter coletivo. Coletiva, a utopia não sai mais da cabeça de um único homem, de um Thomas More contemporâneo, ela não é o feito de um gênio solitário. "Enquanto o modelo espacial e o modelo social de More eram concebidos por um único indivíduo e permaneceriam no papel, o enredo se define hoje por um processo a ser construído enquanto se desenvolve, por uma comunidade real que reata com uma ética pública e com a política."[131] Somente a exigência coletiva, a que orquestra a mobilidade, a mobilização e a participação, permite passar de um projeto como aquele de More à utopia contemporânea. Mas esse projeto que se afasta da utopia tecnológica da comunidade virtual pode se apoiar, no seio do projeto político da nova municipalidade, no ciberespaço: "O ciberespaço pode ser integrado aos espaços e lugares reais e concretos e assim enriquecer nossa cultura dos lugares por um saber técnico e comunicacional a serviço do novo espaço público."[132] Dessa transformação da utopia, menos ligada a uma criação imaginária e modelar do que a uma prática concreta e coletiva, resulta uma reformulação da relação instituída com o próprio lugar.

---

129. *Ibid.*
130. *Ibid.*
131. *Ibid.*
132. Alberto Magnaghi, *op. cit.*, p. 98.

"Modelo" e, portanto, "universalizável" em Thomas More, o enredo utópico, consequentemente "singular", deve levar em consideração o caráter multidimensional da condição urbana. Diante dessas ameaças que não são somente de ordem ecológica, mas também de ordem cultural e patrimonial, é preciso proteger o lugar, e mesmo reconquistá-lo contra os riscos de sua dissolução, o que equivale a dizer construí-lo ou reconstruí-lo. "Nem More nem seus sucessores, até a metade do século XIX, tinham se interessado pelo status de um espaço local do qual a existência não estava ainda ameaçada. As noções de patrimônio urbano e de patrimônio rural não iam emergir e não seriam nomeadas senão no momento em que a dissolução progressiva de suas referências colocasse o problema. A questão da ligação que, nos 'lugares', une o espaço natural e o espaço cultural, não se inscrevia na perspectiva utopista."[133]

O roteiro de uma utopia urbana contemporânea, coletiva e preocupada com a existência de um lugar, não é uma ficção ou uma promessa piedosa. Alberto Magnaghi, que coordena há mais de dez anos na planície do Pô, entre outros, um projeto de preservação dinâmica do patrimônio" em regiões italianas bifacetadas — ao mesmo tempo economicamente prósperas e arrasadas pelas implantações industriais —, o teorizou em *Le Projet local*.[134] Mas será que o "projeto local" de Magnaghi não é uma variante da nova cultura urbana dedicada a revalorizar o patrimônio, aquela de que Giovannoni foi o iniciador? Ele se distancia disso sensivelmente, uma vez que o patrimônio assume em sua obra várias dimensões em que se entrecruzam sítios locais, monumentos, mas também práticas urbanas e sociais. No caso do "projeto local", o enredo utópico de Magnaghi remete a uma grande diversidade de elementos que não resume a única defesa patrimonial: "os monumentos, os antigos estabelecimentos agrícolas, as pequenas cidades, as paisagens e as redes hidráulicas, mas também [o] patrimônio de atividades econômicas e sociais locais (agrícolas, artesanais, etc.)."[135]

---

133. Françoise Choay, *op. cit.*
134. Alberto Magnaghi, *op. cit.*
135. Françoise Choay, *op. cit.*

Essa consideração de um patrimônio multidimensional está na origem de uma concepção inédita de território que se encontra no processo da agência Studio de Bernardo Secchi e Paola Vigano em Pesaro, onde, no caso da região semicosteira e semirrural de Salerno, no sul da Itália, "percursos narrativos" estão ligados ao mesmo tempo às paisagens e às práticas dos habitantes. O território não é mais dado *a priori*, como "matéria primordial". Ele é um resultado, uma produção, uma criação coletiva. Em Pesaro, a agência Studio se esforçou para envolver a administração e a população local para colocar em prática um plano regulador. O projeto local pode, portanto, dar lugar a visões que recriam a paisagem natural, à invenção de uma nova civilização, "nas colinas e no litoral", uma civilização em ruptura com o urbano instalado nas planícies, que está na origem de uma "redescoberta e de uma reinterpretação dos estratos deixados pelas civilizações mediterrâneas assim como do sistema urbano medieval."[136]

Em resposta aos fluxos que orquestram a globalização, "a partir do alto", essa invenção do território, essa civilização de colina e litoral, corresponde a uma globalização "a partir de baixo". É um "resultado dinâmico, estratificado, tornado complexo pelas diferentes civilizações que se estratificaram — um sistema de relação complexa entre o ambiente e as comunidades que o habitam."[137] Sobre esse território local, aquele onde a luta dos lugares substitui a luta de classes, pode surgir uma cidade como Insurgent City, que simboliza o modelo urbano proposto por Magnaghi, sua utopia urbana, e que contribui igualmente para uma luta pelos lugares que é também uma luta dos lugares e uma luta entre os lugares.[138] Insurgent City não é uma cidade isolada, uma ilha, uma cidade líquida e aleatória prestes a desaparecer

---

136. Alberto Magnaghi, *op. cit.*
137. Françoise Choay, prefácio a *Le Projet local*, *op. cit.*
138. Magnaghi distingue quatro tipos de espaços dissociados: os espaços afetados pela urbanização dos subúrbios industriais metropolitanos, os espaços situados essencialmente na planície e explorados pela indústria verde, os espaços costeiros consagrados ao lazer e que trancam o acesso às paisagens do interior, os espaços das colinas e montanhas com suas cidades empoleiradas deixadas ao abandono. O projeto é, portanto, o de assegurar uma ligação com o interior valorizando as bordas costeiras. (*Le Projet local*, *op. cit.*, p. 19.)

ao primeiro golpe de vento da história; o enredo utópico da cidade coloca cidades em relação entre si. Criar a cidade é constituí-la, inscrevê-la numa duração singular, mas também religá-la a outras cidades, a uma duração urbana enunciada no plural. "Mesmo dotado da mais forte legitimidade, um território não pode jamais encerrar as realidades que ele engloba"[139], ou seja, um território, qualquer que seja a escala, remete sempre a um fora.

Essa economia urbana em rede evoca a "cidade-rede" do passado; a saber, uma rede de cidades ligadas entre si, autônomas no plano administrativo e preocupadas com um desenvolvimento durável. A utopia urbana contemporânea desmistifica a antiutopia do "não projeto" — a apologia do caos associada ao elogio da cidade genérica — tanto quanto o projeto, o planejamento exterior imposto ao lugar, aquele da cidade-objeto. O urbano é então uma criação coletiva contínua, um projeto comum refundador da ligação social e "recriador de um imaginário social". Tornando possível uma duração pública no seio do espaço urbano, mas também entre os lugares, o enredo utópico valoriza a exigência coletiva, aquela que é inseparável da *vita activa* de que a cidade é o porto. "Implantar — os antigos teriam dito plantar, articular, diferenciar, proporcionar —edifícios no meio urbano rendido à importância de seus detalhes compromete um destino, uma visão de mundo e uma escolha de socialidades."[140] O território torna-se, nessa perspectiva, uma obra, uma obra de arte, como diz Magnaghi, mas principalmente uma obra de arte coletiva.

Recolocações em movimento "periféricas"
A renovatio urbanis *de Bernardo Secchi*

A exigência de harmonizar lugar e mobilidade, de tornar possível o movimento no próprio seio de um lugar, é indissociável de um projeto local. Mas este aqui passa simultaneamente pela consideração de

---

139. Jacques Lévy, *L'Espace légitime*, op. cit., p. 388.
140. Françoise Choay, *L'Allégorie du patrimoine*, op. cit., p. 197.

uma economia de escalas diversificadas que não opõe simplesmente os fluxos (a escala "aberta" do território global, nacional, mundial) e o lugar (a escala "fechada" do local). Se passamos da "luta de classes" à "luta dos lugares", essa luta não se exerce senão no estrito nível local, ela se transplanta necessariamente em diversas escalas que coexistem a fim de inverter o curso das coisas e de se adequar à energia dos fluxos comerciais. Os territórios devem ser reconquistados, mas não como lugares fechados e estáveis; eles devem se ligar às instituições de trabalho e aos fluxos comerciais. O projeto local torna-se uma utopia que paralisa e incapacita, um *revival*, se ele se insurge unicamente contra os fluxos do capitalismo, em vez de captá-los e de transformá-los em seu benefício.

No contexto metropolitano, o trabalho de costura é ao mesmo tempo horizontal, transversal e vertical. Se os fluxos inauguram o reino da horizontalidade, é preciso, entretanto, conservar a relação com um centro, no sentido em que os polos são mais ou menos centrais. A economia de escala deve restituir um papel a centros que não sejam uma réplica da centralidade clássica, aquela da cidade-capital, da cidade estatal, mas referências e símbolos que organizem um conjunto coerente no plano político. Consequentemente, não é preciso proteger a cidade-centro contra suas periferias, protegê-la como uma cidadela--museu, como uma cidade-bastião. Enquanto os fluxos articulam os "bons" polos uns com os outros, um projeto político consiste, para além do projeto local de Alberto Magnaghi, em recoser, lá onde uma cidade-centro permanece, como é o caso no mundo europeu. Recoser: isso significa relacionar os diversos polos sem privilegiar somente o centro e recriar lugares coerentes que não possam ser limitados a uma única escala, como foi por muito tempo o caso da cidade circunscrita, construindo áreas urbanas *a partir de* suas margens e de suas periferias. Nessas condições, não é preciso recoser a partir de um centro que procura sempre se proteger, mas a partir das margens. Como sugere o urbanista italiano Bernardo Secchi, "é preciso aplicar a gramática e a sintaxe que tinham permitido um desenho minimalista dos espaços urbanos" aos lugares catastróficos da morfologia urbana, esses lugares "onde o ideal espacial de uma parte da cidade entra em conflito com aquele de outra parte, ou então se perde numa periferia aparentemente sem ordem."¹⁴¹ Isso significa várias coisas.

Antes de mais nada, existe uma gramática (uma sintaxe e uma morfologia) gerativa do urbano, das regras corporais, antropológicas, mas também materiais, expostas por Alberti, que devem ser respeitadas. Se essas regras traduzem primeiramente um tipo de habitat que remete a uma maneira de edificar, elas também fazem eco a escalas múltiplas, a medidas espaciais que estão na origem (ou não) de um desejo de habitar que não pode ser imposto arbitrariamente. Mas será que ainda nos preocupamos com essas regras? As palavras de Secchi significam também que há margem por todos os lados e que é preciso instituir ou reinstituir relações espaciais entre partes que estão em conflito uma vez que elas não estão mais de acordo. A discordância — que pode intervir no nível da rua, da quadra, do bairro, da aglomeração, da conurbação, da região... — não torna possível a passagem de um lugar a outro. Se há regras de edificação para a casa, uma maneira de construir um espaço próprio integrando-o a um conjunto, se há regras gramaticais destinadas a ritmar o urbano, devem existir igualmente regras relativas à orquestração dos níveis e das escalas (do local e do território). Mas essas afirmações evocam em seguida que é preciso privilegiar zonas de conflito, e hierarquizá-las, porque elas não são todas equivalentes. Enfim, a colocação em conflito destinada a recriar conjuntos deve intervir em todas as escalas, em todos os níveis, e não unicamente no nível local. Mas este aqui é o motor da *renovatio urbis*, porque ele tem por imperativo reinscrever a periferia nos fluxos dominados, favorecer um descentramento dos fluxos pelas margens, e não criar periferias à margem de fluxos desimpedidos.

Numerosos exemplos permitem entender em que consiste essa consideração da periferia em todos os escalões. A periferia já se apresenta em pleno centro da cidade, é o que traduz, por exemplo, o projeto Lyon-Confluence, destinado a ligar o sul da península à confluência do Ródano e da Saône — uma zona de entrepostos e de hangares edificados em torno da igreja de Sainte-Blandine (hoje 7 mil habitantes, amanhã 22 mil habitantes e 27 mil empregos) —, ao bairro de Perrache

---

141. Bernardo Secchi, *Il racconto urbanistico*, Turim: Einaudi, 1984, p. 58-59.

e à cidade histórica. O bairro do Petit Maroc em Saint-Nazaire é outro exemplo de reconstrução, de reinscrição no conjunto urbano de uma zona ao abandono, que não deixa de ter ligação com a renovação da cidade portuária. Um bairro, talvez ele próprio periférico, no meio de uma cidade composta de bairros: é o caso do bairro da Duchère em Lyon, no 9º *arrondissement* da aglomeração, percebido como um fora da cidade. Uma renovação urbana e arquitetural ambiciosa e a destruição de alguns blocos podem estar na origem de uma nova coerência urbana. Na escala periurbana e suburbana, a gramática urbana exige aí também recolocar em relação zonas heterogêneas, quer se trate de comunas da região parisiense ou de bairros da aglomeração lionesa mais descentralizados. Assim, o Grand Projet de Ville é acompanhado, em Lyon[142], pela consideração dos setores periféricos em renovação urbana (os Minguettes, Vaulx-en-Velin, Saint-Priest, Rillieux-la-Pape) que não mantêm a mesma relação "periférica" com a metrópole que o bairro da Duchère. Será que Lyon-Confluence restituirá a essa periferia (interna) uma presença capaz de insuflar novamente energia ao conjunto da aglomeração, ou irá consolidar um espaço gentrificado? Será que os setores de renovação urbano (externos) irão se beneficiar da mesma dinâmica que o Grand Projet de Ville organizado na Duchère?

A prevalência dos fluxos periferia-periferia sobre os fluxos periferia--centro acompanha consequentemente a constatação de que o próprio periurbano possui suas periferias. Daí a necessidade de ligar esses diversos polos entre si antes mesmo de ligá-los ao que continua a ser o centro — aquele da cidade histórica, na maioria das vezes, cujo capital simbólico é determinante. Em cada um dos casos, é preciso renunciar à ideia de que o centro é o nó decisivo e ressaltar que as margens e as periferias representam uma das condições de um espaço político coerente. Um verdadeiro descentramento se opera. Esta é a principal inversão sobre a qual se baseia a ideia da luta dos lugares: a inversão do centro para a periferia. Não se constrói hoje o urbano a partir do

---

142. Pode-se igualmente tomar o exemplo da comunidade urbana de Lille-Métropole. Conduzido sob a direção de Nathan Starkman, Jean-Louis Subileau e Bertrand Parcolle, esse projeto é apresentado de maneira rigorosa em uma obra coletiva, *Un Nouvel Art de ville: Le Projet urbain de Lille*, Lille: Ville de Lille, 2005.

centro, mas, ao contrário, a partir de periferias que não devem ser nem centros, nem margens. Longe de sacralizar a relação centro-subúrbio--periferia, impõe-se ainda a dupla dialética centrífuga e centrípeta cara a Julien Gracq, uma dupla dialética que se encontra em escalão superior, o das ligações tecidas entre metrópoles no meio de um espaço coerente. Assim, uma metrópole de cinco cabeças está prestes a se constituir no espaço metropolitano Loire-Bretanha, que agrupa Nantes, Brest, Rennes, Saint-Nazaire e Angers. Se um espaço urbano pode garantir uma ligação conjuntos coerentes, ele não deve jamais promover um ou outro sob o risco de reconduzir a relação do centro e da periferia. No caso evocado, o proveito que Nantes, a cidade que tomou a iniciativa do projeto, atualmente tira dessa metropolização, deverá ser contrabalançada a fim de evitar que as outras metrópoles sejam transformadas em periferias. Se o território urbano clássico privilegiava um centro que lhe permitia aproximar a população, a metrópole contemporânea convida a repensar o tecido urbano dando-se conta duplamente de uma gramática gerativa do urbano (a ser redefinida em diversas escalas) e do peso de uma periferia que não procura mais se integrar a um centro, mas deve fazer ligação com outros polos num conjunto urbano coerente.

Mas será que o espírito da *Renovatio urbis* caro a Bernardo Secchi corresponde a um privilégio do mundo europeu e ocidental? Ele não fornece a oportunidade, uma vez mais, de um descentramento da experiência urbana europeia? Evocando Beirute, Kinshasa, Marrakesh, Caracas, Adis Abeba, Seul, Tóquio, São Paulo, Bernardo Secchi insiste na fraca relação dessas cidades com a história europeia, na estranha hibridação de tradições que as caracteriza, mas ele se detém finalmente sobre este paradoxo: "Diante dessas conurbações desmesuradas, indiferentes à experiência individual e coletiva dos habitantes, de que ninguém mais sabe o número, as cidades da Europa e nosso saber de urbanistas ou de arquitetos sempre me pareceram pequenos, subdimensionados, quase inúteis. E, no entanto, quando eu discuto com meus colegas sobre esses países, tenho o sentimento de uma ressonância, de um eco mais ou menos próximo dos materiais físicos, teóricos e retóricos europeus, um eco que não se pode simplesmente reduzir à exclusiva 'influência' da Europa. As coisas tornam-se ainda mais complexas quando eu, eu mesmo, volto para a Europa enriquecido por esses países, e me faço portador de imagens e de construções conceituais diferentes."[143] Uma vez mais, é a periferia que "reflete" o centro: um descentramento se produz, que pode ser fonte de invenção e de transformação.

---

143. Bernardo Secchi, *op. cit.*, p. 64.

CONCLUSÃO

No meio da cidade e entre dois mundos

No meio da cidade

Seríamos nós desesperados órfãos do destino feito à cidade sonhada? Essa interrogação deixa crer erroneamente que nós podemos "dispor" da boa cidade, que uma cidade "modelo" e "utópica" pode ser desenhada na prancheta do arquiteto e programada pelo engenheiro-urbanista doravante atravancado de computadores. Se a cidade clássica ou haussmanniana não é reproduzível ao infinito, é preciso reconhecer o resvalamento que exprimem os dois paradoxos do urbano evocados acima. Passando de um mundo finito que torna possíveis práticas infinitas a um mundo infinito que permite apenas práticas finitas e fragmentadas, nós entramos no tempo e no mundo da pós-cidade.

Mas, apesar disso, o imaginário urbano não desapareceu; a cidade como "coisa mental" ou como referência mítica a um lugar, mesmo se ele não é mais um "lugar comum", permanece. O tipo-ideal da cidade convida a se reapoderar das "condições de possibilidade da experiência urbana" em um espaço-tempo "pós-urbano", aquele da pós-cidade, do qual a megacidade e a cidade global são duas figuras extremas, do qual a metropolização é o motor histórico. Hoje, o espírito da cidade não está morto, mas sua reconquista não passa apenas pelo salvamento legítimo de todas as Florenças e Venezas do mundo. Ela passa também pela vontade de reunir em conjuntos coerentes polos que tendem a se separar e a se cindir. No passado, a cidade libertava aquele que vinha do exterior. Hoje, o espírito da cidade tem como tarefa recriar os "lugares comuns" lá onde os territórios tendem a se dissolver. Multidimensional, a experiência urbana deve então ser enunciada em vários níveis:

o do corpo, o do habitar, o do cenário publico, o da vida política, mas também o do pertencimento à Terra em um mundo globalizado. A reflexão sobre a condição urbana caminha junto com a questão do corpo: corpo físico, corpo planetário e corpo urbano devem fazer com que se mantenham juntos "elementos" que não se harmonizam naturalmente, a começar pelos mais "elementares".

De uma condição urbana à outra, a experiência urbana conserva ainda um sentido. Se é este o caso, nós não estamos mais fisicamente sempre "no meio da cidade" sonhada, a cidade do caminhante e do *flâneur*, mas mentalmente devemos mais do que nunca estar. Recriar as condições físicas, espaciais, cênicas e políticas de uma experiência urbana, inseparável da saga democrática, está na ordem do dia. "No meio da cidade", como diz o arquiteto Bruno Fortier, "Talvez não precisemos mais de muros? Talvez seja a grande época de se dizer que, de fato, estamos no meio da cidade? Mas esse círculo inédito, uma vez que contém a natureza, obrigaria justamente a reinventá-la e fazê-la reviver, revolver tudo com mais intensidade, impor outros espaçamentos: verdadeiras planícies, clareiras e ilhas; em suma, aceitar enfim o que a extensão tem de raro e o que a mobilidade pode ter de plástico. Pelo menos olhar em torno de si, duvidar dessa cidade genérica, e se dizer que a cidade espera ainda por sua política. Talvez outras Bilbao, mas certamente um urbanismo muito diverso."[1]

No meio da cidade nós estamos sempre, porque as exigências da experiência urbana persistem: é preciso que habitemos, que vivamos num mundo "sustentável", que criemos uma duração pública, inventemos cenas e teatros, imaginemos formas inéditas de vida municipal e de governo urbano, teçamos ligações entre cidades que não formem um equivalente da rede de cidades globais. É preciso responder a partir de baixo à globalização, baseando-se nas experiências dos lugares. Espaço físico que faz sentir as deficiências em todos os planos — emprego, segurança e escolaridade —, o urbano cristaliza hoje todos os descontentamentos. É por isso que a cidade, com a dupla exigência que a

---

1. In Ariella Masboungi (Org.), *Grand prix de l'urbanisme 2001, Jean-Louis Subileau*, p. 9.

caracteriza — a instituição de limites e uma cultura da proximidade —, é o nó das inquietudes relativas tanto ao corpo individual quanto ao corpo coletivo. Recolocar no centro a cidade, entendida nos três sentidos da condição urbana, é indispensável, mesmo se a centralidade não é mais a função primordial. Se o arquiteto, o urbanista e o político têm responsabilidades importantes, a começar por aquela de respeitar a arte de edificar e as ligações com o mundo circundante, a cidade não deve somente ser apreendida como um objeto de saber pertencente a especialistas, mas também como o espaço que articula o conjunto de nossos problemas e cria as condições físicas para uma resposta.

No plano político, é preciso se despojar do peso da relação centro-periferia e privilegiar aglomerações multipolares que apresentem uma coerência (histórica, geográfica, econômica...) a fim de que o Estado aí incite políticas de redistribuição que acontecem apenas à "margem". Na França, o primado da relação com o centro — que este seja representado pela capital parisiense, a região Île-de-France ou cidades médias doravante consideradas como centros regionais — deve dar lugar à valorização de aglomerações multipolares. O que pode concordar com uma cultura estatal se esta é a responsável por uma política urbana e não um captador centrípeto de energias.

Mas um esforço deve ser realizado paralelamente, no plano da concepção e da inteligência das cidades, uma vez que o "objeto" cidade escapa doravante a especialistas cujo papel permanece precioso. Nesse contexto, o exemplo catalão do Centre de Cultura Contemporània de Barcelona (CCCB) merece atenção: eis uma instituição cultural simbólica para a Catalunha e para Barcelona, que enuncia as interrogações contemporâneas em função da temática urbana. Eis uma instituição consagrada inteiramente à cidade, e que reúne numerosas artes e disciplinas em torno desta. Uma instituição que teríamos dificuldades de conceber na França.

No meio da cidade e entre dois mundos

Se estamos "no meio da cidade", nem por isso ela deixa de estar "entre dois mundos". "Entre dois mundos": é preciso entender essa expressão pelo menos em dois sentidos. Se nós insistimos na fratura que se ampliou entre a urbanização ligada à época industrial e uma urbanização pós-industrial ligada à globalização e à utopia da comunidade virtual, se "o projeto local" de Alberto Magnaghi de uma "globalização a partir de baixo" redobra aquele de uma "globalização a partir do alto", a questão urbana obriga a se interrogar simultaneamente sobre o respectivo futuro dos mundos europeu e extraeuropeu. Em que a experiência urbana de valor universal ainda poderia ser dividida quando ela se enfraquece na Europa e pode ser ignorada, até destruída, fora do continente europeu? Experiência essencial que corresponde a um tipo-ideal, a experiência urbana é mais ou menos "bem" alcançada, e em cada caso, esta ou aquela dimensão (corporal, cênica, pública, política, ecológica) é mais ou menos privilegiada. Se essa experiência acompanhou o curso da democracia, ela leva, ao mesmo tempo, às inquietações relativas ao futuro desta. Mas as ligações históricas entre a história da cidade, os valores urbanos e a Europa então deveriam ainda nos enganar? Seria preciso brandir os valores urbanos como valores estritamente europeus? Certamente não, se já renunciamos à cidade--modelo, ao modelo da cidade utópica exportável, "entrega imediata das chaves", e reproduzível à vontade.

De imediato, as comunidades humanas aprenderam que a cidade oscila entre uma vontade de acolher todos os homens em um mesmo lugar sob o risco de não mais comunicar — é a versão de Babel — e uma vontade de olhar para fora, para o exilado e para o estrangeiro — é a versão da cidade-refúgio. Entre Babel e o exílio, a cidade é um "entremeio" cujos ensinamentos são diversos. O outro homem nem sempre é um bárbaro, e o exilado também pode ser um homem da *vita contemplativa* que busca fazer um retiro fora do deserto. Um espaço urbano não é um lugar particular, um lugar cercado, mas um lugar delimitado que torna possível em seu seio uma relação com o exterior, uma vez que o estrangeiro pode se exilar ali, e ali pedir justiça para o assassinato que involuntariamente cometeu. "Entremeio", entre fora e dentro, a cidade encarna também a fronteira, ela marca limites, ela rivaliza, portanto, com o Estado, mas não abre com demagogia e de qualquer maneira as suas fronteiras. É por isso que se pode lutar para defender a cidade; o citadino medieval é um homem de armas, o citadino de Ibn Khaldun se apoia nos beduínos do deserto para defender a cidade--medina. A cidade delimita um espaço, marca uma diferença espacial, mas esta não ocorre entre duas cidades que seriam lugares cercados. A diferença aqui se deve a uma experiência constantemente reestruturada que favorece uma relação entre um dentro e um fora, assegurando que se pode fruir um lugar onde ser acolhido. É esse "entremeio" que as portas da cidade representam, o limiar da justiça na Torá.

A cidade como "ambiente"
o "ambi-ente" como "entre-meio"

A cidade não privilegia, portanto, nem o dentro nem o fora; ela valoriza o dentro na condição de espaço protegido sem jamais se abster do fora. Nem plenamente dentro, nem plenamente fora, a cidade atrai para dentro o exilado que vem de fora, o homem privado que hesita em penetrar o espaço público, o homem público que pode duvidar da participação política. Nem dentro, nem fora, ela escreve uma história, uma narrativa ritmada por continuidades e descontinuidades. "Recomeçar [...] é retomar a linha interrompida", afirma Gilles Deleuze, "acrescentar um segmento à linha partida, fazê-la passar entre dois rochedos, num estreito desfiladeiro, ou por cima do vazio, ali onde tinha parado. Não é jamais o início nem o fim que são interessantes; o início e o fim são pontos. O interessante é o meio."[2] Ritmando simultaneamente um espaço-tempo no duplo modo do contínuo e do descontínuo, a experiência urbana pode ser pensada como "ambi-ente" graças a pensamentos aparentemente antagonistas. O pensamento da narrativa de um Ricœur, um pensamento da instituição e da duração pública de que a arquitetura de Louis Kahn é uma câmara de eco, pode coexistir com um pensamento da ruptura e do transtorno, como aquele de Gilles Deleuze.[3] É assim tão surpreendente que este

---

2. Gilles Deleuze, in Gilles Deleuze e Claire Parnet, *Dialogues*, Paris: Flammarion, 1993, p. 50.
3. Gilles Deleuze e Paul Ricœur: eu não apelo aqui para nenhuma reconciliação entre pensamentos antagonistas, apenas acredito que a experiência urbana convida a pensar

traga de volta o movimento de desterritorialização-reterritorialização à cidade-refúgio e valorize o "entremeio"? O entremeio deve ser pensado ao mesmo tempo sob o ângulo da acolhida e sob o ângulo da instituição de limites. Entre instituinte e instituído, a experiência urbana é sempre um "ambi-ente" que valoriza o "entremeio", um "entre-meio" entre fora e dentro que é a expressão de uma relação tecida com o mundo. Com um mundo mais ou menos comum.

Mais ainda, essa figura do entremeio simboliza a relação que culturas e civilizações podem tecer entre si. O entremeio dá ritmo de fato à relação instituída entre os mundos europeu e não europeu. Se o primeiro ainda defende uma cultura urbana dos limites e da proximidade, ele não tem esse privilégio, ele não é seu proprietário, e os valores urbanos são promovidos também fora da Europa. Assegurar a passagem, valorizar os limiares, convida à tradução das experiências e das culturas a distância de todo universal de vertente: tradução entre os espaços, entre as civilizações, entre as culturas. Da mesma maneira que o urbano tem uma forte conotação corporal, o universal é considerado fisicamente em Merleau-Ponty, que o qualifica de "lateral". Enquanto nos preocupamos legitimamente com nossas cidades, não as imponhamos mecânica e bestamente ao fora! A imposição da cidade e dos valores urbanos "entrega imediata das chaves" não tem mais sentido que a da democracia. A própria experiência urbana se globalizou, e cada um que arque com os dois sentidos da condição urbana! Com o urbano que se estende sob nossos olhos e a cartografia de um mundo em pleno transtorno, nós entramos num mundo onde o cosmopolitismo quase não tem mais sentido, uma vez que não há mais uma única e exclusiva civilização. "Há um elo perdido, que existia entre os gregos e no século XVIII: é a ideia de uma civilização comum. Na era atual, mesmo o Ocidente, quando se pensa em termos de nações ricas, não se concebe como civilização comum diante do resto do mundo."[4]

---

simultaneamente o surgimento e a instituição. Cf. Olivier Mongin, "L'Excès et la dette: Gilles Deleuze et Paul Ricœur ou l'impossible conversation?", in *Cahier de l'Herne: Ricœur*, Paris: Herne, 2004.

4. Pierre Hassner, entrevista com Henriette Asséo, *Circulation et cosmopolitisme en Europe, Revue de Synthèse*, 2000, Paris: Rue d'Ulm, p. 206. Sobre esse tema, cf. também

A despeito de um urbano generalizado que não cria uma civilização comum, a experiência urbana permanece nossa no sentido de que ela tem como papel favorecer e ativar a *vita activa*, ou seja, tornar possível uma "libertação" que passa simultaneamente por um lugarejo, por um espaço de habitação, mas também por uma mobilidade que entrelaça o individual e o coletivo.

Karoline Postel-Vinay, *L'Occident et sa bonne parole: Nos représentations du monde, de l'Europe coloniale à l'Amérique hégémonique*, Paris: Flammarion, 2005.

Referências bibliográficas[1]

ABELES, Marc. *Le Lieu du politique*. Paris: Société d'Ethnographie, 1984.
ALBERTI, Leon Battista. *De re aedificatoria*. Milão: Orlandi, 1966. (Ed. fr.: *L'Art d'édifier*, trad. do latim, apres. e anot. Pierre Caye e Françoise Choay. Paris: Seuil, 2004.)
ALEXANDER, Ch. *Notes on the Synthesis of Form* (Ed. fr.: *Notes sur la synthèse de la forme*. Paris: Dunod, 1971).
ANCI, Toscana. *Agricoltura e territorio: Un laboratorio per lo sviluppo sostenible della Toscana*. Florença: Centre A-Zeta, 1996.
ANSAY, Pierre e SCHOONBRODT, René (Orgs.). *Penser la ville: Choix de textes philosophiques*. Bruxelas: AAM, 1989.
ATTALI, Jean. *Le Plane t le Détail. Une philosophie de l'architeture et de la ville*, Jacqueline Chambon, Nîmes, 2001.
BACHELARD, Gaston. *La Poétique de l'espace*. Paris: PUF, 1957.
BACZKO, Bronislaw. *Lumières de l'utopie*. Paris: Payot, 1978.
BAILLY, A. *La Perception de l'espace urbain*. Paris: Centre de recherche sur l'urbanisme, 1977.
BAIROCH, Paul. *De Jéricho à Mexico: Villes et économie dans l'histoire* (1966). 2. ed. Paris: Gallimard, 1985.
BAREL, Yves. *La Ville médievale*. Grenoble: PUG, 1973.
BECCATINI, G. (Org.). *Modeli locali di sviluppo*. Bolonha: Il Mulino, 1989.
_____. *Distretti industriali e made in Italy*. Turim: Bollati Boringheri, 1998.
_____. *Lo sviluppo locale: Incontri pratesi sullo svuiluppo locale*. Artimino: Iris, 1999.
BENEDIKT, M. (Org.). *Cyberspace: First Steps*. Cambridge (MA): MIT, 1991.
BENEVOLO, Leonardo. *Histoire de la ville*. Marselha: Parenthèses, 1994. [Ed. bras.: *História da cidade*. 4. ed. São Paulo: Perspectiva, 2009.]
BERQUE, Augustin. *Du Geste à la cité: Formes urbaines e lien social au Japon*. Paris: Gallimard, 1993.

---

1. Esta bibliografia não retoma o conjunto das obras citadas no corpo do texto e pode apresentar obras que não constam lá.

BLANQUART, Paul. *Une Histoire de la ville: Pour Repenser la Société*. Paris: La Découverte, 1997.
BLOC-DURAFOUR, Pierre. *Les Villes dans le monde*. Paris: Armand Colin, 2000.
BLOCH, Marc. *La Société féodale: Les Classes et le gouvernement des hommes*. Paris: Albin Michel, 1940. [Ed. port..: *A sociedade feudal*. 2. ed. Lisboa: Edições 70, 2001.]
BONOMI, A. *Il capitalismo molecolare*. Milão: Feltrinelli, 1997.
BOOKCHIN, M. *Toward an Ecological Society*. Montreal: Black Rose Books, 1979. (Ed. fr.: *Une Société à refaire: Vers une écologie de la liberté*. Lyon: Atelier de la Création Libertaire, 1992.)
BORJA, J. e CASTELLS, Manuel. *Local and Global: Management Cities in the Informations Age*. Londres: Earthscan, 1977.
BOYER, Marie-Christine. *Cybercities: Visual Perception in the Age of Eletronic Communication*. Nova York: Princeton Architectural Press, 1996.
BRAUDEL, Fernand. *Civilisation matérielle: Économie et capitalisme*. Paris: Armand Colin, 1979. [Ed. bras.: *Civilização material, economia e capitalismo*. 3 vol. São Paulo: Martins Fontes, 1997.]
CASSANO, F. *Il pensiero meridiano*. Bari-Roma: Laterza, 1996. (Ed. fr.: *La Pensée méridienne*. La Tour d'Aigues: Aube, 1998.)
CASTELLS, Manuel. *La Question urbaine*. Paris: Maspero, 1970.
_____. *La Société des réseaux*. 3 vol. Paris: Fayard, 1996-2000.
CATTANEO, C. *La città come prinipio*, Org. M. Brusatin. Veneza: Marsilio, 1972.
CAYROL, Jean. *De l'Espace humain*. Paris: Seuil, 1968.
CERDÀ, Ildefonso. *Teoría general de la urbanización* (1867), Madri, [s.n.], 1969. (Ed. fr.: *La Théorie générale de l'urbanisation*. Apres. e adap. A. Lopez de Aberasturi. Paris: Seuil, 1979.)
CERTEAU, Michel de. *L'Invention du quotidien*. T. I: *Arts de faire*, 10/18. Paris, 1980. [Ed. bras.: *A invenção do cotidiano*. T. 1: *Arte de fazer*, Petrópolis: Vozes, 1994.]
CHARRE, Alain. *Art et Urbanisme*. Paris: PUF, 1983.
CHOAY, Françoise. *Le Corbusier*. Nova York: Braziller, 1960.
_____. *Urbanisme, utopies et réalités*. Paris: Seuil, 1965. [Ed. bras.: *O urbanismo*. São Paulo: Perspectiva, 2007.]
_____. *City Planning in the XIXth Century*. Nova York: Braziller, 1970.
_____. *La Règle et le Modèle: Sur la théorie de l'architecture et de l'urbanisme*. Paris: Seuil, 1980. [Ed. bras.: *A regra e o modelo*. São Paulo: Perspectiva, 1980.]
_____. *L'Allégorie du patrimoine*. Paris: Seuil, 1992. [Ed. bras.: *A Alegoria do patrimônio*. São Paulo: Estação Liberdade/Unesp, 3ªed., 2006.]
_____ et al. *Le Sens de la Ville*. Paris: Seuil, 1972.

COHEN, Jean-Louis e DAMISCH, Hubert (Orgs.). *Américanisme et Modernité: L'idéal américain dans l'architecture*. Paris: EHESS/Flammarion, 1993.
COMBLIN, Joseph. *Théologie de la ville*. Paris: Éditions Universitaires, 1968.
DAVIS, Mike. *The City of Quartz*. Nova York: Verso, 1990. (Ed. br.: *Cidade de quartzo: Escavando o futuro em Los Angeles*. São Paulo: Boitempo, 2009.)
DELEUZE, Gilles e GUATTARI, Félix. *Mille plateaux: Capitalisme e schizophrénie*. Paris: Minuit, 1980. [Ed. bras.: *Mil platôs*. São Paulo: Editora 34, 1995.]
DETIENNE, Marcel. *Les Maîtres de vérité dans la Grèce archaïque*. Paris: Maspero, 1967.
_____ (Org.). *Tracés de fondations*. Paris/Louvain: Peeters, 1990.
_____. *Qui veut prendre la parole*. Paris: Seuil, 2003.
DEFFONTAINES, P. *L'Homme et sa maison*. Paris: Gallimard, 1972.
DEMATTEIS, G. *La metafora della terra*. Turim: Einaudi, 1985.
_____. *Progetto implicito*. Milão: Angeli, 1995.
_____. "Le città comme nodi di reti: La transizione urbana in una prospettiva spaziale", in DEMATTEIS, G. e BONAVERO, P. *Il sistema urbano italiano nello spazio unificato europeo*. Bolonha: Il Mulino, 1997.
DE RITA, G. e BONOMI, A. *Manifesto per lo sviluppo locale*. Turim: Bolatti Bolinghieri, 1998.
DEWITTE, Jacques. "Espaces de circulation et lieux urbains", in _____ et al. *Dynamic City*. Paris: Seuil/Skira, 2000.
DONZELOT, Jacques. *L'Invention du social: Essai sur le déclin des passions politiques*. Paris: Fayard, 1984 (Seuil, 1994).
_____ (Org.). *Face à l'éxclusion: Le Modèle français*. Paris: Esprit, 1994.
_____; MÉVEL, Cathérine e WYVEKENS, Anne. *Faire société: La Politique de la ville aux États-Unis et en France*. Paris: seuil, 2003.
DUBY, Georges (Org.). *Histoire de la France urbaine*. 5 tomos. Paris: Seuil, 1979-1985.
DUPUY, Gabriel. *L'Urbanisme des réseaux*. Paris: Armand Colin, 1991.
ELLUL, Jacques. *Sans Feu ni lieu: Signification biblique de la grande ville*. Paris: Gallimard, 1975.
FINLEY, Moses. *L'Économie antique*. Paris: Minuit, 1975 (The Ancient Economy, 1973).
FREMONT, Armand. *France, géographie d'une société*. Paris: Champs-Flammarion, 1997.
_____. *La Région, espace vécu*. Paris: Flammarion, 1999.
_____. *Portrait de la France: Villes et régions*. Paris: Flammarion, 1997.
_____. *Géographie et action, l'aménagement du territoire*. Paris: Arguments, 2005.
_____. *Aimez-vous la géographie?*. Paris: Flammarion, 2005.
GEORGE, Pierre. *La Ville: Le Fait urbain à travers le monde*. Paris: PUF, 1952.

GHORRA-GOBIN, Cynthia. *Les Américains et leur territoire, mythe et réalité*. Paris: La Documentation Française, 1987.

_____. (Org.). *Qu'est-ce Qui institue la ville?*. Paris: L'Harmattan, 1994.

_____. *Les États-Unis entre local et global*. Paris: Sciences-Po, 2000.

_____. *Los Angeles: Le Mythe américain inachevé*. 2. ed. Paris: CNRS, 2002.

_____. *Villes et société urbaine aux États-Unis*. Paris: Armand Colin, 2003.

GIEDION, Siegfried. *Espace, temps, architetcure* (1941). Paris: Denoël-Gonthier, 1978.

GOLDSMITH, E. *The Way: An Ecological World-View*. Londres: Rider, 1992. (Ed. fr.: *Le Tao de l'écologie: Une Vision écologique de l'économie*. Mônaco: Rocher, 2002.)

GOLDSMITH, Mander J. *The Case Against the Global Economy: and for a turn towards localization*. San Francisco: Sierra, 1996.

GOTTMAN, J. *Megapolis: The Urbanized Northeast Seabord of United States*. Cambridge (MA): MIT, 1961. (Ed. fr.: *Essais sur l'aménagement de l'espace habité*. Paris: École des Hautes Etudes en Sciences Sociales, 1966.)

GRANET, Alexandre. *La Fondation de Rome*. Paris: Les Belles Lettres, 1991.

GRIMAL, Pierre. *Les Villes romaines*. Paris: PUF, 1977.

HABERMAS, Jürgen. *Strukturwandel der Offentlichkeit*. Luchterland: Neuwied, 1971. (Ed. fr.: *L'Espace public*. Paris: Payot, 1978.)

HÉNAFF, Marcel. "Le Lieu du penseur". *Cahiers de Fontenay*, Paris, 1983.

HOMO, Léo. *Rome impériale et urbanisme dans l'Antiquité*. Paris: Albin Michel, 1951, 1971.

ILARDI, M. *La città senza luoghi*. Genebra: Costa e Nolan, 1990.

JACOBS, Jane. *Death and Life of Great American Cities*. Nova York: Random House, 1961 (Nova York: Vintage, 1992).

_____. *The Economy of cities*. Nova York: Random House, 1969.

JOSEPH, Isaac (Org.). *Prendre place: Espace public et culture dramatique*. Paris: Recherches Plan Urbain, 1995.

KAHN, Gustave. *L'Esthétique de la rue*. Paris: Fasquelle, 1901.

LA CECLA, F. *Perdersi. L'uomo senza ambiente*. Bari/Roma: Laterza, 1988.

_____. *Mente locale? Per una antropologia dell'abitare*. Milão: Eleuthera, 1992.

LACHMANN, Carl. *Gromatici Veteres*. Berlim, 1848-1852 (reedição Bari, 1960).

LAVEDAN, P. *Histoire de l'urbanisme: Renaissance et temps modernes*. Paris: H. Laurens, 1925-1941.

LAVEDAN, P. e HUGUENEY, J. *L'Urbanisme au Moyen Âge*. Genebra: Droz, 1974.

LEDRUT, Raymond. *Les Images de la ville*. Paris: Anthropos, 1973.

LEFORT, Claude. *Le Travail de l'œuvre Machiavel*. Paris: Gallimard, 1972.

_____. *Essais sur le politique: XIXe-XXe siècle*. Paris: Seuil, 1986.

_____. *Le Tournant géographique: Penser l'espace pour lire le monde*. Paris: Belin, 1999.
_____ et al. *Europe: Une géographie*. Paris: Karthala, 1999.
LÉVY, Jacques e VALLADÃO, A. *Le Monde pour cité*. Paris: Hachette, 1996.
LEVI-STRAUSS, Claude. *Tristes Tropiques*. Paris, p. 113. [Ed. bras.: *Tristes trópicos*. São Paulo: Companhia das Letras, 2000.]
LE LANNOU, Maurice. *Le Déménagement du territoire*. Paris: Seuil, 1963.
LE GOFF, Jacques. *La Civilisation de l'Occident médiéval*. Paris: Arthaud, 1964 (Paris: Flammarion, 1982). [Ed. bras.: *A civilização do ocidente medieval*, Bauru: Edusc, 2005.]
MAGNAGHI, Alberto. "Da Metropolis a Ecopolis: elementi per un progetto per la città ecologica", in Manzoni (Org.). *Etica et metropoli*. Milão: Guerini, 1999.
_____. (Org.). *Il Territorio dell'abitare: Lo sviluppo locale come alternativa strategica*. Milão: Angeli, 1990.
_____. (Org.). *Il Territorio degli abitanti*. Milão: Dunod, 1998.
_____. e PALOSCIA, R. *Per una trasformazione ecologica degli insediamenti*. Milão: Angeli, 1993.
_____. *Il Progetto locale*. Turim: Bollati Bolinghieri, 2000. (Ed. fr.: *Le Projet local*. Adap. Marilène Raiola e Amélie Petita. Sprimont: Pierre Madarga, 2003.)
MARTIN, René. *L'Urbanisme dans la Grèce antique*. Paris: Picard, 1956.
MCADAMS, R. C. *Heartland of Cities*. Chicago: University of Chicago, 1981.
MERLEAU-PONTY, Maurice. *Phénoménologie de la perception* (1945). Paris: Gallimard, 1987. [Ed. bras.: *Fenomenologia da percepção*, São Paulo: Martins Fontes, 2006.]
MONGIN, Olivier. *La Peur du vide: Essai sur les passions démocratiques I* (1991). Paris: Seuil, 2003.
_____. *Vers la troisième ville*. Pref. Christian de Portzamparc. Paris: Hachette, 1995.
_____. *La Violence des images: Essai sur les passions démocratiques II*. Paris: Seuil, 1997.
_____. *Éclats de rire. Variations sur le corps comique: Essai sur les passions démocratiques III*. Paris: Seuil, 2002.
MORE, Thomas. *Utopie*. Paris: La Renaissance du Livre, 1936.
MUNFORD, Lewis. *The City in History*, 1961. (Ed. fr.: *La Cité à travers l'histoire*. Paris: Seuil, 1964.)
NANCY, Jean-Luc. *La Ville au loin*. Paris: Mille et une nuits, 1999.
NORBERG-SCHULTZ, Christian. *Architecture: Meaning and Place*. Nova York: Electa/Rizzoli, 1986.
PAQUOT, Thierry. *Homo urbanus*. Paris: Félin, 1990.

_____. *Vive la ville!*. Paris/Condé-sur-Noireau: Arléa /Corlet, 1994.
_____. *L'Utopie, un idéal piégé*. Paris: Hatier, 1996.
_____ (Org.). *La Ville et l'urbain, l'état des savoirs*. Paris: La Découverte, 2000.
_____. *Le Quotidien urbain: Essais sur le temps des villes*. Paris: La Découverte, 2001.
_____. *Habiter l'utopie: Le familistère Godin à Guise*. Paris: Villette, 1981, 1988, 2004.
_____. *Le Monde des villes*. Bruxelas: Complexe, 1996.
_____. *Les Faiseurs de villes*. Marselha: Parenthèse, 2005.
PARROCHIA, Daniel. *Philosophie des réseaux*. Paris: PUF, 1993.
PAYOT, Daniel. *Le Philosophe et l'architecte*. Paris: Payot, 1983.
PIRENNE, H. *Les Villes du Moyen Âge: Essai d'histoire économique et sociale*. Bruxelas: M. Lamertin, 1927.
RAGON, Michel. *Histoire de l'architecture et de l'urbanisme*. Paris: Seuil, 1991.
_____. *L'Urbanisme et la cité*. Paris: Hachette, 1964.
_____. *Les Visionnaires de l'architecture*. Paris: Laffont, 1965.
RECLUS, Élisée. *L'Homme et la terre* (1908). Paris: La Découverte, 1998.
Revue du Mauss, La. *Villes bonnes à vivre, villes invivables*, n. 14. Paris: La Découverte, 2º sem. 2002.
RICŒUR, Paul. *Temps et Récit*. 3 tomos (1983, 1984, 1985). Paris: Seuil, 1991.
RONCAYOLO, Marcel. *La Ville et ses territoires*. Paris: Gallimard, 1990.
_____. *Lectures de villes*. Marselha: Parenthèses, 2002.
_____; CARDINALI, P.; LEVY, J.; MONGIN, Olivier e PAQUOT, Thierry. *De la Ville et du citadin*. Marselha: Parenthèses, 2003.
ROSSI, Aldo. *L'architettura della Città*. Milão: Clup, 1966. (Ed. fr.: *L'Architecture de la ville*. Paris: Livre et Communication, 1981.)
ROUDAUT, Jean. *Les Villes imaginaires dans la littérature française*. Paris: Hatier, 1990.
RYKWERT, Joseph. *The Idea of a Town: the Anthropology of Urban Form in Rome, Italy and Ancient World*. Cambridge (MA): The MIT Press, 1988.
_____. *La Maison d'Adam au Paradis*. Paris: Seuil, 1976. [Ed. bras.: *A casa de Adão no paraíso*, São Paulo: Perspectiva, 2003.]
SAMI-ALI. *L'Espace imaginaire*. Paris: Gallimard, 1974.
SANSOT, Pierre. *Poétique de la ville*. Paris: Klincksieck, 1971.
SASSEN, Saskia. *Global City*. Princeton: Princeton University Press, 1991. (Ed. fr.: *La Ville globale: New York, Londres, Tokyo*. Paris: Descartes et Cie, 1996.)
SERRES, Michel. *Atlas*. Paris: Julliard, 1994.
TOYNBEE, A. *Les Villes dans l'histoire*. Paris: Payot, 1972.
VERNANT, Jean-Pierre. *Myhte et pensée chez les Grecs*. Paris: Maspero, 1965. [Ed. bras.: *Mito e pensamento entre os gregos*. Rio de Janeiro: Paz e Terra, 2008.]

VIRILIO, Paul. *Vitesse et Politique*. Paris: Galilée, 1977. [Ed. bras.: *Velocidade e política*. São paulo: Estação Liberdade, 1996.

WALLERSTEIN, Immanuel. *World Economy*. Cambridge, Cambridge University Press, 1979. (Ed. fr.: *L'Architecte et le philosophe: Capitalisme et économie-monde*. Paris: Flammarion, 1980.)

WEBER, Max. *Wirtschaft und Gesellschaft*. Tübingen: Mohr, 1956. (Ed. fr.: *Économie et Société*. Paris: Plon, 1971.)

_____. *Die Stadt*. Tübingen: Mohr, 1947. (Ed. fr.: *La Ville*. Paris: Aubier, 1982.)

WEIL, Simone. *L'Enracinement, prélude à une déclaration des devoirs envers l'être humain*. Paris: Gallimard, 1949.

WU, Hung. *Monumentality in Early Chinese Art and Architecture*. Standford: Standford University Press, 1995.

Agradecimentos

O urbano, com seu caráter proteiforme, suas metamorfoses, suas variantes em escala planetária, é um mundo difícil de se penetrar. Não basta, portanto, caminhar pela cidade. Por isso eu tive necessidade de me apoiar em pioneiros: Thierry Paquot, enciclopedista infatigável e corresponsável pela revista *Urbanisme*, me ajudou ao longo de todo este trabalho, com suas sugestões e suas leituras. Jacques Donzelot me fez compreender que a lógica de fragmentação triunfava sobretudo por causa de uma globalização que reconfigura os territórios e modifica as formas de estar "junto" em tantas maneiras de estar "entre si". Graças a Cynthia Ghorra-Gobin, entendi melhor as complexidades e as metamorfoses do urbanismo americano. Pierre Veltz me fez descobrir um arquipélago urbano mundial. Enfim, o trabalho de Françoise Choay, autora de uma obra importante da qual eu estava longe de ter apanhado toda a dimensão, me ajudou a encontrar os fios condutores; ela me conduziu de Alberti a Alberto Magnaghi, passando por Gustavo Giovannoni. Por outro lado, eu agradeço àqueles que me permitiram apresentar em diversas oportunidades elementos deste trabalho: Yves Michaud em Paris, Georges Nivat e Jean Starobinsky em Genebra, Spyros Theodorov em Marselha, mas sobretudo Judit Carrera e Josep Ramoneda em Barcelona. Eu igualmente me sensibilizei com a confiança de Ariella Masboungi e com a acolhida de Christian de Portzamparc. Por outro lado, a compreensão e a paciência de Mireille de Sousa e de Marc-Olivier Padis me permitiram concluir este trabalho. Pauline e Lucas igualmente souberam dar provas de sua paciência. Dominique Billot-Mongin fez com que eu me beneficiasse de suas drásticas exigências no plano da escrita. Eu agradeço a Anne-Claire Mayol por ter estabelecido o índice e a Isabelle Paccalet pela qualidade de seu trabalho editorial. Eu sou, contudo, o único responsável pelo que está escrito nestas páginas.

Mas adoraria *in fine* dedicar este livro a meu editor, Jean-Luc Giribone, e a três mestres de sempre que reencontrei ao longo de toda essa aventura urbana: Michel de Certeau, cuja reflexão sobre o espaço urbano é pioneira; Claude Lefort, cuja interrogação a propósito da democracia e do humanismo florentino passa pela cidade; Paul Ricœur, cuja paixão pela narrativa é um convite a pensar uma "duração pública" que passe pela experiência urbana.

Índice de pessoas citadas

Aalto, Alvar, 261
About, Edmond, 82
Adam de la Halle, 37
Adams, Henry, 198
Adonis (Ali Ahmad Saïd Esber, dito), 174, 174n
Aglietta, Michel, 147n
Agostinho, Santo, 141
Agulhon, Maurice, 96n
Alberti, Leon Battista, 35, 95, 109, 110, 110n, 111-2, 118, 251-2, 305, 325
Allemand, Sylvain, 296n
Amidon, Jane, 249n
Angelis, C. de, 249n, 251n
Aragon, Louis, 47, 63
Arasse, Daniel, 88n
Arendt, Hannah, 83, 86-7, 87n, 89, 105-6, 122
Aristóteles, 86n, 141
Arrup, Ove, 252
Ascher, François, 120, 120n, 145n, 152, 153n, 185n, 197n, 292, 292n, 296n
Asséo, Henriette, 314n
Attali, Jacques, 145n
Attali, Jean, 162, 255n
Audier, Serge, 95n
Augoyard, Jean-François, 63n

Bagnasco, Arnaldo, 284n
Bailly, Jean-Christophe, 46n, 62, 62n, 89n

Bairoch, Paul, 172, 172n, 173n
Bakhtin, Mikhail, 36
Balazs, Béla, 90
Balzac, Honoré de, 72
Baron, Hans, 94
Barré, François, 57n, 253
Barrico, Alessandro, 33
Barthes, Roland, 57
Baudelaire, Charles, 15, 48-9, 62, 64n, 66-7, 67n, 69, 72n, 74
Baudelle, Guy, 275n
Bauer, G., 199n
Bauman, Zygmunt, 187n, 206
Bayart, Jean-François, 148n
Beauchard, Jacques, 275n
Beck, Ulrich, 148, 148n
Bédarida, Marc, 115n
Bégout, Bruce, 180n
Bell, Daniel, 142
Bellanger, François, 119n
Bellay, Ronald, 52n, 218n
Bellow, Saul, 78, 81, 198
Benevolo, Leonardo, 94n
Benjamin, Walter, 15, 69n, 70-2, 72n, 73, 74n, 125
Bensaïd, Jean, 157n
Berardi, Roberto, 128n
Berger, Martine, 215n
Bergère, Marie-Claire, 281n
Bernard, Jean-Pierre Arthur, 73n
Berque, Augustin, 23n, 66n

Bertuccelli, Julie, 22
Besse, Jean-Marc, 141
Biget, J.-L., 32n
Billot-Mongin, Dominique, 325
Bloch, Marc, 90-1, 91n
Body-Gendrot, Sophie, 229n
Bofill, Ricardo, 118, 235, 253
Bogdanovic, Bogdan, 180, 182-3
Bohigas, Oriol, 250
Boivin, Michel, 175n
Bon, François, 156, 156n
Borges, Jorge Luis, 33, 33n
Boucheron, Patrick, 92n
Bowie, Karen, 71n
Braque, Georges, 107, 256
Braudel, Fernand, 24, 91n, 99, 101, 101n, 137n, 145, 189, 224, 283
Brauner, Victor, 64
Breton, André, 65
Brunelleschi, 111, 251
Burgel, Guy, 82, 275, 275n
Burgess, Ernest, 81n
Butor, Michel, 47, 47n, 75

Cabet, Eugène, 114
Caillebotte, Gustave, 73
Calvino, Italo, 33, 73n
Cambiano, Giuseppe, 85n
Candela, Felix, 252
Caniaux, Denis, 46n
Canto-Sperber, Monique, 295
Carpenter, John, 182
Carrera, Judit, 325
Carroué, Laurent, 151n
Cars, Jean des, 71n
Cassese, Sabino, 284
Castel, Robert, 207
Castells, Manuel, 142, 194, 233, 233n
Castex, Jean, 123n
Cauvin, Colette, 48n

Caye, Pierre, 110n
Céline, Louis-Ferdinand, 63
Cerdà, Ildefons, 19n, 19-20, 110-5
Certeau, Michel de, 35n, 63n, 121-2, 122n
Cervellati, P.-L., 249n, 251n
Chahine, Youssef, 244
Chalas, Yves, 212n
Chamboredon, Jean-Claude, 296
Champigneulle, Bernard, 70n
Chaslin, François, 118n, 167n
Checcheto, Rémi, 78n
Cheddadi, Abdesselam, 90n
Chemetoff, Alexandre, 15
Chevallier, Dominique, 90n, 128n
Choay, Françoise, 17n, 19n, 21n, 35n, 97n, 109-110, 110n, 111n, 113, 113n, 114, 114n, 115n, 117n, 118n, 142, 142n, 143n, 161, 161n, 198, 198n, 230n, 236n, 238n, 239, 246n, 247n, 248n, 252, 252n, 253, 253n, 259, 298n, 299n, 301n, 302n, 303n, 325
Cícero, 141
Claudel, Paul, 41, 42n, 46, 46n, 124, 140
Claudius-Petit, Eugène, 17n
Claval, Paul, 29, 121, 121n, 186n,
Clément, Gilles, 15, 165n, 240, 240n
Clístenes, 86, 86n, 88-9
Coblence, Françoise, 72n
Coburn, Alvin Langdon, 44, 174
Cohen, Daniel, 147, 147n, 157n, 191n
Cohen, Jean-Louis, 246n
Colonna, Fanny, 78n, 220n
Comblin, Joseph, 101n
Comment, Bernard, 70n, 72n, 114n
Compagnon, Antoine, 54n, 64n
Conan, Michel, 215, 250n
Constant, Benjamin, 87

Corajoud, Michel, 15, 250n
Corboz, André, 59
Cox, Harvey, 101n
Crozet, Yves, 216n

Damisch, Hubert, 34n
Daney, Serge, 133n
Dante, 93
Davis, Mike, 179, 179n
Deleuze, Gilles, 99, 99n, 313, 313n
Delouvrier, Paul, 19n, 263
Dematteis, Giuseppe, 250, 286n
Demy, Jacques, 65
Denis, Éric, 52n, 219n, 220n
Depaule, Jean-Charles, 123n
Derrida, Jacques, 104n
Desanti, Dominique, 152n
Desanti, Jean-Toussaint, 152n, 153, 153n, 230n, 238n, 241, 242n, 253n
Desportes, Marc, 143n
Dethier, Jean, 34n
Dickens, Charles, 67, 79-80
Djaït, Hichem, 90n
Dollfus, Olivier, 187, 188n
Donnadieu, Brigitte, 51n
Donzelot, Jacques, 23, 93n, 97n, 207, 207n, 208n, 209, 289n, 297n, 325
Downs, Anthony, 278
Dreiser, Theodore, 78, 79-80, 80n, 81, 198
Droit, Roger-Pol, 152n
Dubois-Taine, Geneviève, 212n
Duby, Georges, 82n, 161n
Duchamp, Marcel, 116-7
Durand-Bogaert, Fabienne, 24n
Dureau, Françoise, 162n
Durkheim, Émile, 75n
Dutour, Thierry, 144n

Edelmann, Frédéric, 31n

Ellul, Jacques, 101n
Emerson, R. Waldo, 198
Estèbe, Philippe, 207n, 279n, 289n

Fabries-Verfaillie, M., 197n,
Fayeton, Philippe, 256n
Finley, Moses I., 86n
Fitoussi, Jean-Paul, 207n
Foessel, Michaël, 149n
Fortier, Bruno, 15, 21n, 310
Foster, Norman, 164-5
Foucault, Michel, 206
Foucher, Michel, 151n
Fourier, Charles, 114
François, J.-C., 215n
Frémont, Armand, 197n
Freud, Sigmund, 58n
Friedmann, Jean, 190
Fuller, Buckminster, 252
Furetière, 101
Fustel de Coulanges, 19n, 87

Garnier, Tony, 129-130
Gaudin, Henri, 50, 50n, 63, 63n, 124n, 127n, 167n, 242, 243n, 245n, 254-6, 256n, 262
Gayer, Laurent, 175n
Geddes, Patrick, 251
Gehry, Frank, 15, 155, 250
Gervais-Lambony, Philippe, 203n
Ghorra-Gobin, Cynthia, 196n, 199n, 201n, 202n, 231n, 266, 274n, 276n, 278n, 325
Giddens, Anthony, 153
Giono, Jean, 57, 57n
Giovannoni, Gustavo, 247-8, 248n, 251, 301, 325
Giribone, Jean-Luc, 326
Godard, Jean-Luc, 133, 133n
Godin, Jean-Baptiste, 115

Goffamn, Erving, 81
Goldoni, Carlo, 68
Gottman, Anne, 101n
Gottmann, Jean, 186n
Goux, Jean-Joseph, 82n
Gracq, Julien, 19, 22, 22n, 36-7, 41, 47-8, 48n, 49-50, 50n, 51, 51n, 52n, 54, 54n, 55, 55n, 56, 57n, 58n, 59n, 63, 65, 65n, 68, 69, 75, 79, 80, 132, 163, 176, 257, 307
Grafmeyer, Yves, 81n
Gréau, Jean-Louis, 148n
Gronstein, Yehoshua, 102
Gropius, Walter, 115, 198, 251
Gruzinski, Serge, 149n
Guattari, Félix, 99, 99n
Guerrien, Marc, 52n
Guiheux, Alain, 34n

Habermas, Jürgen, 122, 122n
Haeringer, Philippe, 281n, 282n
Harding, Alan, 284n
Hassner, Pierre, 314n
Haussmann, Georges Eugène, 48n, 70-1, 71n, 72n, 111-5, 123, 125, 143, 198, 231, 247
Hazan, Eric, 42, 42n, 96n
Heers, Jacques, 93n
Hegel, Georg Wilhelm Friedrich, 23
Heine, Heinrich, 43
Hénaff, Marcel, 189n, 242, 242n, 261n
Hénard, Eugène, 48n, 110n
Hersant, Yves, 24n
Hertmans, Stefans, 104n
Hervé, J.-C., 32n
Hipodamos, 88-9
Hokusai, 60
Howard, Ebenezer, 19n, 113, 115
Huet, Bernard, 31, 31n, 50, 50n, 78n, 118n, 245n, 254, 255n

Hugo, Victor, 33, 73, 100, 113, 113n

Ibn Khaldun, 90, 92, 313

Jacobs, Jane, 97n, 251
Jalabert, Guy, 172n
James, Henry, 198
Jefferson, Thomas A., 198
Joseph, Isaac, 38, 38n, 81n
Jouve, Annie, 197n
Joyce, James, 33, 33n

Kafka, Franz, 33n
Kahn, Louis, 51n, 78, 78n, 258-9, 262, 294, 313
Kain, John, 201
Keinschuger, Richard, 48n
Khatibi, Abdelkébir, 128n
Khoury, Elias, 33
Kirszbaum, Thomas, 289n, 290n, 293n
Kollhoff, Hans, 164-5, 165n
Koolhaas, Rem, 18, 18n, 123, 126, 126n, 162-3, 166, 166n, 167n, 168, 168n, 169-170, 180, 223, 255-6, 264, 283
Kowarick, L., 167n
Kurosawa, Akira, 74n

Laborde, Marie-Françoise, 156n
Lacoste, Jean, 72n
Lafaille, 252
Lang, Fritz, 80n
Lassus, Bernard, 15, 249n, 250n
Laurent, Éloi, 207n
Lavaud, Laurent, 237n
Lazzarini, Isabelle, 98n
Le Bon, Gustave, 75n
Le Corbusier, 18n, 20, 34, 48n, 71n, 82, 97n, 113, 113n, 114-5, 119, 123, 126, 128, 129, 198

Le Dantec, Jean-Pierre, 25n, 118n, 164, 165n, 167n
Le Galès, Patrick, 275, 275n, 283, 284n
Le Gendre, Bertrand, 213n
Le Goff, Jacques, 36, 37n, 90, 90n, 98n
Le Nôtre, André, 73
Ledoux, Claude-Nicolas, 97n
Lefebvre, Henri, 164n
Lefort, Claude, 94, 94n, 96n, 325
Lefranc, Sandrine, 174n
Lelévrier, Christine, 207n, 289n
Lemaire, Bertrand, 71n
Lemaire, Madaleine, 296n
Leniaud, Jean-Michel, 113n
Léonard-Roques, Véronique, 101n
Lepetit, Bernard, 32n
Leroy, Claude, 64n
Lévinas, Emmanuel, 101n, 103n
Lévi-Strauss, Claude, 32, 44, 45, 45n, 58-9, 59n, 173-6, 175n, 178
Lévy, Albert, 31n
Lévy, Jacques, 142n, 151n, 195n, 197n, 211n, 266n, 274n, 285n, 287n, 296n, 298n, 303n
Loos, Adolf, 78, 116, 116n, 119
Lopez, Robert, 101
Lopez de Aberasturi, Antonio, 110n
Louis-Philippe, 72n
Loyer, François, 70n, 71n, 125, 125n
Luntz, Édouard, 211
Lussault, Michel, 229n
Lyotard, Jean-François, 142

Maas, Willy, 264
Macchia, Giovanni, 73n
Mackenzie, Roderick D., 81n
Magnaghi, Alberto, 227, 232, 232n, 250, 250n, 285, 286, 298, 299n, 301, 301n, 302, 302n, 304, 312, 325

Mahfouz, Naguib, 33
Maldiney, Henri, 49n, 242n, 244n
Mallarmé, Stéphane, 82n
Mangin, David, 20n, 264, 264n
Maquiavel, 94n, 95-6
Marivaux, 68
Marx, Karl, 96, 96n
Masboungi, Ariella, 57n, 254n, 310n, 325
Massiah, Gustave, 229n
Massot, Marie-Hélène, 216n
Mathiau, H., 215n
Maurice, Joël, 207n
Maurin, Éric, 157n, 207, 207n, 216n
Mayer, Carl, 69, 69n
Mayol, Anne-Claire, 325
Meier, Christian, 85n
Mendoza, Eduardo, 33
Menjot, Denis, 92n
Mény, Yves, 279n
Merleau-Ponty, Maurice, 47, 47n, 314
Merlin, Pierre, 20n, 110n
Michaud, Yves, 173n, 325
Michaux, Henri, 33
Mies Van der Rohe, Ludwig, 115, 251
Missac, Pierre, 72n
Mongin, Olivier, 73n, 154n, 257n, 182n, 247n, 314n
Monnerot, Jules, 54n
Monnet, Jérôme, 173n
Montandon, Alain, 101n
More, Thomas, 109, 112-3, 237, 299-301
Morris, William, 112
Mumford, Lewis, 18n, 97, 126n, 129n, 251, 252n
Murnau, Friedrich Wilhelm, 69n, 80, 80n
Musil, Robert, 81

Nahoum-Grappe, Véronique, 180, 182
Naipaul, Vidiadhar Surajprasad, 177-8, 178n
Nancy, Jean-Luc, 179
Napoleão I, 71
Navez-Bouchanine, Françoise, 218n
Nerval, Gérard de, 62, 62n, 64, 64n, 67, 67n
Nervi, 252
Nivat, Georges, 325
Nouvel, Jean, 264
Noviant, Patrice, 168n
Nowicki, Matthew, 252

Oehler, Dolf, 69n
Orfeuil, Jean-Pierre, 216n
Orfield, Myron, 278
Orléan, André, 148n
Otto, Frei, 252
Owen, Robert, 114
Ozu, Yasujiro, 66

Padis, Marc-Olivier, 325
Pamuk, Orhan, 33
Panerai, Philippe, 123n
Pankow, Gisela, 242n
Paquot, Thierry, 64n, 88n, 101n, 115n, 126n, 142n, 182, 229n, 265n, 325
Parcolle, Bertrand, 306n
Park, Robert E., 81n
Parnet, Claire, 313n
Paulhan, Jean, 64
Payot, Daniel, 53n, 105n
Perec, Georges, 75
Pérouse, Jean-François, 223n
Pessoa, Fernando, 33, 33n, 53n, 56n, 79n
Pétillon, Pierre-Yves, 43n, 79n, 80n, 81n, 198n
Petit, Philippe, 154n
Petitdemange, Guy, 71n, 72n, 73n

Pinçon, Michel, 213n
Pinçon-Charlot, Monique, 213n
Pieyre de Mandiargues, André, 47, 65
Pinol, Jean-Luc, 92n
Pinon, Pierre, 71n
Pirenne, Henri, 91n, 95
Platão, 109
Pocock, John G. A., 94, 94n
Poe, Edgar Allan, 48, 66, 69, 69n, 74
Pomian, Krzysztof, 24n
Pons, Philippe, 59n
Portzamparc, Christian de, 31, 37, 38n, 58, 167n, 247, 247n, 248, 255, 257, 257n, 262, 262n, 325
Postel-Vinay, Karoline, 315m
Poussin, Frédéric, 141
Préteceille, Edmond, 215n, 284n
Prévôt-Schapira, Marie-France, 217, 218n, 222n, 279n
Prost, Henri, 18n
Putnam, Robert, 297

Queneau, Raymond, 33

Rachik, Abderrahmane, 223n
Ramoneda, Josep, 325
Rebérioux, Antoine, 148n
Réda, Jacques, 56n, 64
Revault d'Allonnes, Myriam, 87n
Reymond, Henri, 48n
Ribardière, A. 215n
Rice, Peter, 252
Richard, Jean-Pierre, 42n, 44n, 46, 46n
Ricœur, Paul, 58n, 313, 325
Rifkin, Jeremy, 155n, 213, 213n
Rimbaud, Arthur, 130
Rogers, Richard, 164
Rolin, Jean, 156n
Romains, Jules, 61, 75, 75n, 76, 76n, 77

ÍNDICE DE PESSOAS CITADAS   333

Roncayolo, Marcel, 75n
Rossi, Aldo, 164, 262
Roudaut, Jean, 46n, 65n
Rouleau, Bernard, 70n
Roux, Emmanuel de, 249n
Roux, J.-M., 199n
Ruby, Christian, 182
Rusk, David, 200n, 278
Ruskin, John, 198
Rykwert, Joseph, 101n, 116n

Sábato, Ernesto, 33
Saint-Julien, Thérésa, 215n
Sansot, Pierre, 46n
Sarnitz, August, 116n
Sassen, Saskia, 151n, 186, 187n, 189n, 190, 191, 191n, 192, 192n, 193n
Scannavini, R., 249n, 251n
Schaer, Roland, 298n
Secchi, Bernardo, 34n, 194, 254, 254n, 302, 303-5, 305n, 307, 308n
Séjourné, Marion, 52n, 219n, 220n
Sellier, Henri, 18n
Sen, Amartya, 295n, 296, 296n
Sennett, Richard, 89, 89n, 103n
Shore, Stephen, 200
Simmel, Georg, 31
Sitte, Camillo, 31, 54n, 115, 248, 248n
Skinner, Quentin, 94
Smith, Neil, 213n
Soria y Mata, Arturo, 115
Soulier, Nicolas, 128n
Sousa, Mireille de, 325
Spector, Thérèse, 190n, 273n
Spinoza, 75
Starkman, Nathan, 306n
Starobinski, Jean, 325
Steichen, Edward, 44
Stieglitz, Alfred, 44
Stragiotti, P., 197n

Subileau, Jean-Louis, 306n
Supiot, Alain, 149n, 235n

Tanguy, Philippe, 220n
Tenon, Jacques René, 114
Thébert, Y., 32n
Theodorov, Spyros, 325
Theys, Jacques, 190n, 273n
Thibaud, Paul, 96n
Thoreau, Henry David, 198
Topalov, Christian, 32n
Torga, Manuel, 294
Torroja, Eduardo, 252
Touraine, Alain, 207
Tower Sergent, Lyman, 238n, 298n
Trettiack, Philippe, 252n
Tschumi, Bernard, 164-5, 263
Tzara, Tristan, 116n

Urry, John, 146n

Valabrègue, Frédéric, 212n
Veltz, Pierre, 143, 143n, 189n, 205n, 231, 231n, 285, 285n, 286n, 325
Vernant, Jean-Pierre, 52n, 88n
Vertov, Dziga, 69n
Vidal-Naquet, Pierre, 88n
Vigano, Paola, 254, 302
Vignal, Leïla, 219n, 220n
Virilio, Paul, 163, 170, 180, 181n, 185n
Vitrúvio, 109
Von Wright, Mies, 129, 158
Vuillard, Édouard, 73

Walcott, Dereck, 177
Wang Bing, 157
Weber, Max, 30-1, 90, 90n, 91-2, 92n, 93n
Webber, Melvin, 143, 143n

Willocks, Tom, 181n
Winnicott, David, 244
Winthrop, John, 197
Wright, Frank Lloyd, 18n, 251-2

Wright, Vincent, 284n

Yonnet, Jacques, 33, 65, 66n, 74n
Younès, Chris, 49n, 105n

Índice de cidades e de alguns bairros citados

Addis-Abeba, 307
Ahmedabab, 259
Alexandria, 56, 220n, 243-244
Alphaville, 133, 133n
Ambérieu-en-Bugey, 156
Amsterdã, 123, 125, 145n, 166, 195, 211, 211n, 285
Angers, 50, 307
Angoulême, 50
Antuérpia, 126, 145n, 254n
Argis, 13, 156
Arras, 37
Assiout, 220n
Atenas, 33n, 95

Babel, 100, 173, 183, 312
Babilônia, 100
Barcelona, 33, 98-99, 172n, 250, 311
Beirute, 33, 182n, 183, 307
Belgrado, 183
Belo Horizonte, 133n
Bérgamo, 68n
Berlim, 15, 69n, 140, 165, 172n
Bilbao, 15, 155, 250,
Birmingham, 284n
Bobigny, 156
Bolonha, 68n, 164, 248
Bordéus, 50, 56, 65, 197n
Boston, 41, 45, 186n, 188n, 189
Boulogne-Billancourt, 210
Brasília, 245

Bremen, 98
Brescia, 254
Brest, 65, 307
Bruges, 98, 145n
Buenos Aires, 23, 33, 139, 172n, 197, 217-218, 218n, 222-223, 279-280

Cairo, 23, 33, 39n, 52, 63, 139, 172n, 188, 197, 217-219, 220n, 222-223, 281-282
Calcutá, 174, 177, 179
Cantão, 188, 281
Caracas, 307
Cartago, 100
Chandigarh, 113
Chartres, 246
Chicago, 61, 68, 78, 79-81, 188n, 189, 198, 199, 253
Cidade do Cabo, 202
Cidade do México, 52, 139, 172n
Cingapura, 188n, 281
Colmar, 246
Courtrai, 254
Culoz, 156

Daca, 171, 259
Défense (La), 214
Detroit, 199
Drancy, 126
Dublim, 33
Durban, 202

Elbeuf, 249n
Essen, 171
Estrasburgo, 50, 55, 65, 197n
Exeter (New Hampshire), 258

Fez, 63
Fiesole, 63
Filadélfia, 258
Florença, 63, 94n, 95, 309
Fort Wayne (Indiana), 258
Frankfurt-sobre-o-Meno, 123
Friburgo, 246

Gand, 98
Genebra, 129
Gênova, 88, 145
Grozni, 183
Guise, 114, 249n

Hamburgo, 98
Hanói, 172n
Haia, 166
Hayez, 249
Ho Chi Minh, 172n
Hong Kong, 63, 165, 281-282
Houston, 243-244
Hyderabad, 171

Indianápolis, 199, 201
Issy-les-Moulineaux, 214
Istambul, 33, 47, 139, 172n, 217, 281-282

Jersey City, 44
Jerusalém, 100, 258
Johannesburgo, 174n, 195, 202, 211, 285

Karachi, 174-175, 175n, 176
Kinshasa, 307

Kuala Lumpur, 172

Lagos, 170-172, 174
Lahore, 171
Las Vegas, 180
Leeds, 284n
Liège, 284n
Lille, 65, 197n, 254n, 284n, 306
Lima, 174n, 248
Lisboa, 33, 53
Londres, 15, 41-45, 81, 123, 126, 129, 140, 145n, 171, 188, 190, 192, 194, 286
Los Angeles, 172n, 178-180, 188n, 189, 190, 192, 199, 276
Lübeck, 98
Lyon, 50, 55, 64, 129, 197n, 305-306

Madri, 115
Malines, 254n
Manchester, 284n
Manhattan, 15, 129
Manila, 139, 171
Mântua, 93
Marne-la-Vallée, 118
Marquette-lez-Lille, 249n
Marrakesh, 307
Marselha, 33, 64-65, 126, 212
Mazamet, 249n
Milão, 98, 126, 171
Millau, 15, 165
Minguettes, 306
Minieh, 47
Minneapolis, 201, 278
Montevidéu, 222
Montpellier, 197n
Montreal, 172n
Moscou, 140, 172n, 281-282
Mumbai (Bombaim), 33, 171, 177
Munique, 188n

ÍNDICE DE CIDADES E DE ALGUNS BAIRROS CITADOS

Nancy, 156
Nanquim, 281
Nanterre, 257, 262n
Nantes, 15, 47-48, 50, 54-57, 65, 75, 127, 197n, 250, 307
Nápoles, 68n, 246
New Haven, 258
Nínive, 100-101
Noisiel, 249
Noisy-le-Sec, 156
Nouakchott, 220n
Nova Delhi, 171
Nova York, 41, 43-44, 44n, 45-46, 124, 140, 145n, 171, 187, 188n, 192, 194, 253, 250, 260

Osaka, 171, 188n

Paris, 15, 22-23, 31, 33, 41-44, 47, 47n, 56n, 64-65, 68-69, 70n, 71-72, 73n, 74-75, 77, 81, 96n, 111, 113, 123, 126, 140, 192n, 194, 197n, 198, 214, 259, 286
Pequim, 41-42, 188n, 265, 281
Pesaro, 254n, 302
Pont-Saint-Pierre, 249n
Port Elizabeth, 202
Portland, 278
Porto Alegre, 133n
Praga, 15, 140
Prato, 254n
Pretória, 202

Rennes, 254n, 307
Rillieux-la-Pape, 306
Rio de Janeiro, 20n, 133, 229
Rochester (Nova York), 258
Rochester (Virgínia), 234-235
Roma, 71, 85, 87n, 140

Roterdã, 166
Roubaix, 249n, 254n
Ruão, 50, 65, 197n

Saint-Denis, 156
Saint-Nazaire, 254n, 306-307
Saint Paul (Minnesota), 201, 278
Saint-Priest, 306
Saint-Quentin-en-Yvelines, 214
Saint-Rambert-en-Bugey, 13, 156
Salins-les-Bains, 249n
San Diego, 188n
Santiago do Chile, 172n
São Francisco, 188n, 189, 201
São Paulo, 133n, 171, 307
São Petersburgo, 15
Sarajevo, 183
Seattle, 188n
Seul, 188n, 307
Shenyang, 157n
Shenzen, 281
Siena, 98
Sodoma, 173, 183

Tbilissi, 22
Teerã, 217, 281, 282
Tianjin, 171, 188n, 281
Tóquio, 18, 58-60, 171, 188, 188n, 189, 190, 192, 194, 205, 307
Toledo (Ohio), 199
Toronto, 172n, 188n,
Toulouse, 197n
Tourette (La), 129n
Tours, 246
Trenton, 258

Uckange, 249n
Utrecht, 166

Valley Vote, 277

Vaulx-en-Velin, 306
Veneza, 52n, 68n, 98-99, 145n, 246, 255, 309
Versalhes, 70n, 73, 74n, 210
Viena (Áustria), 116n
Villejuif, 235
Virieu-le-Grand, 156

Washington, 186n, 188n, 189
Wuhan, 281

Xangai, 139, 172, 188, 281, 281n, 282

Ypres, 98

Créditos das imagens

Londres — © Jason Hawkes/Corbis/Latinstock

Paris — © Yann Arthus-Bertrand/Corbis/Latinstock

Nova York — © A. Vine/Stringer/Getty Images

Xangai — © Stuart Franklin/Magnum Photos/Latinstock

Buenos Aires — © Ferdinando Scianna/Magnum Photos/Latinstock

Calcutá — © Raghu Rai/Magnum Photos/Latinstock

Paris (Cidade das Ciências e da Indústria) — © Yann Arthus-Bertrand/Corbis/Latinstock

Marselha (Cidade Radiosa) — © Franz-Marc Frei/Corbis/Latinstock

Paris (Cidade da Música) — © Art on File/Corbis/Latinstock

Sun City — © Alex Maclean/Getty Images

Vale do Silício — © Bob Sacha/Corbis/Latinstock